实施乡村振兴战略背景下的

中国农村经济发展研究

唐小凤 著

中国原子能出版社

图书在版编目(CIP)数据

实施乡村振兴战略背景下的中国农村经济发展研究 /
唐小凤著. -- 北京：中国原子能出版社，2019.7
ISBN 978-7-5022-9938-5

Ⅰ.①实… Ⅱ.①唐… Ⅲ.①农村经济发展—研究—
中国 Ⅳ.①F323

中国版本图书馆 CIP 数据核字(2019)第 168896 号

内 容 简 介

习近平总书记在党的十九大报告中指出要实施乡村振兴战略，这为我
国现代农业发展带来了新的机遇，也对其提出了新的要求，因此有必要研
究实施乡村振兴战略背景下的农村经济发展。本书梳理了我国农业农村
经济发展的各方面情况，对农业现代化、农业改革、农村电子商务、农村金
融、智慧农业和绿色农业进行研究，同时还结合我国农业农村发展实际深
入探讨了城乡一体化建设。本书全面分析了实施乡村振兴战略背景下的
中国农业农村经济发展情况，可以为农业农村经济理论研究人员和农业农
村经济从业人员提供一定指导。

实施乡村振兴战略背景下的中国农村经济发展研究

出版发行　中国原子能出版社(北京市海淀区阜成路 43 号　100048)
责任编辑　张　琳
责任校对　冯莲凤
印　　刷　北京亚吉飞数码科技有限公司
经　　销　全国新华书店
开　　本　787mm×1092mm　1/16
印　　张　16.5
字　　数　214 千字
版　　次　2020 年 3 月第 1 版　2020 年 3 月第 1 次印刷
书　　号　ISBN 978-7-5022-9938-5　　　定　价　78.00 元

网址：http://www.aep.com.cn　　E-mail:atomep123@126.com
发行电话:010-68452845　　　　　版权所有　侵权必究

前　言

习近平总书记在党的十九大报告中强调,要坚决打赢脱贫攻坚战,"让贫困人口和贫困地区同全国一道进入全面小康社会是我们党的庄严承诺。""确保到二〇二〇年我国现行标准下农村贫困人口实现脱贫,贫困县全部摘帽,解决区域性整体贫困,做到脱真贫、真脱贫。"①同时指出,我们要实施乡村振兴战略。可以说精准脱贫与乡村振兴战略相辅相成,共同对我国的农村经济发展发挥作用。习近平总书记指出,"农业农村农民问题是关系国计民生的根本性问题,必须始终把解决好'三农'问题作为全党工作重中之重。"②李克强总理在政府工作报告中也明确指出要大力实施乡村振兴战略,科学制定规划,健全城乡融合发展体制机制,依靠改革创新壮大乡村发展新动能。

在这样的背景下,我国农村经济发展面临着新环境,这就要求我国农业农村发展必须及时作出调整,充分把握机会谋求进一步发展。根据《中国农村发展报告(2018)》中的统计数据显示,2016 年,农村发展水平在全国、区域和省级层面继续提高,全国层面农村发展指数为 0.677,与 2015 年相比上升了 0.028。生活水平维度对总指数的增长贡献了 39.3%,在五个维度中贡献最大。与"十二五"(2011—2015 年)期间相比,2016 年生态环境维度的贡献率有较大提升,城乡一体化维度的贡献率明显下降③。结合

①　习近平在中国共产党第十九次全国代表大会上的报告[EB/OL]. http://cpc. people. com. cn/n1/2017/1028/c64094-29613660. html.

②　习近平在中国共产党第十九次全国代表大会上的报告[EB/OL]. http://cpc. people. com. cn/n1/2017/1028/c64094-29613660. html.

③　2018 年中国农村发展指数发布[EB/OL]. http://www. cssn. cn/zx/bwyc/201807/t20180725_4510076. shtml.

我国农村发展实际,政府工作报告对我国接下来的工作做出了整体部署,报告指出大力实施乡村振兴战略可以概括为三个方面,即推进农业供给侧结构性改革、全面深化农村改革、推动农村各项事业全面发展。鉴于此,作者认为有必要对新形势下的农村经济发展进行深入探讨与研究。

本书针对实施乡村振兴战略下的农村经济发展进行全面深入的解析,整体内容分为八章。第一章是从整体上介绍农业与农业经济,明确农业的概念、定位和作用等,并说明我国农业经济的总体发展现状。第二章分析我国农业发展的基础性问题,即农业现代化,推动农业现代化是我国当前农业领域的基础性任务,本章对农业现代化的特征、内容及发展战略进行了分析。第三章则针对农村深化改革进行研究,分析农村土地制度改革,并结合现实研究家庭农场和农民合作社的培育和发展。第四章的内容为农村电子商务,这是互联网时代的农村经济新发展,是推动农村及其经济发展的重要途径,本章不仅对农村电子商务的发展现状和模式进行分析,同时还研究了农特微商和县域电商这两种重要的农村电商形式。第五章则是分析近年来得到蓬勃发展的农村金融,农村金融为农村发展提供了重要的资金帮助,发展和创新农村金融机构、农村金融产品和服务对于农村经济发展具有重要意义。第六章主要研究智慧农业,这是在高新科学技术不断发展的背景下形成的新型农业农村发展模式,是"互联网＋"现代农业的重要表现,鉴于此,本章对农业数字化与信息化以及智慧农业发展情况做出了分析。第七章探讨的是符合我国绿色发展理念的绿色农业发展,绿色发展是我国当前农村农业发展的基本要求,因此有必要对绿色农业的制度保障和经济战略进行分析与研究。第八章的内容围绕城乡一体化展开,城乡一体化是我国农村经济发展的重要方面,推动城乡融合发展、农村一、二、三产业融合发展是我国农村经济发展的重要任务。

本书从总体上分析了我国农村经济的发展现状及相关问题,一方面吸收现有研究成果,对基础理论进行阐述,为更深入的探讨奠定基础;另一方面充分结合目前的发展形势,强调研究的创新性和时代性。具体特点体现在:第一,有完整的研究体系。在内容上形成了较为完整的理论体系,本书对农村经济的研究从理论与实践两方面入手,保证整个研究体系更完整、更深刻,构建了理论联系实践的农村经济发展研究体系。第二,有突出的亮点。本书第六章阐述智慧农业发展,智慧农业是高新科学技术与农业有机结合的产物,是我国农业农村经济发展的重要方向。第七章研究绿色农业,符合我国绿色发展理念的要求,可以说,发展绿色低碳循环农业是我国农业发展的必然要求和方向,符合社会发展要求和人民希望。第八章透彻分析城乡一体化与我国农业农村发展的内在联系,是理论与实践的有机结合。对这些问题的研究保证了本书的时代性,确保本书是在符合时代发展要求的情况下对农村经济发展进行的探讨和分析。

在撰写本书的过程中,参考了相关专家、学者的著作,从中获得了许多有益的成果、见解,谨致以诚挚的谢意。由于作者水平有限,书中难免有不足之处,敬请同行专家、学者和广大读者批评指正。

中共重庆市巴南区委党校　唐小凤

2019 年 1 月

目　录

第一章　农业与农业经济

农业是支撑一个国家生存和发展的基础部门，在国民经济中具有重要地位。发展实施乡村振兴战略是习近平总书记提出的一项重要国家发展战略，他在党的十九大报告中明确指出，"农业农村农民问题是关系国计民生的根本性问题，必须始终把解决好'三农'问题作为全党工作重中之重。"①

第一节　农业的地位与作用

一、农业的概念

农业是支撑一个国家得以正常运行的最基础的部门。具体来说，农业就是指人们利用太阳能，依靠生物的生长发育来获取产品的社会物质生产部门。农业生产的对象是生物体，获取的是动植物产品。农业一般指植物栽培业和动物饲养业。植物栽培是指人们通过绿色植物利用太阳的光、热和自然界的水、气以及土壤中的各种矿物质养分，加工合成植物产品的过程；动物饲养是指人们通过以植物产品为基本饲料，利用动物的消化合成功能，转化成动物性产品的过程。因此，农业的本质是人类利用生物机体的生命力，把外界环境中的物质和能量转化为生物产品，以满足社会需要的一种生产经济活动。

---

① 习近平在中国共产党第十九次全国代表大会上的报告[EB/OL]. http://cpc. people. com. cn/n1/2017/1028/c64094－29613660. html.

农业是最为古老的物质生产部门，始终为国民经济的基础，在国民经济中占有重要的地位，其基础性地位是历史发展的客观必然，不以人类意志为转移。同时，农业在推进国民经济发展上也具有独特作用。

二、农业是国民经济的基础

上面已经提到，农业是一国经济生存和发展的基础，其在国民经济中具有重要的基础性地位，这主要表现在以下三个方面。第一，农业是为人类提供生存必需品的物质生产部门。食物是维持人类生存最为基本的生活资料，而它是由农业生产的动植物产品（准确地说，还包含微生物）来提供。迄今为止，利用工业方法合成食物的前景依旧遥远，其可能永远也不会成为食物供给最为主要的途径。为此，我们可以大胆揣测，不论是过去、现在还是将来，农业都是人类的衣食之源和生存之本。第二，农业是国民经济其他物质生产部门赖以独立生存和进一步发展的基础。通常情况下，只有当农业生产者所提供的剩余产品较多时，其他经济部门才能独立，并安心从事工业、商业等其他经济活动。在古代，农业是整个社会的决定性生产部门，为了生存，几乎所有劳动者都从事农业生产，基本不存在社会分工；后来，随着农业生产力的不断发展，农业生产效率得到了极大提升，农业剩余产品快速增加，社会将日益增加的劳动力从农业生产中逐步分离出来，由此形成了人类社会的第一次、第二次和第三次大分工，该过程不仅实现了农业产业内部种养殖业的分离，还有力地促进了工业、商业和其他产业的有效分离，进而相继成为独立的国民经济部门。第三，农业的基础性地位论断是普遍适用于各国且能长期发挥作用的规律。农业产值和劳动力占国民经济的比重逐年下降是世界各国经济发展的一个普遍规律。但是，无论是在农业所占比重较大的国家还是比重较小甚至农业相对缺失的国家，农业的基础性地位论断这一规律都将发挥作用。假如一个国家的农业生产无法满足本国经济发展需要,就必须依赖于其他国家,即以外国的农业为基础,从长期来看,显然不利于该国的安全与稳定。

三、农业是国民经济发展的重要推动力

农业不仅是国民经济发展的基础,同时也是推动国民经济发展的重要推力,从大体上来说,农业对国民经济的推动作用主要表现为产品贡献、要素贡献、市场贡献和外汇贡献,下面主要针对农业的产品贡献和要素贡献进行分析。

(一)产品贡献

食品是人们获取能量得以继续生存的最基本必需品,农业则是为人们提供这一最基本必需品的基础性部门。一般而言,只有当农业从业者所生产的农产品满足自身需求且有剩余之时,其他国民经济生产部门才得以顺利发展。虽然从理论上讲,可以通过进口缓解国内食品的供给不足,但在实际中大量进口食品会受到政治、社会和经济等多重因素的制约,甚至会让一个国家面临风险并陷入困境之中。因此,我国未来农业的发展之路必然是依靠本国农业满足广大消费者对食品日益增长的需求。除了食品贡献之外,农业还为工业尤其是轻工业提供了重要的原料来源,从而为推进我国工业化进程发挥了重要作用。作为一个发展中国家,大力发展以农业为原料的加工业可以充分发挥我国的比较优势,有助于工业化进程的加快和国民收入的增加。此外,农业的产品贡献还表现在对国民经济增长的促进上,由于农产品尤其是谷物产品的需求收入弹性要小于非农产品,民众收入的增加通常意味着其用于食品消费的支出比重会不断下降,进而导致国民经济中农业的产值份额随之下降。但同时,以农产品为原料进行生产的工业品的需求弹性一般大于原料本身的收入弹性,这样使得农业的重要性相对提高,对国民经济发展的促进作用增大。

(二)要素贡献

要素贡献主要是指农业部门的生产要素转移到非农产业部门并推动其发展,这主要表现在以下三个方面。

1. 资本要素贡献

农业在不同的发展阶段起着不同的作用。在经济发展的初级阶段,农业发挥十分重要的作用,是国民经济中最主要的物质生产部门,而工业等其他新生产业部门起点相对较低、基础薄弱,基本无资本积累能力。在这个阶段,农业不仅要为自身发展积累资金,还需为工业等其他产业部门积累资金。由此可见,国家早期的工业化以及新生产业的资本原始积累主要依赖于农业,农业为一个国家的工业化进程提供了重要的资本要素。随着社会经济的进一步发展,非农产业部门凭借着较快的技术进步以及自然资源的使用不受约束等得天独厚的优势,使其资本报酬要远高于农业部门,在该情形下要素的趋利流动规律又促使农业资本流向非农产业部门,再一次为非农产业的发展作出资本要素贡献。与此同时,鉴于非农产品的需求收入弹性要大于农产品的需求收入弹性,政府部门也倾向于将农业资本增量投向非农产业部门,通常政府会通过行政的手段实现资本的转移。

2. 劳动力要素贡献

农业是人类社会最先形成的一个生产部门,这也是人类社会发展初期唯一的生产部门。几乎所有的劳动力都集中在农业生产领域。随着社会经济的不断发展,农业生产率得到了极大提高,其对劳动力的需求开始下降,由此出现了农业劳动力剩余,他们可以向其他非农产业部门转移,从而为非农产业的快速发展提供了必要的生产要素,并创造了最为基本的生产条件。由此可见,农业是非农产业部门重要的劳动力来源渠道,为它们的形成和发展做出了巨大贡献。但是。对于大多数国家尤其是发达国家而言,非农产业的快速发展以及机械化、信息化、自动化技术的不断普及与应用会导致其对农业劳动力的吸纳能力越来越低,并由此引发农业劳动力的结构性过剩,即低素质劳动力供给严重过剩,而符合要求的高素质劳动力却供给不足。大量剩余劳动力的出现已经成为制约我国社会经济发展的重大障碍。

3.土地要素贡献

在国民经济中,通常农业以外的产业部门需要农业部门为它们释放和转移更多的土地资源才可以继续发展,这是因为这些土地资源是其他产业部门从事生产和活动的基本场所,比如城区范围的扩大、道路交通的修建、工矿企业的建设等。一般而言,非农产业对土地的需求是社会经济发展的必然,其所需土地多位于城郊或者农业较为发达的地区。虽然从回报来看,农地非农化会使农民收益得到增加,对于他们而言无疑是理性选择。但从整个国家和社会层面来看,市场机制的过度自由发挥将不利于农业乃至整个国民经济的持续健康发展。因为农地资源属于稀缺性资源,供给相对有限且具有不可替代性,其规模的减少必然不利于农产品的有效供给和社会的长治久安。因此,在满足非农产业发展建设用地需求的同时,也要适当加以宏观调控。

第二节　农业生产要素

一、农业自然资源

(一)农业土地资源

1.农业土地资源的作用

用于农业生产的土地的数量和质量的总称就是农业土地资

源,这其中包括已经开发使用的部分和还未开发的部分,例如耕地资源、草地资源、荒地资源、林地资源等。

土地资源对于农业生产具有十分重要的意义和作用。

(1)农业生产必须在大面积的土地上进行

一般情况下,工业生产会将土地当作人们进行作业或是生产的场所,土地为其提供劳动操作场所,相对需要的面积会比较少。在农业生产活动中,农作物在利用太阳能时,栽培面积是一个十分重要的影响因素,所以农业生产需要相较其他生产部门使用更多的土地实现生产目标。一个国家或地区的土地面积在很大程度上可以决定这些地域范围内的农业生产规模。

(2)土地具有对农作物生长发育的培育能力

农业生产部门与其他生产部门不同,土地起到了培育农作物生长发育的作用。因为对于农作物而言,土地的性质对其生长发育有很重要的作用。土地质量是决定农业生产成果的重要因素。

可以看出,土地资源对农业生产起到了直接的影响作用,所以土地是农业的基本生产资料。农业生产的发展是离不开土地的,因此需要对土地资源进行科学合理的开发和利用。

2.农业土地资源的特点

(1)数量有限,不可替代

土地属于自然资源,人类的生产活动并不能创造土地。通过人类活动,可以对土地资源进行开发和利用,即可以改良却不能创造出新的土地。随着社会工业化和城市化的不断发展和深入,非农用地的面积不断扩大,这就使农业土地资源持续减少。农业生产中的其他生产资料并不会出现这种情况,它们可以通过人类活动而增加,例如农用工具、机械等。并且,随着科学技术的不断发展,这些生产资料还可以进一步的改革和更新,并且可以相互取代。例如传统的农业用具可以用现代化、自动化的农用工具代替。但是土地资源却不可以被其他资源替代,它在农业生产活动中不只是充当生产场所和地点的角色,同时它还要为农作物的生长发育提供营养,土地肥力很大程度上影响着农作物生长和农业生产成果。土地对于农业生产来说是必不可少的珍贵资源,所以发展农业生产必须重视对土地资源的充分、合理利用,提高土地的利用率和生产率。

（2）位置固定,不能移动

土地是固定不变的,并且不可以被移动,所以只能在固定的空间内进行土地资源的利用和开发。其他生产资料可以在不同的场合使用,并且根据实际的需要情况进行资源的转移。正因为土地的这个特点,对土地进行开发和利用时总是会联系自然条件,因为其会受到自然条件的制约。所以科学合理地利用土地资源发展农业生产,必须根据土地资源本身的特点进行安排,将土地所处空间的气候、地形、水利、土壤等条件充分纳入考虑,以此安排生产部门和作物种类;按照当前的需要,在可行性范围内改造自然条件,提高土地资源的培育能力;其他生产资料也需要按照因地制宜的原则进行改造,要在符合当地的耕作制度下利用。

（3）能永续利用,土壤肥力可以提高

农业生产中的其他生产资料与土地不同,它们都具有使用期限。例如机械设备会在使用过程中形成磨损,在一段时间的使用后便会失去效用而报销;肥料在使用后就会产生效力,当其被充分吸收后便会失去效用。土地资源与这些生产资料不同,它是可以被永久利用的,并且随着科学技术的不断发展,以及人们对土地资源的愈加了解和掌握,土地肥力会有所提高。土地肥力包括由各种成土因素综合影响形成的自然肥力,以及通过人工劳动改造而形成的人工肥力。自然肥力与人工肥力通过结合形成潜在肥力,随着科学技术的不断提高,土地的潜在肥力会不断提高,并且可以转化为经济肥力供农作物直接利用。因此,想要永续地利用土地,就需要对土地进行利用的同时进行保护。正因为土地可以被永续利用,社会对农产品日益增长的需求和有限的土地资源之间的矛盾才有可能得以解决。

（4）土地生产力具有差异性

土地生产力是指土地资源生产农产品的能力，不同的土地具有的生产力并不相同，这是指在投入相同的活劳动和物化劳动所得到的农产品产出并不相同。造成土地具有生产力差异的原因主要有两个。第一，位于不同区位的土地所拥有的自然肥力并不相同；第二，人类活动会对土地造成影响，导致不同土地间产生生产力差异。土地生产力的不同决定了土地经济价值和利用方向的不同，同时也决定了社会为解决农产品的产需矛盾，对于劣等地也必须加以利用，在为农产品进行定价时必须由劣等地生产条件下的农产品的价值来决定。

（二）农业水资源

1. 水资源的特点

（1）水资源可以自然补充、重复利用

水资源的利用是一个循环的过程，水资源在经过自然蒸发、植物吸收、人类利用等消耗后，可以通过降水等方式回到自然中，实现水资源的循环补充。若一个地区的地质、植被、大气等方面的情况不发生变化，该地区的水资源总量只会出现一定程度的波动，却不会发生枯竭的现象，这就意味着水资源可以进行自然补充、重复利用。

（2）水资源只能以其自然状态利用

化石能源等矿产资源是可以经过人类加工进行利用的，可以通过人工提炼对其体积进行浓缩、提高其经济价值，因为这样可以减少运输成本。但是水资源却不可以经过人工提炼而进行体积上的浓缩，虽然通过人类加工可以将自然水资源变为饮用水，这样水资源的经济价值得以提高，但是数量有限，其运输成本较高。

（3）水资源既是生产对象，又是生产条件

矿产资源或生物资源都属于人类进行生产的对象，人类通过劳动对其进行加工形成最终产品。但是水资源不仅是人类进行生产的对象,同时还是人类进行生产的条件。例如,水资源作为生产对象可以被加工为饮用水,作为生产条件可以为发电、航运等提供条件。

(4)人类不能对水资源循环实施有效的人工控制

水资源的自然循环并不是一个固定的过程,其具有不规则性,所以在一定时间和空间范围内可能会形成水资源供给不足或是供给过量的现象,也就可能造成干旱或洪涝灾害,但人类目前拥有的技术并不能对这种循环进行有效控制。这样就会造成水资源的功能不能充分发挥,其他资源的利用也会受到一定影响。

(5)水资源的自然供给无弹性,需求呈刚性

水资源的自然供给与价格无关,它的需求价格弹性极小。因为无论是人类还是动植物对水都有刚性需求,水是保证他们生存的根本条件。水资源也为人们对生物资源进行开发和利用提供了条件,缺少水资源人类的经济活动会受到影响。所以对水资源进行开发和利用是一个关乎社会和生态的重要问题。正因为这样,人口数量、经济规模和农业生产必须考虑水资源的可供性,对水资源的需求没有限制会导致经济系统的崩溃。

2.水资源对农业的重要性

(1)水资源是农业生产的命脉

农业生产的生产对象为各类动植物,水资源是保证它们生存的根本;农业生产如果出现水资源的短缺,就会导致农业生产不能实现长期发展。通过农业生产的实际实践情况可以看出,一般在水资源充足或灌溉条件较好地区的生产情况比较好,在这些地区的农产品产量明显高于其他地区。如果干旱地区和半干旱地区想要提高其农产品的产量,就必须切实解决这些地区水资源短缺的现状。

(2)水资源状况影响农业布局

一般情况下,水资源充足、灌溉条件较好的地区的农业人口

和劳动力较为密集,同时这些地区拥有的其他生产要素也比较多,属于主要的农产品集中产区。这些地区虽然资源好,但是人口多、土地面积小,相对的农业生产的潜力比较小。在干旱半干旱地区,人口少、土地面积大,生产要素比较短缺,所以劳动生产力水平低。但是这类地区的农业生产潜力比较大,如果最关键的水资源问题可以得到有效的解决,就很可能实现农业布局的优化。

（3）水资源是重要的农业生态环境资源

水资源状况和农业生态环境之间存在直接关系。如果出现水资源短缺的情况,就可能引起森林和草原退化、土地沙化等;对水资源进行不合理利用,可能引起灌区土地次生盐碱化、水土流失和土地肥力下降;水资源污染会对农业生产带来阻碍,还会严重危害生态环境。

（4）水资源是农民的基本生存条件

水资源为农民的生存提供最基本的条件。提高农民的生活水平的前提就是保证农民的生存,也就需要满足农民的水资源需要。只要在满足农民对水资源的基本需求的基础上,才能进一步发展农村,实现农民的生活富裕。

二、农业劳动力资源

（一）农业劳动力资源的概念

劳动力是指可以参加劳动的人,农业劳动力是指参加农业劳动的人,农业劳动力资源是对参加农业劳动的劳动力的数量和质量的总称。农业劳动力的数量,是由适龄的有劳动能力的农业劳动力数量,以及未达到或是超过劳动年龄的经常参与农业劳动的劳动力数量组成的。农业劳动力的质量,是指农业劳动力的实际状况,例如身体状况、农业劳动的技术掌握程度、农业科学技术水平等。

（二）农业劳动力资源的特点

1.流失性

这是指劳动者的服务能力不可以进行储存。如果不在一定时间内对劳动力的服务能力进行利用,那么就会导致其服务能力自行消失,该能力不可以储存到另一时间进行使用,所以必须在有效时间内对劳动力进行充分的利用。

2.可再生性

劳动力具有可再生性,通过合理的利用,劳动力拥有的劳动能力可以恢复和进行补充,所以在利用劳动力时要注重科学合理性。劳动力的可再生性是建立在劳动者的休息得到保障的基础上的,并且还要为劳动者提供良好的医疗保健条件。

3.能动性

这是指劳动者拥有主动性和创造性。在当今社会中,大部分劳动资料和劳动对象是通过人的劳动创造出来的。科学技术已经成为当今这个现代社会的第一生产力,但是劳动力依旧在生产活动中起着重要的作用。科学技术需要通过人类创造,需要通过人类使用。所以,要保证劳动力在生产活动中保持积极性,最大程度地发挥劳动者的主观能动性。

4.两重性

这是指劳动力同时作为社会财富的创造者和消费者。与生产资料结合,劳动力就是创造者;不与生产资料结合,劳动力就是消费者。我国的农村人口大约为 7 亿,其中有近 5 亿的劳动力,3亿多的农业劳动力。如果能充分合理的利用这些劳动力资源,就可以很大程度上推进我国农业发展;反之,这些劳动力资源会为国家经济造成负担,劳动力资源数量上的优势就变成了劣势。所以,我国的劳动力利用问题相较其他国家显得更为重要。

(三)农业劳动力资源的利用

1.提高农业劳动力利用率

(1)提高农业劳动力利用率的意义

提高农业劳动力利用率可以使劳动者成为社会财富的真正创造者,可以通过自身劳动为社会创造更多财富。在社会劳动力资源总量和劳动生产率一定的情况下,随着农业劳动力资源的利用率的提高,就会有更多的实际劳动量投入到农业生产中,也就会创造出更丰富的农产品。反之,劳动力得不到充分利用,成为纯粹的社会财富的消费者,从而对农业和国民经济的发展造成负担。

(2)提高农业劳动力利用率的途径

第一,优化农业产业结构,发展劳动密集型产品。我国的土地资源稀缺、劳动力资源丰富,根据这一特点我国应该发展劳动密集型产品。现在农业也开始向国际化发展,要合理安排农业产业结构,大力发展蔬果、花卉、畜牧等需要较多劳动投入的农产品生产。并且提高农产品的质量,加强产品竞争力,同时增加劳动投入,增加农民收入。

第二,实行农业产业化经营,拉长农业产业链。随着农业的发展,产业化经营成为主要的经营模式,这就使农业生产发生了生产经营领域的变化,从单一的农产品生产转向农产品的加工、运输、包装、销售等。这种转变提高了农产品的附加值,同时还为社会提供了更多就业机会,提高农业劳动力利用率,从而实现了农民收入的增长。

第三,加强农业基础设施建设,改善农业生产条件。农业基础设施是指固定在农用土地上可以较长时间发挥作用的生产性设施。农业基础设施建设包括修筑梯田、改良土壤、兴修水利、修建道路等活动。加强对农业基础设施的建设,可以对农业生产的物质条件进行改良,还可以加大对农业劳动力资源的利用,提高农业劳动力的利用率。

第四,开发利用荒地资源,向农业广度进军。经过长期农垦,我国的耕地后备资源并不充足,但是在很多地方都存在一些荒山、荒沟、荒丘、荒滩并没有得到充分利用。因为这些土地资源的特殊性质,并不适合进行分户家庭承包,所以可以通过招标、拍卖、公开协商等方式进行承包。对"四荒"资源进行开发利用,可以提高土地利用率,增加农产品的产量,同时还可以提高农业劳动力的利用率。

2.提高农业劳动生产率

对农业劳动生产率产生影响的因素有很多,在不同的国家背景下,在不同的发展阶段,需要面临的主要影响因素并不相同。根据我国现阶段的发展情况和实际国情来看,提高农业劳动生产率的主要途径有以下几种。

（1）提高农业的物质技术装备水平

在农业生产中使用先进的农业机械设备、化肥农药等生产资料,可以减少活劳动的投放,同时还可以提高土地生产率,这样就可以促进农业劳动生产率的提高。对于我国的当前情况来说,我国农业的整体物质技术装备水平比较低,尤其是在农业的机械化和设施化方面水平较低,所以通过提高农业物质技术装备水平实现农业劳动生产率的提高是一个科学有效的途径。但是在使用农业机械时要有所选择,根据实际情况推进农业的机械化和设施化,保证被替换的劳动力可以被合理安排。

（2）合理利用和改善自然条件

自然条件对农业生产会产生很大影响,所以想要提高农业劳动生产率可以通过对自然条件进行合理的利用和改善。我国国土面积大、跨度大,各个地区体现出各自不同的自然条件,按照不同的情况合理的安排农业生产,是提高农业劳动生产率的一个关键环节。同时,还应该加大对农业基本的建设,对不利的农业生产条件进行改善,以此减少自然灾害对农业的威胁,这对于提高农业劳动生产率也有重要意义。可以看出,对自然条件进行科学合理的利用和改造,是提高农业劳动生产率的重要途径。

(3)提高农业劳动者的科学文化素质

科学技术已经成为当今推动经济社会发展的重要动力,其在农业生产发展中的作用也很明显,并且这种重要性随着科学技术的不断进步而与日俱增。现代农业是离不开先进的科学技术的,农业机器设备的运用、现代化的农业经营管理等,都需要科学技术的支持。当前,我国农业劳动者的整体文化科学素质较低,这是发展制药农业的障碍,也是提高劳动效率的障碍。所以,应该加大有利于提高农业劳动者科学文化素质方面的投资,提高他们的整体素质,以此为基础提高农业劳动生产率。

(4)建立合理的劳动组织形式

应该科学合理的建立劳动组织,实现劳动组织形式与生产力发展水平达成协调,按照客观实际的生产需求开展分工与合作,这样可以促进农业劳动生产率的提高。按照农业发展的必然要求农业实行家庭经营制度,但是家庭经营对于推动农业发展有局限性。想要进一步推进农业的发展,就需要建立符合发展力水平的劳动组织形式,就是在坚持家庭经营基本制度不变的前提下,对农业组织制度进行改革创新。按照我国目前的发展情况,应该建立各类专业合作社、农业产业化经营组织,还需要推进农业社会化服务组织的发展。

(5)推进农业适度规模经营

我国的农户经营规模比较小,这也会影响农业劳动生产率的提高。所以,应该加大力度推进工业化和城市化的进程,加快农业剩余劳动力转移。除此以外,应该对农地使用权的流转机制进行完善,调整农业经营的规模,推进农业劳动者与生产要素的最优配置。这些措施都可以促进我国的农业劳动生产率进一步提高。

三、农业资金

(一)农业资金的分类

1.按资金的所有权划分

按照这种方式进行划分,可以将农业资金分为自有资金和借入资金。自有资金是指农业生产经营主体自身拥有投入生产经营活动的资金,这类资金不需要归还他人。它包括农业生产主体筹集的股本资金和在生产经营中积累的资金。此外,政府提供的无偿支援资金可以作为自有资金。借入资金是指农业生产经营主体通过借贷的方式获取的资金,这类资金需要按照约定到期还款。它包括向银行或信贷机构借入的贷款、向社会发行的债券等。

2.按资金存在的形态划分

按照这种方式进行划分,可以将农业资金分为货币形态的资金和实物形态的资金。货币形态的资金是指以货币形式存在的资金,例如现金、存款等都属于货币资金;实物形态的资金是指以实物的形式投入到生产经营活动中的资金,例如各类生产资料、投入生产经营中的产品等。

3.按资金在再生产过程中所处的阶段划分

按照这种方式进行划分,可以将农业资金分为生产资金和流通资金。生产资金主要指各种生产资料和在产品生产过程中所占用的资金;流通资金主要指各种生产成品占用的资金和在流通领域中的现金、存款、应收款所占用的资金。

(二)农业资金的来源

第一,农业生产经营主体投入。农户在我国的农业生产经营中是最重要的生产经营主体,同时也是最重要的农业投资主体。除了农户外,农村集体经济组织、农民专业合作社、农业企业等组织也是农业生产主体,这些主体也是农业资金的重要来源。

第二,政府财政预算拨款。政府会根据实际情况为农业部门进行财政预算拨款,这笔财政资金也是农业资金的重要来源。一般情况下,财政资金都采用无偿的方式进行拨款,但是在一些时候部分财政资金也会通过有偿的形式进行划拨,或者转化为银行信贷资金的形式提供资金支持,这类有偿的资金提供方式主要是为了提高财政资金的使用效率,以便达到更好的使用效果。

第三,金融机构和个人融资。金融机构或个体信贷供给者也会为农业生产经营者提供多种信贷资金,这类资金也是农业资金的来源之一。信贷资金是有偿提供的,需要按照约定日期进行本息还款。农业信贷资金的提供者可以依照政策目标提供政策性贷款,也可以为了实现其商业目标提供商业性贷款。

第四,国外资金。在农业中,外国资金来源主要有以下几种。国际经济组织提供的资金,例如联合国、世界银行等组织提供的资金;政府间援助获取的资金,一些农业方面的合作投资项目投入的资金;国外金融机构、企业或个人进行的农业投资。

(三)农业资金的作用

1. 资金是重要的现代生产要素

在古典和新古典经济增长理论中,各类生产要素的投入与技术进步共同作用引起经济增长。在新经济增长理论中,强调了技术、贸易、制度等因素在经济增长中起到的作用,但是依旧认可各类生产要素投入对经济增长的基础性作用。实际上,当技术水平和制度等因素保证在一定情况下,各类生产要素投入量的增加是引起经济增长的主要因素。对于农业来说也是这样,生产要素的增加会促进农业的发展,农业资金作为生产要素,增加资金投入可以促进农业发展。

2.资金是农业生产经营主体获取生产要素的必要手段

在市场经济条件下，各类生产资料都是商品，需要通过购买获得，例如劳动力、土地等都是如此。而购买这些生产资料就需要有资金支持，所以想要发展农业，首先就要解决资金问题。从一定角度来说，农业生产经营主体拥有的资金多少反映了它从事生产经营活动的综合能力的大小。

3.资金是农业生产经营主体的重要管理工具

在市场经济条件下，资金运动和生产经营活动是密不可分的，在生产经营中一定会有资金运动，资金运动的过程反映了生产经营活动。所以，应该充分合理地利用资金管理，这样可以更好地掌握生产经营状况并加以分析，这样可以及时发现问题解决问题，以此提高农业经营管理水平。

4.资金的使用效益是农业经济效益的主要表现

农业经济效益可以通过很多指标进行衡量，例如劳动生产率、土地生产率等。但是在当前的市场经济条件下，资金的使用效益肯定是衡量农业经济效益的核心和综合指标，因为劳动力、土地资源这些生产资料也需要使用资金购买。可以看出，资金运用的经济效益高低，可以对各类生产要素利用的综合经济效益水平进行综合反映。

5.资金的分配是国家调控农业的重要工具

在宏观角度看，政府对农业的财政支持力度可以反映政府对农业的重视程度，政府资金的投放方向可以反映政府对农业发展支持的重点，这样可以引导其他农业资源进行更加合理的配置，它可以帮助农业产业结构进行调整，可以进一步改善农业生产条件。

四、农业科技进步及信息化发展

（一）农业科技进步

1.农业科技进步的特点

科技进步的过程主要包括三个阶段，各个阶段之间相互联系。科技成果的生产；科技成果的产业化；科技成果的扩散与推广应用。农业科技进步的过程展现出其自身的特点。想要推进农业科技进步，就应该充分认识和了解这些特点，合理利用这些特点。

（1）研究开发周期长，风险大

生物有机体是按照一定的自然规律生长发育的，在进行农业研究开发时，首先要保证研究周期基于生物的生长周期，人们必须在自然限界内进行科学试验。例如，在进行动植物新品种的培育实验时，一实验周期至少需要一个动植物的生长周期。在实际的农业研究开发中，并不是经过一次实验就可以完成，而需要多次多方面的实验，需要经历许多个动植物的生长周期。所以，进行农业科学研究开发需要很长的研究周期，而研发周期长就会带来更大的风险。因为研究开发失败，已经投入的资金是不可能收回的，并且已经投入的人力物力和时间也就此损失了。

（2）研究开发需要多学科合作

农业研究开发的任务是提出解决动植物生长与环境因素之间相互协调的技术方案，这是一个具有综合性的任务。进行农业研究开发需要各个学科和领域的专家进行协作研究，包括遗传学家、土壤学家、生理学家、营养学家、病理学家等。在进行农业科技成果的应用时，要采取相应的配套措施，只有各个方面的协调合作才能保证新技术预期效果的实现。

（3）科技成果具有区域适应性

动植物的发育生长需要一定自然条件的支持，所以，在进行农业科技成果的推广时,一般都是在一定区域内进行的。尤其是动植物品种具有很强的地域选择性。因此,想要进行大范围的农业新技术推广,首先要解决区域限定的问题,要进行适应性试验,保证农业新技术可以适用于各个区域,这样才能保证新技术的推广效果。

(4)新技术的应用效果具有不确定性

因为农业新技术会受自然环境等不可控因素的影响,这就可能影响其效果。而且,从经济再生产的角度看,农业新技术发挥了其预期的效果,也并不一定会带来良好的经济效果。生产经营者可能因为产量、价格、成本等经济问题,排斥在其生产经营中使用新技术。所以农业新技术不仅要保证技术上的先进性、生产上的可行性,还需要保证其经济上的合理性,只有这样才能保证新技术可以在现实的生产经营活动中投入使用。

2.农业科技进步的作用

(1)提供先进的农业技术装备,提高劳动生产率

农业技术进步为农业带来了很多先进的农业机械、工具和设施等,利用这些工具可以减轻农业劳动者的工作强度,提高他们的劳动能力和劳动效率,以此降低农业生产成本,提高经济效益。

(2)提高动植物的生产性能,提高单位土地面积产量

据实践研究表明,农业科技进步可以为农业带来显著地增产效果。例如,依据遗传学理论结合生物技术,大幅推动了育种技术的发展,利用这种新技术可以培育出一系列优良的动植物种,大幅提高了单位产量。在全球范围内看,自 20 世纪 30 年代培育出了杂交玉米以来,很多杂交种相继被培育出来,杂交高粱、杂交大麦、杂交棉花、杂交水稻等。20 世纪 50 年代以来,全球范围内农产品的增加中,有很大一部分都是通过高产品种培育得到的。20 世纪 60 年代中期,开始推广"绿色革命",促使很多发展中国家的粮食产量大幅增加。除了在这方面,在畜牧业、林业和水产业方面育种技术也为其带来了显著的增产效果。随着化学、生物生

理学、营养学理论的发展,农作物肥料和养殖畜牧饲料等方面得到了发展,使动植物的营养状况和生长条件得到了极大地改善,进一步提高了优良种的增产性能。

(3)提高农产品质量,满足市场对高品质农产品的需求

将生物技术运用于农业生产经营中,一方面可以增加农业产量,另一方面可以根据市场需求对产品质量进行调节。根据人们对食品消费的需求变化,可以对粮食、肉类等各种农产品中的营养成分的含量进行调节,满足人们的个性化要求;适应纺织工业的发展,对棉花纤维的长度和弹性等性质进行调整。而且,农业科技进步在提高农产品初级产品质量的同时,还可以丰富农业加工品的种类,提高其品质。

(4)扩大资源供给,提高资源利用效率

农业科技进步会引起农业资源的配置发生变化。农业科技进步会使农业资源的利用范围扩大,这样就会有很多新的资源加入到农业生产中,也就会提高农业资源的供给量;农业科技进步会促进农业资源的利用效率提高,可以使用相同的农业资源生产更多农业产品。农业科学技术的进步,可以提高劳动资料的利用效率,提高劳动对象的质量,可以对农业进行科学合理的管理,这样就会使农业生产要素的利用效率持续不断提高。同时,农业科技进步可以协调生物和环境之间的关系,促进农业的可持续发展。

(5)提高农业的经济效益,增加农民收入

第一,农业科技进步可以促进农业劳动效率的提高。第二,提高农产品的产量,提高农产品的质量。第三,推动农业规模经济的实现。农业科学进步,可以扩大生产单位的经营规模,从而降低平均成本,以此实现规模效益。第四,提高生产要素的利用效率。以上几个方面都可以促进农业经济效益的提高,促进农民收入的提高。

(6)有利于改变农村面貌,缩小"三大差别"

农业科技进步一方面可以促进农业发展,促进农村经济发

展,另一方面还可以改善农村的生态环境,科技进步可以带来全新的农业生产方式,也会改变农民的生活方式,会引起农民的生活习惯和价值观念发生转变,这就引起了农村面貌的全面改观,缩小甚至消除了工农差别、城乡差别以及体力劳动与脑力劳动的差别。

(二)农业信息化

1.农业信息的类型

(1)农业自然信息

农业自然信息指存在于自然界中的与农业活动相关的各类信息,包括生物生长信息,例如作物生长信息,作物生长信息包括作物的种类、品种、生态适应性、营养需求等相关信息。生物生长环境信息,例如当地的土壤、气候条件等;土壤信息包括土壤的类型、质地、养分情况、含水量、耕作层厚等信息。生物生长与其生长环境之间的作用信息,例如农作物和土壤之间的养分循环等。这些农业自然信息可以为农业劳动者会对其生产决策和日常生产管理提供参考。

(2)农业社会信息

农业社会信息指人类在农业生产经营活动中产生的各类信息,包括农村社会和经济信息、农业生产技术信息、农业市场信息、农业政策信息等。农村社会和经济信息包括农业人口数量和变化情况、农民收入水平、农民社会保障情况、农村基础设施等方面的信息,通过对这些信息进行充分的了解,政府可以制定和调整相应的政策。农业生产技术信息包括农作物的品种、栽培技术、病虫害防治技术等方面的信息,通过充分掌握这些信息,农业劳动者可以采取相应的技术措施。农业市场信息包括农业生产资料和农产品市场供求和价格等信息,通过掌握这类信息,农业劳动者可以对其生产经营进行较为科学合理的决策。

2.农业信息的特点

(1)与自然环境条件的依存性

农业是将自然再生产作为其基础的,生物的生长发育一定是在自然环境中发生的。所以在进行农业生产的安排,以及农业生产的日常管理时,就要充分考虑到生物生长发育的自然环境,包括地形地貌、气候状况、季节等,要充分了解和掌握生物的适地适生信息,要根据实际情况组织农业生产经营活动。

(2)系统性和渗透性

农业生产实际上是自然生产与经济再生产有机结合产生的部门,是一个涉及生物、环境、经济、技术等多方面多领域的复杂庞大的系统工程,各方面、各领域的信息都同时存在,并且相互渗透,共同作用。所以在进行农业生产经营时,必须对各方信息进行全面收集。

(3)使用上的商业性与公益性并存

农业信息在使用上同时具有商业性和公益性。商业性农业信息是指直接影响农业生产经营的经济效益的农业信息,在农业生产经营者进行决策时这类信息会直接与他们的利益挂钩,这类信息的价值通过市场得以体现。商业型农业信息具有个体性和微观性,通过市场可以对这类信息进行较好的信息配置。通过相关企业提供信息是缩短信息传递链条的一个有效途径,这样可以提高信息传递的及时性和准确性,实现信息传递双方的即时互动。公益性农业信息是指具有很强正外部性的农业信息。一般情况下,公益性农业信息关系到农业经营风险和部分自然风险的降低,也关系到农业整体生产力水平的改善,这类信息直接关系到国家、社会和广大农民的利益。

3.农业信息化的作用

(1)农业信息化是发展农业的重要动力

当今是信息化时代,信息资源在当今社会中是十分重要的生产要素,在资源结构中占有十分重要的地位。农业信息化是农业发展的必然要求,提高农业信息资源的开发利用水平,可以在一定程度上减少物质生产要素的投入。通过推进农业信息化的发展可以促进农业产业结构的优化,促进农业增长方式的转变,以此为基础推进农业的可持续发展。

（2）农业信息化是实现决策科学化的重要手段

农业生产和经营管理受到很多因素的影响,农业系统具有复杂性、动态性、模糊性和随机性的特征,所以在进行决策时比较复杂。想要进行科学有效的农业决策,就需要充分利用多个学科、领域的知识,还需要借助专家的知识和经验进行推理和判断。通过农业信息技术,可以将农业决策支持系统、专家辅助系统、作物生长模拟系统等信息化系统进行有机结合,通过科学的分析做出农业决策。

（3）农业信息化是提高农业经济效益的有效措施

通过信息技术可以进行模拟实验,这样就在农业科研方面节省了成本和时间,提高了科研的效率;通过对信息技术合理利用,可以利用科学预测增强作物抵御自然灾害的能力,降低风险和损失;农业信息技术帮助农业生产经营者快速、便捷、低成本地了解和掌握农业新品种和新技术、农产品供求和农业农村经济政策等信息,以此降低决策成本。

（4）农业信息化是实现资源高效配置的重要手段

农业信息化可以打通信息通道,加强农村与城市、国内与国外的联系,使农业发展可以充分利用各方资源和市场,进行资源配置的优化,扩大农产品市场;利用信息系统,可以帮助农村富余劳动力流向城市,加快城镇化和工业化的进程;科研院校和机构可以通过农业信息化寻找合适的实验基地,促进科研成果与现实生产力之间的快速转化;农业方面的人才也可以根据需求更好地找到合适的岗位,实现人才的优化配置。可以看出,农业信息化可以优化资源的配置,提高资源配置的效率。

第三节　我国农业经济的发展现状

一、我国农业经济发展存在的问题

(一)农产品供求总量结构失衡

近年来,我国粮食持续增产,这对我国原有的农业结构造成了一定影响,我国农产品的供求格局逐渐从供求紧平衡状态转变为供求总体平衡、个别乃至部分品种供大于求的态势。但是,在总量矛盾得到明显缓解的同时,农产品供给总量的结构性矛盾与问题愈发凸显出来,不仅表现为品种数量的结构问题,更表现为品种质量的结构问题。

1.农产品供需结构

2010 年我国人均 GDP 不到 4 500 美元,而 2017 年我国的人均 GDP 超过 8 500 美元,可以看出,我国在不断发展中已经逐渐开始进入一个由中低收入国家向中高收入国家迈进的关键期,开始进入一个温饱过后追求消费质量的转变期。而在这样的时期,农产品的绿色安全、有机高端、个性化与品牌化需求快速上升,那些大路货、低端消费的需求则明显下降。这种农产品消费需求的升级换档,不仅导致大量普通农产品出现积压卖难,而且也导致优质高端农产品出现供不应求。我国农产品的供需结构出现的这种变化,既是我国经济发展到了一个新阶段和人民生活水平提高的必然反映,导致市场产生日益丰富与优质多元的农产品需求;也是农产品供给结构不适应需求变化的必然结果,导致市场要求更加多样与优质的农产品供给。

2.农产品总量供求

稻谷、小麦、玉米是我国的三大主粮,2010 年以来,这三种粮食总产量大幅增产,增产达到 15％以上,但是消费量增长相较于生产量增长稍低,仅不到 6％。其中玉米产大于销的矛盾尤为突出2015 年玉米产量高达 22 458 万吨,年末库存消费比为 172.35％,行业产能严重过剩,造成了玉米库存量巨大、国内外价格倒挂等诸多问题。[①] 同时,棉花、油料等其他大宗农产品面对国外的大量进口,也在市场上呈现出供大于求的状态。可以说,农产品总体上供求宽松、价格低迷已成为基本面。这样的态势并非只是年度性的短期现象,而是当前和今后一个时期我国农产品供求格局的阶段性特点。在很大程度上,这一特点也将是世界农产品供求的基本格局。

主要农产品的供求总量关系和供需结构的变化,对农业诸产业的产业结构和产品结构的调整和优化提出了更高的要求。有的产业要压缩调减过剩产能,如玉米产业及一些产品的加工业;有的产业要瞄准立足补齐短板,如奶业、大豆产业等。产品结构的调整与优化问题几乎是面向所有农业产业的,就是要以市场需求为导向丰富品种和提升质量,顺应和满足消费者优质多元的农产品需求。如此严峻的挑战可谓是前所未有的,因为这要求我们不仅要在调整优化农业产业的区域布局上做好文章,而且要在全面提高农产品质量上花大力气;不仅要在产品产业增什么与减什么的数量上积极调整,而且要在产业转型升级与产品升级换代的质量上不懈努力。

(二)农业资源过度利用与环境问题存在矛盾

土地广袤是我国的基本国情,同时人口众多也是我国的基本国情,这就决定了我国的发展必然面临并必须解决资源和人口之间的矛盾,始终面临着资源环境承载能力的巨大压力,唯有走可持续的农业发展道路,才有可能实现农业资源的永续利用和农业生态环境的不断改善。尽管我国有几千年农耕文明传承与种养

---

① 2016 年中国玉米产量、库存、消费量及价格走势分析[EB/OL]. http://www.chyxx.com/industry/201609/451398.html.

结合、循环利用的农业可持续发展理念,但是,过去多年的农业资源过度开发与利用,带来了土地超垦过牧、地下水超采、土地重金属污染、水土流失加剧、面源污染加重等诸多问题,严重影响了农业农村生态环境和制约了农业可持续发展,也成为影响农产品质量安全的重要因素。

据统计,2017 年我国水稻、玉米、小麦三大粮食作物化肥利用率为 37.8%,比 2015 年提高 2.6 个百分点;农药利用率为 38.8%,比 2015 年提高 2.2 个百分点。[①] 2015 年,我国农膜使用总量达 260 多万吨,其中地膜用量为 145 万吨,但全国农膜回收率不足 2/3。2016 年,农业环保部门对甘肃部分区域的监测结果显示,所有监测地块都有不同程度的废弃塑料农膜,每亩残留量多 5～14 公斤。[②] 全国很大比例的江河湖泊受到污染,上亿亩的耕地不同程度受到重金属污染。地下水超采严重,华北平原形成了 6.7 万平方公里的地下水超采漏斗区。可以说,我国农业资源环境承载能力已近极限,粗放发展、竭泽而渔的发展路子已经走到尽头。

各个地方都面临着农业生产环节中存在的资源利用和环境污染问题,这也是农业经济想要持续发展必须解决的两个重要问题和难题。一是种植业的秸秆综合利用问题。目前我国年产出各种农作物的秸秆 10 亿吨左右,近年来各地围绕秸秆的肥料化、饲料化、原料化、燃料化与基料化等"五化"利用也探索出了不少成功模式,但秸秆综合利用率不高、相关产品开发与价值挖掘不够的问题在很多地方未能得到根本性的解决,以至于秸秆禁烧问题在夏收与秋收季节至今仍令许多地方的基层干部"如临大敌"。二是养殖业的粪便与污水处理问题。目前我国仅畜禽粪污的年产出量就达 38 亿吨,但综合利用率不足 60%。包括畜牧养殖业

---

① 化肥农药零增长提前三年实现 [EB/OL]. http://www.sohu.com/a/ 212907074_99936350.

② 农膜污染隐患严重! 回收率不足 2/3[EB/OL]. http://www.sohu.com/a/ 147071990_748678.

与水产养殖业在内的大量粪便与污水得不到有效利用,在污染环境的同时也造成资源的巨大浪费。仅从畜禽养殖的粪便等资源化利用看,近年来尽管中央的要求越来越高,地方的工作力度越来越大,但其进展与成效依然不容乐观,任务之艰巨与难度之大远超很多人的想象。

从以上问题也可以看出,我国种植业和养殖业存在明显的脱节和不协调现象,这就导致了我国农业经济很难进一步发展。一方面是种植业生产重用地轻养地以及过量使用化肥、农药等化学投入品导致耕地质量明显下降,日渐贫瘠的土地犹如嗷嗷待哺的"羔羊",急需各种农作物秸秆及畜禽粪便等有机肥料补充自身所需的营养;另一方面则是养殖业生产所产生的大量粪便与污水由于得不到及时有效的处理而污染生态环境和影响人居环境,使得生猪等畜禽养殖业在不少地方几乎成了人人喊打的"过街老鼠",如何妥善处理粪便与污水在很多地方成了畜禽养殖与水产养殖生产发展的头等大事。

在农业资源利用和生态环境保护方面存在的各种问题,一方面说明我国为了快速发展经济将环境和资源作为代价的粗放式发展方式对我国已经造成了不利影响,另一方面说明只有解决这些矛盾,我国的种植业和养殖业才能继续发展。这也就是我们这个拥有十多亿人口且仍在发展中的大国必须面对也不得不面对的农业资源环境状况。由此也就足见加快转变我国农业产业发展方式的紧迫性,足见大力推动我国农业可持续发展的任务之重与道路之远。

二、我国农业经济发展的基本思路

(一)转变农业经济发展方式,推动绿色发展

农业和农业经济想要长期稳定发展,就必须转变发展方式,大力推进绿色农业发展,这是实现农业和农业经济持续健康发展

的基本要求,同时这也是农业发展的本质属性的具体体现,即既要遵循经济规律也要遵循自然规律。过去我们为确保粮食等农产品持续增产付出了巨大的资源环境代价,推进农业供给侧结构性改革的一个重要方面,就是要扭转这种人与自然不和谐的局面,以推动农业绿色发展加快转变农业发展方式、提升农业绿色供给能力。

1. 开发与拓展农业的功能

农业是国民经济的基础部门,其具有众多功能,除了具有经济功能外,农业还具有生态功能、社会功能以及文明传承功能等。农业的这种多功能性,为我们开发新产品和培育农业领域的新产业新业态提供了广阔的前景。如近年来发展势头强劲的休闲农业与乡村旅游等,不仅大大丰富了农产品的概念,而且也在颠覆着人们对农业的传统认识。也正是这样的农业功能开发与拓展,不仅使许多地方从根本上摆脱了过去"守着金山银山要饭吃"的尴尬局面,而且尝到了"绿水青山就是金山银山"的真正甜头,实现了经济效益、生态效益以及社会效益"三个效益"的和谐统一,实现了生产、生态、生活"三个方面"的共赢。可以预期,在绿色发展理念的指引下,伴随着农业功能的不断拓展,我国农业发展方式的转变将进入快车道,进而促进农业绿色供给能力的显著提升。

2. 转变农业资源利用方式

发展农业经济,实现农业经济的健康可持续发展,就必须转变农业资源的利用方式,包括耕地休耕轮作、用地与养地相结合、种植业与养殖业相结合等农业资源循环利用形成,是我国传统农耕文明的重要方面与具体体现,继承这些宝贵财富并使之发扬光大,既是我们的应尽之责也是时代使命。无论是提高各种农业资源的利用效率,还是防控各种农业面源污染,都要求我们努力学会善待农业资源善用农业资源。唯有如此,我国农业才有可能真正走上产出高效、产品安全、资源节约、环境友好的可持续发展轨道上来。

3.加强农业资源保护与建设

农业资源为人类生存提供基础能源，是人类社会存在和发展的基础。习近平总书记强调"绿水青山就是金山银山"的发展理念，就是要求我们把生态环境保护摆在更加突出的位置，而绝不能以牺牲生态环境为代价换取一时的经济发展。面对农业主要依靠资源消耗的粗放经营方式没有得到根本性改变、农业面源污染和生态退化的趋势尚未得到有效遏制的严峻现实，加强耕地、草原和水资源等农业资源的保护与建设，不可避免地成为农业供给侧结构性改革的重要内容。

（二）坚持改革市场导向，建立完善农业体制机制

改革开放以来，我国大力推进农村和农业发展，从经济层面来看，发展农业和农村必须遵循市场发展规律，要按照市场化改革的方向不断推进，既为农业农村发展确立了新的体制基础，也在持续激励农业农村经济开辟新空间与拓展新领域。推进农业供给侧结构性改革，关键在于改革，动能在于改革，成败取决于改革。因此，必须紧紧地抓住政府和市场的关系这个核心，围绕激活市场、激活要素与激活主体来理顺农业的体制机制，全面改善我国的农业供给。

1.激活主体

激活主体的意思就是要激活各类农业生产经营主体的创新创业精神，以奠定提高农业供给质量与效益的人才基础，培植与壮大推进农业供给侧结构性改革的人力资本。要围绕培养新型职业农民，开展各种专业技能培训，引导农民合作社的规范化建设，培育规模适度的家庭农场。要围绕壮大农民企业家队伍，发展土地集中型、服务带动型和产业集聚型等多种形式的农业规模

经营。要围绕引入和创新农业农村发展的新产品与新业态,鼓励各种人才返乡、回乡、下乡创业。市场经济是企业家"登台表演"的舞台,要努力营造各种类型的农业企业家成长的良好氛围,使其在农业领域和农村这个广阔天地大有作为,引领农业提质增效不断取得新的成果,引领亿万农民步入现代农业的发展轨道。

2.激活要素

发展农村和农业,促进农业经济增长,就必须激活要素,这是指要改革优化现有的资源要素配置方式,以提高资源要素的利用效率和唤醒农村沉睡的各种资源资产。在推进农业供给侧结构性改革的过程中,要改革财政支农投入机制,加大财政资金整合力度,发挥财政资金"四两拨千斤"的作用;要深化农村金融改革,创新农业金融的产品与服务,吸引更多的社会资本投入农业农村;要深化农村集体产权制度改革,使长期沉睡的资源资产焕发生机活力,成为增加与优化农业供给的有生力量。

3.激活市场

市场在农业经济发展中起着重要作用。为了更好地满足消费需求,我们必须调整和重构农业供给结构,这就要求市场必须充分发挥其在资源配置中的决定性作用,让市场的力量来引领结构调整和推动改革深化。这给正确处理政府与市场二者关系确立了基本的定位。在推进农业供给侧结构性改革的过程中,政府的调控行为要在维护良好的市场秩序、合理引导生产者与消费者行为等方面下功夫,特别是要给市场机制调节留有足够的空间,以避免再度陷入"多了砍、少了赶"的尴尬局面。在运用各种调控手段上,切忌扮演"既当运动员,又当裁判员"的角色,要更多地利用市场手段来平抑市场供求,而不是以行政干预取代市场机制调节,尽力避免政府的宏观调控重蹈"成也萧何、败也萧何"的覆辙。

(三)瞄准农业供给质量,全面提升农业综合效益

推进农业供给侧结构性改革,既是在经济发展新常态背景下

农业自身发展的必然要求,也是我国农业市场化改革不断深入的现实选择。在经济发展新常态背景下,过去更多注重产品数量增长的农业发展之路遭遇瓶颈性的制约,唯有改善和提高农产品质量才能增进生产经营主体的经济效益。农业市场化改革的初衷是更好地满足消费者的农产品需求,在基本满足消费者的农产品数量需求之后其改革目标必然会转向满足消费者更加多样与更高品质的农产品质量需求。因此,推进农业供给侧结构性改革必须牢牢把握住提高农业供给质量这个主攻方向。

1. 推进农业的品牌建设

品牌是产品质量与生产者自身信誉的保证,是观察产品是否符合市场需求及如何满足消费者需求的重要风向标。提高农产品质量、优化农业供给结构,必须把农业品牌建设摆在更加突出和更为优先的位置。创建农业品牌、维护优质的农产品品牌,一定要有"打造百年老店"的意识与自觉,持续强化生产经营主体的自我约束。在光鲜的品牌背后是创品牌、护品牌的辛勤汗水。创品牌远远不只是靠推介会打广告就能做到的,必须要有过硬的产品质量和良好的信誉做保证;而守品牌更是要靠自律而不是靠他律,必须要有久久为功的耐心与毅力。"三鹿"品牌的例子是永远的教训,至今中国奶业还在承受其苦。

2. 优化农业的产业结构

农产品消费需求的变化,既给提高产品质量、产品升级换档提供了重要契机,也对丰富农业形态、产业转型升级提出了新的要求。因此,本轮农业结构调整必须跳出在产品产业选择上增什么与减什么的思维框架,既要立足提高现有产品产业的供给质量,更要瞄准新产业新业态,开发新的农产品、打造新的流通方式与培植新的农业产业。也就是要以推进农业供给侧结构性改革来引领农业结构调整,将改革的思维、提质增效的思维贯穿于农业结构调整的全过程。

3.强化农业的科技支撑

科技是第一生产力,提高农业供给质量必须要给农业插上科技的翅膀。调整农业科研方向,无论是研发还是推广都要切实扭转片面追求高产的导向,加快培育优质专用、营养健康的新品种,开发绿色高效种养技术,推进农机农艺结合。鼓励面向农业全产业链的科技研发与推广,助推农业的生产流通及储运加工等各环节的节本降耗、提质增效。完善包括各类生产经营主体在内的农业科技创新激励机制,通过多种方式让各种农业科技人员从科技成果的转化与应用中得到合理回报。

第二章　农业现代化

人类农业的发展经历了漫长的岁月,每个发展阶段的生产工具、劳动者的生产技能等方面都不相同。农业现代化是农业发展的必然趋势,是人类社会发展的必然要求。随着科学技术和经济社会发展,农业现代化还在持续发展中,这是现代农业发展的重要内容。

第一节　农业发展的阶段

一、原始农业

(一)原始农业的概念

在人类社会形成的初期,最先出现的产业是农业,而原始农业则是人类农业的初级阶段,早在史前文化后期的新石器时代就已经有所显现,经历了奴隶社会的兴起和青铜器的出现,止于铁器工具出现之前。

(二)原始农业的特征

1. 人类生产与自然的关系

在原始农业发展阶段,人类和自然的关系与当今很不同,当时人类对自然的开发和支配十分有限,因为他们并不具备相应的能力。不得不依赖自然界直接提供的食物和其他简单的生活资料,抵御各种盲目自然力的肆虐。人类抵御自然的能力很低,经常忍受饥饿、疾病、寒冷和酷热的折磨,受到野兽的侵扰和危害。原始农业是人类掠夺自然、攫取自然的农业。

2.生产目的

在原始农业时期,农业劳动生产率低下,人类主要靠采集、狩猎获取食品,仅可以满足自己的生存和繁衍后裔的需要。生产目的是维持最低的生活需要或带有掠夺性的经营。

3.生产工具

由于技术限制,原始农业人们使用的农业生产工具十分简单。早期是简陋的石器和木棒等,后来逐渐出现了比较简单的石木结构、铜石结构及青铜工具。农业的动力主要是人力,农业的生产方式是刀耕火种。人们以部落或氏族为单位进行生产,在劳动中仅存在松散、临时而简单的协作。

4.劳动对象

原始农业时期,劳动对象主要为动植物自然物种,最初是采摘、收集植物的果实,或人工饲养捕获的畜禽。随着对自然认识的深化,人类通过驯养的方式扩大种养殖范围。生产力发展到一定的阶段,则用播种或人工繁殖方式获取农产品。

二、传统农业

(一)传统农业的概念

传统农业开始于石器时代末期和铁器时代初期,经由奴隶社会、封建社会,在发达国家一直延续到 18 世纪 60 年代。目前,一些发展中国家的农业仍处于传统农业阶段。

在传统农业形成的初期阶段,人们使用的农业生产工具相对比较简单,常用的为铁木结构的农具,农业动力主要是人力和畜力。传统农业后期逐渐出现了农业机器,一般由工具机、发动机和传动机等部分组成。直接的动力源是发动机,直接的控制源是机器本身,但是整个机器还是由人脑控制。开始对天然产物进一步筛选,也就是选择物种。两千多年的传统农业,人类基本上是根据长期积累的经验,通过形态学和生态学的观察和比较,运用人工选择的方法,加工并选择适合人类需要的动物和植物。传统农业时期是以家庭为单位进行生产的,经营内容一般取决于家庭的需要,是自给自足的小型农业。随着生产的发展,有了少量供交换用的商品,依靠丰富的经验和一定的科学技术精耕细作。这时劳动生产率可满足家庭需要,并有余。

美国经济学家西奥多·W·舒尔茨针对传统农业开展了广泛而深刻的研究,这对于农业研究领域产生了巨大影响,在其著作《改造传统农业》中他定义了传统农业,他指出,完全以农民世代使用的各种生产要素为基础的农业可以称为传统农业。舒尔茨否定了从文化价值的视角得出的关于传统农业社会人们的行为特征的结论,另辟蹊径,把与经济活动相关的工作、节约和勤劳作为经济变量,用经济学方法作出令人满意的解释:促使这些人去做更多工作的刺激是微弱的,因为劳动的边际生产率非常低;促使这些人进行更多储蓄的刺激同样是微弱的,因为资本的边际生产率也非常低。文化特征、制度结构和生产要素的技术特征都没有为区分传统农业与其他类型的农业提供一个基础。在上述分析的基础上,舒尔茨指出,传统农业应该被作为一种特殊类型的经济均衡状态。这种均衡状态的特点是:一是技术状况保持不变;二是持有和获得收入来源的偏好和动机状况保持不变;三是这两种状况保持不变的持续时间,足以使获得作为收入来源的农业要素的边际偏好和动机作为一种对持久收入流投资的这些来源的边际生产力,以及同接近于零的纯储蓄达到一种均衡状态。传统农业所代表的特殊经济均衡状况是以再生产性生产要素基础的技术状况,构成对收入来源基础的偏好和动机状况以及一定时期内这两种状况保持不变为基础的。

(二)传统农业的特征

1. 能量循环

传统农业从根本上来说是为了维持生计,因此它是典型的生计农业,这种农业是封闭的、自我循环发展的、自给自足的自然经济。在传统农业中,主要投入要素是劳动和土地,很少有外部生产要素的投入,农民很少利用从市场上购买的投入物,劳动力主要由家庭成员构成;所生产的农产品主要是满足自己的生产和生活需要,产品剩余很少,农业生产基本处于自我循环状态。

2. 生产工具

在传统农业中,农民以传统的直接经验技术为基础,使用简陋的铁木农具和人力、畜力、水力、风力进行生产。原始的生产工具和生产技术迫使农民在小块土地上耕作,生产方式和耕种作物常年没有变化。

3. 生产力水平

在传统农业中,增产主要有两种途径。第一种是增加单位面积土地上的劳动投入,从而形成劳动密集型的精耕细作,但是由于技术停滞和劳动力剩余,土地报酬递减规律发挥作用,劳动生产率呈下降的趋势;第二种是开垦荒地扩大耕地面积,由于地球上可供开垦的荒地是有限的,扩大耕地面积的粗放式增长方式越来越失去了发挥作用的余地。尽管传统农业的生产率低,但舒尔茨认为"在传统农业社会中,生产要素配置效率低下的情况是比较少见的",传统农业的资源配置已经达到了最优,依靠重新配置传统农业生产要素的方式,不会使农业生产有显著的增加,传统农业是一种处于低水平的均衡状态。

三、现代农业

(一)现代农业的概念

现代农业是人类社会发展到一定程度的必然产物,随着科学技术的不断发展现代农业应运而生。具体来说,现代农业是广泛应用现代化科学技术和现代工业提供的生产资料,积极提升农业劳动者素质,采用科学管理方法的社会化农业,是科学技术、组织管理以及劳动者的现代化,是从资本主义产业革命到20世纪初,特别是第二次世界大战以来的农业。发达国家的现代农业开始于18世纪末19世纪初,到20世纪六七十年代基本完成。现代农业生产是商品化生产,为他人和社会提供生产、生活所需商品。

相较于农业发展的前两个阶段,现代农业阶段人们使用的劳动工具逐渐变得复杂化、精密化,机器在很多领域逐步代替了体力劳动和畜力耕作,机器由工具机、传动机构、发动机和控制机等部分组成,直接的动力源是发动机,直接的控制源是控制机(电子计算机)。开始采用科学的方法来加工物种,并逐步走向创造物种。随着生产的社会化,生产的规模较大,需要集体或社会的协作。经营的主要目的是满足社会的需要,经营的内容是利用资源和保护资源辩证统一的结果。由于生产的社会化和专业化不断发展,生产力水平显著提高,农产品商品率迅速增长,这时劳动生产率最高,产品的绝大部分用于满足社会需要。

(二)现代农业的特征

1.发展可持续化

随着人类社会不断进步,可持续发展成为一个最重要的追求,可持续发展追求的是产业与生态环境、社会发展的统一与协调,是现代农业的基本特征也是其发展趋势。在现代农业发展的中期,由于石油工业革命带来的化学石油投入品的普遍大量使用,能源消耗不计成本。现代农业在取得巨大成就的同时,带来了资源过度消耗、成本居高不下、破坏生态平衡、污染生存环境、威胁消费者健康等不可持续发展的突出问题。近年来,世界各国在农业发展中更加注重生态环境的保护和治理,调整城乡产业布局,重视土、肥、水、药和动力等资源投入的节约和使用的高效化,"有机农业""生态农业""绿色农业""循环农业""观光农业"等新的现代农业形态不断涌现,可持续农业受到广泛重视,成为全球农业发展的必然趋势。

2. 经营商品化

现代农业发展需要市场经济体系为其提供制度基础。现代农业和传统农业不同,它并不是满足于自给自足的自然经济,而是存在于市场经济条件下的新型农业,从生产手段到成果普遍实现了商品化,各种中间产品、劳务和消费品以及其他农业生产要素,包括各种农业机械、肥料、农药、兽药、良种等,农民的生活消费也普遍成为商品性消费,进入大市场的交换领域,农业打破了内部物质与能量循环的局限性进而实现与全社会物质与能量的开放性循环,农产品商品率得到前所未有的提高,从传统的自给农业转变为市场交换的商品型现代农业。

3. 生产科学化

在现代社会,科学技术是产业发展的核心与基础,对于现代农业来说当然也是如此。现代科技正迅速地向农业生产、加工流通等领域渗透,科技进步日益成为农业发展的主要推动力。现代农业的生产和组织管理依靠深入揭示客观规律的自然科学和管理科学。现代农业形成以自然科学为基础的现代农业技术体系和推广体系,以植物学、动物学、遗传学、物理学、化学等现代自然科学为依托,形成了育种、栽培、饲养、土壤改良、植物保护等新技术和新生产方法,大规模采用以现代科学技术为基础的生产工具,培育和使用动植物新品种。农业经营管理的科学化程度和水平也空前提高,劳动者素质不断提高。

4.服务社会化

现代农业不仅在生产销售方面实现了现代化,还具有完善的社会化服务体系,这是其重要的特征之一。现代农业突破了传统农业的产、加、销脱节,部门相互割裂,城乡界限明显等局限性,通过公司、合作社+农户(家庭农场)等生产组织形式,使农产品的生产、加工、销售等各环节一体化,农业与工业、商业、金融、科技等不同领域相互融合,农业产业链条大大延伸,生产环节分工细化,协作加强,形成了一个比较完整的农业社会化服务体系,农业大量的产前、产中、产后活动由各种专业化服务组织来完成,形成了农业区域化布局、专业化生产、企业化经营和社会化服务的新格局。

5.要素集约化

对于现代农业来说,要素集约投入是其主要特征,只有这样才能实现高效产出的生产目标。集约化主要是指现代农业的增长方式由粗放型向集约型的转变,包括三方面的内容:一是由单纯地注重数量和速度增长,转向主要依靠优化产业和产品结构,提高农产品的质量和效益;二是由单纯地依靠资源的外延开发,转到主要依靠提高资源利用率和可持续发展能力的方向上来;三是由单纯注重物质、资金投入,转为在增加物质、资金投入的同时,主要依靠科技进步,提高物质和资金利用率来实现农业增长。集约化地投入生产要素,改变了农业粗放经营的状况,也使农业集约程度不断提升,由劳动集约到能量、资金、技术、经营和管理的集约,有效提高了资源产出率、劳动生产率和农业的经济效益。

第二节　农业现代化的特征与内容

一、农业现代化的特征

（一）世界性

判断一个国家是够已经实现了农业现代化，并不是将一个国家的农业技术水平、经济水平等与自身过去的情况进行对比得到结果，而是应该将该国在这些方面的实际情况与已经实现了现代化的大多数国家相比较。只有在经济上、技术上赶上或接近世界先进水平时，才算实现或基本实现了农业现代化。实现传统农业向现代农业的转变，是世界农业发展的必然规律。

1.农业现代化是生产力发展的必然结果

生产力是生产方式中最活跃、最能动的因素，它的发展具有连续性，处在不断的发展变化中。发达国家在实现工业化之后，有能力加大对农业的投入，生产大量先进的农用生产资料来装备农业，促进农业现代化的实现。而农业自身的发展，也要求实现这种转变。

2.农业现代化是国民经济不断发展的客观要求

第二次世界大战以来，西方经济发达国家随着工业和整个国民经济的迅速发展，首先面临的问题是劳动力的不足，这促进了农业中机械的广泛应用与推广，以便节省劳动力并及时向非农业部门转移。农机、化肥、农药等农用生产资料和其他工业品也需要农业和农村这个广阔市场。国民经济的发展和人民生活水平的提高也要求农业提供更多更好的农产品。这一切，传统农业是无法满足的,因此必须实现传统农业向现代农业的转变。

(二)历史性

从本质上来说,农业现代化实际上就是农业生产力逐渐升级,从低级到高级、从量变到质变的过程。现代农业是现代工业和现代科学技术广泛应用于农业以后才出现的。它既是绝对的,又是相对的。就目前而言,现代农业是指具有当代世界先进水平的科学化、机械化、社会化的农业。但科学技术是不断向前发展的,随着时间的推移,现代农业的具体内容也会不断变化。

(三)综合性

农业生产是一个复杂的系统,是由自然环境—生物—人类社会组织而成的。农业现代化既要实现农业生产手段的现代化,又要实现农业生产经营管理的现代化和农民的现代化;既要注重农业生产过程的现代化,又要注重农业与产前、产后部门的整体现代化和协调;既要注重提高当代农业生产水平,又要注重环境的改善、资源的永续利用和农业的可持续发展;既要注重农业的现代化,又要注重农村的全面进步和城乡的协调发展等。

(四)动态性

首先,农业现代化是从以直接经验和手工工具为基础的传统农业转变为以现代科学技术、生产手段和经营管理方法为基础的现代农业的过程。农业科学技术的发展及其在农业生产中的应用是这一过程的主要内容。没有现代物质装备的应用,农业生产条件只能是传统的。随着现代科学技术的发展,农业中现代物质装备的内容将不断更新,装备水平将不断提高。其次,农业现代化是农业商品化进一步发展的过程。在这一过程中,不仅农业的最终产品成为商品,各种涉农的中间产品、劳务和消费品及其他农业生产要素也成为农业市场交换主体,农业生产和农民的生活消费都实现商品化,从而使现代农业与第二、第三产业构成了高度市场化的现代经济体系。最后,在农业现代化的进程中,农业现代化的整体水平将不断提高。

二、农业现代化的基本内容

(一)可持续发展化

可持续发展是现代农业的基本特征和重要内容,这是人类社会永续发展的基础要求,是社会发展对现代农业提出的必然要求。农业生产在满足人类发展的基本要求的基础上,还需要维护良好的农业生态环境,要适度开发和利用自然资源以保证一直有足够的农业资源,从而推动农业的不断发展。与传统农业不同,现代农业强调农业的可持续发展,通过协调人口、资源和环境的关系,建立人类社会和自然环境之间的和谐关系,解决农业资源过度使用和自然环境遭到破坏的问题,建立人口、资源和环境的良性互动机制;现代农业强调保护和治理农业生态环境,强调发展节约型农业、高效型农业。也就是说,现代农业强调一方面要发展农业经济,另一方面要保护自然环境,以此实现农业资源和农业生态环境的永续利用。

人口规模大是我国的基本国情,长期以来我国在农业领域的投入水平低,并且大部分为粗放式经营,且小规模经营是最常见的经营模式。相较于发达国家,我国在农业劳动生产率、人均粮食占有量、人均农业产值等各个方面都存在很大差距。民以食为天,粮食安全关系重大,解决好吃饭问题是头等大事,否则,工业化、城镇化乃至整个经济社会发展都将难以持续进行。因此,必须把农业可持续发展放在突出地位,将保障农产品供给、增加农民收入、促进可持续发展作为推进农业现代化的首要目标,使经济增长与环境质量改善实现协调发展,顺利实现农业现代化。

就我国实际情况来看,坚持农业的可持续发展是必然要求。

必须通过有效的手段从整体上提高农业农村经济整体质量,增强农业农村经济在产业、区域、环境等方面的协调性。在构建现代农业产业体系方面,首先,要确保粮食等主要农产品的有效供给,不断深化结构调整。优化提升种植业发展,加快发展畜牧业、水产业,因地制宜地发展高效经济作物和园艺产业。其次,要坚持以市场为导向,健全农产品流通市场体系。加快优势区域布局,充分发挥各地资源优势,积极发展农产品加工业、农业服务业,加快优势农产品产业带建设,鼓励特色农业、高效农业和外向型农业建设。在支农服务方面,要强化农业支持保护,引导资金、技术、人才等生产要素向农业和农村流动,提高农业综合生产能力。在此基础上,各地区要围绕转变经济发展方式,积极探索农业资源保护和合理利用的有效途径,大力倡导循环农业、节水农业、生态农业等资源节约型和环境友好型农业,推动农业和农村节能减排,实现农业生产、经济发展和生态环境治理的有机结合。在保障粮食安全和农产品供给的前提下,促进农业和农村经济的可持续发展。

(二)农业产业化

在市场经济条件下,农业产业化经营是必然发展趋势,是农业现代化发展的重要内容。随着农业越来越多地应用先进技术,使其向专业化和协作化方向发展,逐渐开始企业化、一体化经营管理。现代农业会通过利益或产权等联结农业再生产的各个环节,使农业再生产的产前、产中、产后构成一个完整的产业体系,使农业生产各个环节成为具有紧密联系的经济利益共同体。同时,现代农业积极应用现代生产手段和技术,使农业发展突破了原有瓶颈,加强了产销间、部门间、产业间的联系。农业现代化发展,通过农业公司、农业合作社带农户(家庭农场)等生产组织形式,加强了农产品的生产、加工、销售等各个环节的联系,实现了农业经营管理一体化,同时,还加强了农业与工业、商业等各个行业的有机融合,加强了产业间合作,促进城乡协调发展,在很大程度上延伸了农业产业链,可以说农业现代化开创了农业发展新格局,即农业专业化生产、企业化经营、社会化服务的发展格局。

截至 2017 年年末,我国的乡村人口为 57 661 万人,占总人口数量的 41.48%。① 大量农村居民仍然在家庭联产承包责任制下,因此,我国农业生产方式依然是以落后分散的小农经济为主体,与市场进行有效衔接非常困难,加之长期进行小农生产的农民逐渐形成小农意识,对实现农业现代化造成了制约。因此,推进农业产业化首先要使一部分农民成为专业化的生产经营者,建立多元化的产业形态和多功能的产业体系;同时大力发展农业专业合作社,发挥农民合作社的桥梁作用,在产前、产中、产后服务方面逐步实现社会化,使我国农业基本形成贸工农紧密衔接、产供销融为一体的产业化经营格局,使第一产业中的畜牧业、水产养殖业、园艺业、林果业等成为相对独立的大产业,二、三产业逐步向第一产业渗透和融合,逐步成为农村经济的新产业。就各地农业发展的实际情况而言,东部地区利用资本和管理优势,率先推进农工贸、产加销一体化经营,形成多元化产业;中西部地区大多采取以农户为基础,以龙头企业、合作组织或中介组织为依托,以经济效益为中心的农业发展路线,尤其是粮食主产区,重在引导分散的农户由小生产变为社会化大生产的组织形式,把农业再生产的产前、产中、产后各环节联结为一个完整的产业系统。

(三)科学技术化

农业现代化的一个重要标志就是对科学技术的应用,因此农业科学技术化是农业现代化的一个重要内容。先进的科学技术是农业现代化的动力源泉,随着以自然科学为基础的现代农业技术体系的形成和推广,农业生产中大规模采用以现代科学技术为基础的生产工具和生产方法,使农业生产和经营的科学化程度空

---

① 中华人民共和国 2017 年国民经济和社会发展统计公报[EB/OL]. http://www.stats.gov.cn/tjsj/zxfb/201802/t20180228_1585631.html.

前提高,科技在农业增产增收过程中发挥了重要作用。所谓农业生产科学技术化,是指把先进的科学技术广泛应用于农业,即将先进科技不断注入农业,不断提高科技进步对农业总产值增长贡献率的过程。虽然我国农业现代化建设已经取得了一定成果,但仍处于传统农业向现代农业加快转变的时期。2016 年底我国耕地总面积为 134 920.9 千公顷[①],2017 年新增耕地灌溉面积 109 万公顷,新增高效节水灌溉面积 144 万公顷[②]。2017 年,全年粮食种植面积 11 222 万公顷,比上年减少 81 万公顷。但是,全年粮食产量 61 791 万吨,比上年增加 166 万吨,增产 0.3%。[③] 虽然我国粮食产量伴随科技投入稳定增加,但因为受到国际市场的冲击,需要产出更多的农产品稳定价格,确保国民经济平稳发展。因此,为确保国家的粮食安全和人民生活的改善,提高土地产出水平和劳动生产率刻不容缓,重点要解决的问题是提高农业的科技化水平。

随着农业发展,必须重视科技兴农,要利用现代科学技术促进农业现代化发展,选择合适的农业技术路线,必须充分考虑我国的具体情况和特点。首先,农业科学技术的选择要因地制宜,量力而行。对于种植业生产的农产品,由于生产面广而分散,加上各地自然经济条件与发展水平差别很大,要考虑地区的适应性:水地品种不可照搬于旱地,平川品种不可照搬于山区。其次,就实施周期来说,在选择农业技术时,要有长远规划、短期计划、当年安排,从早着手。既要有大面积推广的技术,有示范、试验的技术,还要有国外引进的技术,形成一个合理的技术阶梯;此外,农业技术的选择要考虑到农业生产的不稳定性。农业生产受自然环境影响大,有很多不确定因素,这就使农业技术在推广应用

---

① 2017 年中国统计年鉴[EB/OL]. http://www. stats. gov. cn/tjsj/ndsj/2017/indexch. htm.

② 中华人民共和国 2017 年国民经济和社会发展统计公报[EB/OL]. http://www. stats. gov. cn/tjsj/zxfb/201802/t20180228_1585631. html.

③ 中华人民共和国 2017 年国民经济和社会发展统计公报[EB/OL]. http://www. stats. gov. cn/tjsj/zxfb/201802/t20180228_1585631. html.

之后要承担一定风险,在选择农业技术时要坚持多次多点重复试验和示范。最后,采用节约土地型技术运用的同时,适当选择能提高工效的农业技术,如设施农业技术、节水农业技术、农业机械化技术等,促进农业专业化生产和农村劳动力的结构性转移,大幅提高农业劳动生产率。

(四)劳动者高素质化

农业劳动者为农业发展提供基础力量,是最基础也是最具活力的农业生产力,因此,提高农业劳动者素质是促进农业现代化发展的重要途径。尤其是在知识经济时代,劳动者素质与农业现代化之间存在重要联系。提高农业劳动者的素质,就是通过培训和教育等方式丰富他们的现代文化、科技素质和经营管理知识,只有这样才能使他们充分发挥自身在农业生产经营过程中的作用,才能使他们及时把握市场变化,选择最适合自身特点和优势的生产与经营项目,才能以此为基础提高农业劳动生产率、土地生产率和农业综合生产能力。此外,提高农业劳动者的素质,有利于农业生产工具的创新,高素质劳动者可以更好地在农业生产经营中运用科学技术,吸纳先进管理经验,采纳先进经营体制,促进农业增长方式的转变。农业现代化强调以人为本,提高农业劳动者的文化素质和科技素质,可以为农业现代化提供可靠保障。

与发达国家相比,我国农民素质普遍偏低,这不利于我国农业的现代化发展。因此,我们必须开展农民职能教育培训,培养造就一大批新型农民,推进农业现代化建设必须提高农业劳动者的科技文化素质,这是一项基础性工作,同时也是一项必须持之以恒推进的艰巨历史任务。这就要求我们从思想意识的高度加强对农民素质提高的重视,加大农村基础教育投入,不仅要对农业劳动者进行培训和教育,还应该为农业发展积极储备后备劳动力资源,从根本上提高农业劳动者教育培训的水平和质量。要采取多种形式加强农业劳动者的培训,提高他们的科学技术水平,增强他们的科学文化意识。同时正确引导社会各领域的教育资源，使它们可以充分发挥作用，统筹规划、降低成本，开展有效有序的教育培训，并逐步建立起政府、用人单位、农民个人共同分担的农村劳动力培训投入机制。加强高素质农民培育是一项复杂而艰巨的系统工程，需要采取多方面的有力措施。具体领域包括农村义务教育、农业职业教育、农业技术推广培训、农村实用技术培训等。

（五）农业机械化

在传统农业中，生产工具比较单一，并且很多劳动需要农民手动完成，但是农业现代化可以实现农业机械化，也就是运用先进设备代替人力的手工劳动，这些设备可以运用于农业生产经营过程中的各个环节，通过机械代替人力有效地改善了农业生产经营条件，农业生产技术水平的提到有效促进了农业经济效益和生态效益的提高。现代工业发展为农业发展造成了一定影响，农业生产各个环节开始运用农业机械，大大提高了农业劳动生产率，这也是农业人口向城市转移的一个重要原因。可以说，生产机械化是农业现代化的基础和最重要的标准，国家经济社会发展要求农业必须推进机械化，机械化是现代农业的标志和重要技术支撑。

改革开放以来，我国经济社会不断发展，大力推进工业化、城镇化、现代化发展，在这样的发展背景下，农业机械化在农业发展中起到了重要作用，具有十分重要的地位。结合我国国情的特殊性，要充分发挥农业技术创新的优势，大力发展农业机械化，既要提高农业劳动生产率与农产品的技术含量和品质，又要考虑到农业劳动力的逐步转移。首先，要积极引导农业机械化由产中向产前、产后延伸，由主要粮食作物向经济作物特色产品扩展，由主要生产环节机械化向全过程机械化推进。同时，通过农业机械化技术的实施，推动优势农产品和特色农产品向优势产区集中，在优势产区集中配套农业机械化技术投入，提高区域农业生产和管理水平,推动优势农产品产业带的形成,率先使优势产区实现农业现代化。总之,在采用先进技术和加大农业机械投入的同时,应充分考虑到我国劳动力资源优势,处理好技术、资本、人力三者之间的关系,走出一条技术进步与劳动资源优势相结合的具有中国特色的农业机械化道路。

(六)农业服务社会化

农业服务社会化是指构建以农业合作经济组织为基础、龙头企业为骨干、其他社会力量为补充,公益性服务与经营性服务相结合、专项服务和综合服务相协调,为农业服务的社会体系。随着农业专业化发展,一大批劳动力从农业生产中解放,很多劳动力借此进入农业服务领域,随着农业合作组织的形成和发展,实现了分散农户的集聚,提高了农业生产的组织化程度,逐步建立起农业生产的专门社会化服务体系。

近年来,我国在工业化、城镇化方面获得了一定成果,并处于持续发展过程中,这对我国的要素转移产生了一定影响,也就是说在市场机制的作用下,资金、土地、人才等要素快速向城市集聚。我国的二元经济结构对城乡协调发展造成了一定阻碍,这种经济结构导致大量公共服务集中在城市,农村发展严重滞后于城市,农民承担较重经济负担,农业生产缺少资金和技术的支持,农村基础设施建设和社会事业发展与城市相比存在较大差距。因此,解决城乡发展不均衡的问题必须深化体制改革,要根据实际需要转变各级政府机构和有关事业单位职能,突破二元经济结构在农村发展方面的体制机制制约,为农村发展积极提供技术、资金、信息等各个方面的支持,同时还应该加强对农业的正确引导和宏观调控。近年来,我国对农业政策逐步调整在农民走向市场、农业向市场经济转变方面发挥了重要作用。一是形成一些专门为农业服务的合作组织和中介组织,这些组织大多属于专业化经营机构,具有较强的社会服务功能,由它们对农业生产开展产前、产中、产后服务,对农民进行技术普及与指导、教育培训、法律援助等服务,解决单家独户难以解决的问题。二是积极稳妥地改革财政体制,加快公共财政覆盖农村的进程。进一步调整国民收入分配和财政支出结构,增加卫生、文化、教育等领域的财政投入,将资金主要用于农村建设和发展,着力解决农村居民面临的实际问题,为他们创设更好的生活条件,提高他们的生活水平。三是强化金融机构支持,加强新型农村金融组织的培育和发展。加强对民间金融的统筹引导,强化农业政策性银行功能,建立健全农业保险体系。同时,还应该加强农村信用社的管理,构建合理的产权制度和治理结构,提高农村金融机构运行效率和经营效益,提高农村金融机构的风险防范能力和水平,加强农村金融支持,提供更好的农村金融服务。四是均等化基本公共服务,巩固农村免费义务教育成果,扩大新型农村合作医疗制度覆盖面,完善农村养老保险制度,提高扶贫标准和扶贫开发水平,逐步建立覆盖城乡的公共文化服务体系。

(七)城乡一体化

随着经济社会发展,城乡一体化成为一种必然发展趋势,这意味着社会和国家发展进入了一个全新阶段。城乡一体化是社会主义现代化建设的必由之路,推进城乡一体化实际上就是推进城乡居民的生产方式、生活方式和居住方式随着生产力水平提高而转变,城乡一体化体现为城乡人口、技术、资本、资源等各要素的相互融合,是逐步实现城乡均衡发展,实现城乡经济、社会、文化等各个领域的协调发展的过程。农业现代化、工业化、城镇化相辅相成、互为条件,是相互促进、共同发展的过程。推进农业现代化发展,突破了传统农业以初级农产品原料生产为主的生产模式,丰富了农业的内涵,延长了农业产业链,推动农业产业链一体化,加强了农村一二三产业融合,缩小了城乡发展差距,这是促进城乡融合发展,逐步实现城乡经济社会一体化的必要途径。我国的二元经济结构决定了我国农业发展相对滞后于其他产业发展,农村发展相对滞后于城市发展,我国农业和农村发展长期滞后,这种经济结构严重影响了经济社会管理体制的发展和创新,并且导致了农村生产要素持续流失。因此,为了缩小城乡差距,推动城乡一体化战略实施,实现农业现代化发展,必须制定并实施工业反哺农业、城市支持农村的战略,只有这样才能有效改善和解决农业农村发展面临的严峻问题。

改革开放以来,我国为了在短期内实现经济增长采取了"让一部分人先富起来"的发展战略,这就导致了我国城乡发展不平衡的情况。随着工业化、城镇化水平的不断提高,为了改善社会经济发展不平衡的情况,逐渐形成了具有中国特色的以工促农、以城带乡的长效机制,这意味着我国在城乡统筹领域实现了重要发展。尤其是在党的十六大召开后,党和政府将城乡统筹作为重要任务,大力推进农村农业发展,建立了中央财政对粮食主产县乡和产粮大县的奖励补偿机制,为农民提供各种直接生产性补贴,并要求各级政府要转变建设重点,将农村作为建设和发展各项基础设施和社会事业的重点,加强对农民工合法权益的保护,通过制定各种政策和制度保证他们得到公正公平的对待。在这样的发展背景下,有条件的地区已经将统筹城乡作为其发展的一项基本性原则,大力推进农村基础设施和公共服务建设,加强农村三次产业融合发展,建设小城镇,并且放开农村劳动力进城就业的政策制度,加强农村社会保障制度的建设和完善。党的十九大上提出了"实施乡村振兴战略",指出要"促进农村一二三产业融合发展,支持和鼓励农民就业创业,拓宽增收渠道。"[①]这些都体现了各地在城乡统筹、和谐发展要求的前提下,正在努力实现农业现代化的道路上前进。

(八)农业生产专业化和市场化

农业生产专业化和市场化是农业现代化发展的必然结果,是满足市场需要的正确发展方向。农业生产专业化是指农业生产

---

① 习近平在中国共产党第十九次全国代表大会上的报告[EB/OL]. http://cpc.people.com.cn/n1/2017/1028/c64094-29613660.html.

会根据农产品种类、生产过程的区别,开展不同地区或企业之间的协调分工,推进农业生产更科学、更高效,使传统农业生产向专门化、集中化的方向转变。农业生产经营市场化是指在农产品市场和农业生产要素市场发展到一定程度后,市场会成为农业运行的载体,也就是说农业生产经营的各个环节都是面向市场的,市场是农业发展的基础,是农业资源优化配置的基础。随着农业生产向专业化和市场化方向发展,先进的生产要素开始向农业领域聚集,这就在很大程度上降低了生产和交换中的管理费用和交易成本,提高了农民的销售利润,促使农产品更好地转化为市场商品。传统农业向现代农业转变的一个重要标志就是农业生产经营的专业化和市场化,可以说这是农业现代化的重要标志。

我国传统农业逐渐向现代农业发展的过程中,一个重要表现就是农业生产方式的转变,也就是从小农自然经济转变为市场经济。而农业作为整个市场经济体系中的产业和环节,将由孤立的、封闭的生产方式转变为分工细密、协作广泛、开放型的生产方式,农业系统也由封闭系统转变为开放系统,这一过程就是农业专业化和市场化的过程。作为农业现代化建设的重要内容,专业化和市场化要求以市场需求为导向,加强市场机制和政府调控的综合作用。宏观层面上,政府运用经济、法律、行政手段对农业生产和市场进行宏观调控,致力于保障农村公共产品供应、提供农业生产资料、投资基础设施建设等,健全良好的市场运行机制,增加对农业的支持力度;微观层面上,根据不同地区的市场化程度和专业化水平,大力发展农村现代流通方式和新型流通业态,培育多元化、多层次的市场流通主体,如农村企业、农业经营大户等,形成农业产业化经营的联动机制,加快土地、劳动力、资本、技术等生产要素在市场上的流动,推动农业资源的利用逐步合理化,使农产品的生产逐步基地化,促使一部分农民成为专业化的生产经营者,形成农业产前、产中、产后市场在资源配置中的调节机制。

第三节 农业现代化的发展战略

一、农业现代化的战略目标

(一)构建友好的生态环境

随着农业现代化的推进,农业集约水平也将逐步提高,必然会对环境造成更大的压力,而环境的好坏决定着农业能否持续发展。中国农业资源约束偏紧,环境污染严重,生态系统退化,发展与人口资源环境之间的矛盾日益突出,已成为阻碍经济社会可持续发展的重大瓶颈,因而农业现代化必须维持一个良好的生态环境。

(二)实现农村发展和农民富裕

农业现代化必须使农民日益富裕起来,使农民的物质生活和文化生活不断改善,达到较富裕的水平。为此,农业现代化建设必须同建设富裕文明的新农村结合起来,全面地发展农村经济,增加农民的收入,提高农民的文化水平,不断地缩小城乡差别和工农差别。

(三)构建健康的农业竞争市场

随着人口的增长和人们生活水平的提高,社会对农产品的需求量将不断增长,对质的要求将越来越高,而农民增加农产品供给、提高农产品质量的目的是增加经济收益,因此三者必须结合起来,即形成并发展高产、优质、高效的农业。在中国加入 WTO 以后,随着农产品贸易自由化的推进,中国的农业将面临越来越激烈的国际竞争,因此中国农业现代化的推进必须有利于农业国际市场竞争力的提高。

二、农业现代化的实践模式

从大体上看,农业现代化的基本内容和特征基本一致,但是不同国家由于自身自然条件、经济条件各不相同,因此采取不同的农业现代化发展模式,其道路和方法是有区别的,归纳起来主要有如下三种类型。

(一)欧洲型

英国、法国、意大利等国家采取的是欧洲型农业现代化发展模式,这种实践模式的主要特点为同步发展机械技术、生物技术和栽培技术等,提高劳动生产率和土地生产率并重。这类国家工业相对发达,既缺乏劳动力,耕地也不多。这些国家的农业现代化是把生产手段现代化和生物技术、栽培技术等技术的运用放在同等重要的地位,使农业劳动生产率和土地生产率同步提高。例如法国,第二次世界大战后的 40 年时间里,法国实现了传统农业向现代农业的成功转变,成为世界上农业最发达的国家之一,探索并走出了一条机械技术与生物技术等措施并行发展的农业现代化之路。在促进土地适当集中方面,法国政府鼓励农户转产转业并实现联合经营,如为 55 岁以上的农民一次性发放"离农终身补贴",鼓励达到或接近退休年龄的农场主退出土地经营;为提升土地经营规模,政府规定农场继承权只能赋予农场主的配偶或有继承权的一个子女。同时,推出税收优惠政策,鼓励开办父子农场、兄弟农场以实现土地入股,联合经营。在促进机械化发展方面,通过补贴等方式鼓励农户使用现代化农机设备,并鼓励农户组建农机装备合作社,提高农业机械装备使用的规模与效率。

(二)日本型

日本、荷兰等国家采取的是日本型农业现代化实践模式,这种模式选择优先发展生物、化学技术,采取适当方法提高土地生产率,以此为基础促进农业的现代化。日本、荷兰这样的国家普遍具有自然资源匮乏、人口多土地面积小、劳动力充裕的特征。在推进农业现代化的过程中,最初遇到的问题是人多地少,耕地面积小导致农产品无法充分满足市场需要,解决这个问题的方法就是提高单产以增加农产品总产量,满足人们的生活生产需要。因此,这些国家推进农业现代化会将重点放在技术创新和发展上,大力推进生物技术和化学技术以提高农作物产量,同时还会大力兴修水利,开展合理栽培,有效提高有限土地的生产率,在此基础上发展机械化,实现生产手段的现代化。

(三)美国型

美国、加拿大等国家采取的是这种农业现代化实践模式,这种模式的主要特点是主张有限发展机械技术,通过这种方式提高农业劳动生产率,以此实现农业现代化目标。这些国家土地面积大,人口少,这就导致人均土地面积较大,而农业生产没有充足的劳动力。因此,这些国家在发展农业现代化的过程中,首先会大力发展和应用机械技术,实现生产手段的现代化,以此弥补其劳动力不足的问题,提高劳动生产率。随着机械技术的广泛应用,机械代替人力,解决了农业发展存在的基础问题,此后就要将农业现代化重点转向生物、化学等技术措施的推广应用,以此进一步提高农作物产量。

可以看出,不同国家由于自身实际情况不同会选择不同的农业现代化发展模式,但即使农业现代化的具体模式不同,但这个发展过程仍然存在一定共同之处,这主要表现在以下几个方面。第一,农业现代化注重科研、教育、推广有机结合,重视智力投资。不论各国的基本农业情况如何,都会积极开展农业科研、教育和技术推广工作,并建立健全相应的制度体系,从技术层面推动农业发展。第二,农业现代化往往都是农、林、牧、渔业共同向现代化推进的,这种推进方式有利于保持生态平衡。各国在现代化初期阶段过分依赖外部物质能量投入,大量的能源消耗对自然环境造成了严重破坏,这就需要各国必须重视绿色发展,加强对自然资源的保护和合理利用,加强水土保持,发展林业,提高森林覆盖率。第三,对于各国来说,科学有效的政策、法律等都是推进农业现代化的重要保障,因此各国都会根据本国情况制定一系列的政策、法律等,同时,各国还会加大对农业的财政投入,为其提供财政支持。

三、中国农业现代化发展战略

(一)农业科技产业化战略

现代农业的一个主要特征就是普及应用现代科学技术,农业科技成果产业化是指对先进、成熟、能推动农业生产力发展、有较高经济效益的科技成果进行集约化、规模化、专业化的商品性生产和网络化营销的技术经济活动,它由成果条件、生产条件和市场条件三方面要素构成。农业科技成果产业化是农业生产产业化的重要组成部分,是实施科教兴国战略、促进科技与经济紧密结合的有力措施。

在推进农业现代化的过程中,有机地结合农业生产活动与农业科研、农业技术开发推广,积极地将农业科研成果应用于实践,形成符合农业发展需要的产品、技术,或者通过这些科研成果有效促进农业新产业的形成,可以在很大程度上推动农业产业化进程。以市场需求为导向,以科技成果为内容,以产品研发、技术研发、市场开发和生产能力开发为手段,实现农业运行机制的转变,推进农业科技成果转化为生产力。农业科技成果的产业化又反作用于农业科技、教育,以更高的要求推进高水平的人才和科技成果的产出,进而使农业科技教育得到较大提升。农业科技成果产业化有科研开发经营型、进入企业集团型、科企联合型和科技企业型几种模式,在其产业化的过程中,现有的科研机构将实现多元化的发展。

实际上,农业企业并不单纯的是农业科技的受体,同时它也是实现农业科技产业化的主体。以企业为主体和处于企业之中的科研机构的科研成果实现物化、商品化,这将进一步推进农业科技产业化。由于科研机构位于企业之中,从而越过了农业科技转化为市场商品的许多中间环节和障碍,由此产生了一条便捷的农业科技产业化通道,使农业科技转化为商品的距离大大缩短。纵观国外农业科技产业化企业,大多设有自己的科研机构。例如,杜邦公司的研发中心,集中了各类科研精英 2 000 多人,源源不断地研究开发新产品,并使之迅速产业化。

想要实现农业科技产业化,就需要企业充分发挥自身作用。就当前的农业科技发展来说,即使是处于企业中的科研机构实际上也只是省略了农业科技产业化的很多中间环节,但是对于农业科技产业化的过程而言,其仍然是一连串经济行为组合和对接的繁杂过程。各级政府、开发园区、经济开发组织和大企业作为企业孵化器的主办单位,各孵化器不尽相同。农业科技产业化的小企业通常寄于经济开发组织、开发园区的企业和政府创办的企业创新之中:大企业的孵化器是其企业内部的农业科技产业化项目。

为了促进农业科技产业化,还应该积极运用现代科技装备农业,这是推动农业现代化的重要途径。农业科技具有公共物品的特性,对于国家而言,要实现农业科技成果顺利转化为生产力,实现传统农业向现代农业的转变,就必须为农业科技的研发、创新、推广提供全面的保障。同时要用足用好"绿箱"政策,如在 WTO 的规划中,对农业教育和科技的补贴属于允许实施的"绿箱"政策。但我国此方面的平均支持水平(1999—2001 年)仅占整个"绿箱"政策总支持水平的 0.13%,远低于发达国家和有些发展中国家。因而,农业保护政策体系的建立要与国际经贸惯例相符,贯彻"绿箱"政策,对农业科研、推广加大投入,扩大政策实施的空间。在加入 WTO 的大背景下,对我国农产品质量、品种、安全等方面要求更高,农业及农村所承受的竞争压力逐步增大。对农技推广人员而言,要想对农业从业人员的知识、技术的结构进行调整,就必须加大对基层农业管理人员、现有农技人员、农业大户的教育和培训。要建立多元化农业投入体系,尤其是引导和支持私人部门(农户、农业企业)对农业科研、推广服务的投资,可以以技术供给成本为对象建立补偿政策,通过技术交易市场化、企业内部创新等手段,促进技术创新激励机制的形成。与此同时,鉴于农业技术尤其是高新技术某些不确定因素的存在,以资本运作来建立农业风险投资机制。要从制度上成立农业高新技术产业发展的融资担保资金,为农业高新技术的发展提供风险担保,其来源主要为政府拨款、定向募集、金融保险和社会捐赠。

此外,实施农业科技产业化战略,还需要有相应的配套政策为其提供支持,这就要求我们构建并完善有效发挥作用的配套政策体系。(1)税收优惠政策。经过省级部门认定的自主研发新产品和新品种,可减免相关所得税、增值税及附加税。(2)农业技术推广补贴政策。由于农业技术、农业推广服务存在公共物品性,对农业推广作出显著贡献的企业、个人、科研单位等可得到政府相关补贴。(3)农业知识产权的管理和保护。依据《中华人民共和国科学技术进步法》和《农作物新品种保护条例》,对农业科技产业化过程中的市场行为进行规范。使农业科技创新者的合法权益得到切实的保护。通过相关法律宣传、培训、普及工作的开展,指引知识产权管理制度在农业科研单位、企业和高校中构建和完善。(4)农业科技人员技术入股。农业科技人员可以在科研机构转制为股份制企业时,以技术要素入股,并参与收益分配。

(二)土地资本化战略

土地是农业的最基本要素之一,是农业发展的基础性生产资料。土地是固定的、有限的,这决定了土地资源使用的局限性。当前,土地制度也具有局限性,主要表现在以下两个方面:在土地产权方面,由于其产权的不明晰,不利于生产方式做出调整,直接对农民的利益造成了损害;在土地分配方面,不能进行规模经营。土地产权不清晰和土地资本化无法实现是农村土地制度安排最根本的局限,不仅不利于现代农业的发展、农业经营效益的提升,而且导致农民深陷相对贫困的尴尬境遇。所以,对土地制度进行进一步的革新,是实现土地资本化、农业现代化和提升农业生产水平的有效途径。

1.农民所有

推进农业现代化,进行土地制度改革,首先就要实现土地的农民所有,也就是指要让农民拥有土地所有权,从而实现真正意义上的"耕者有其田"。事实证明,完整的产权具备极高的经济效益。农业现代化的问题不仅能够得到解决,土地经营者或农民的短期行为也能够克服;农业生态环境的改善,水土流失的治理,农业和农村生态的可持续发展可以得到实现。然而这种制度变迁和改革所遇到的阻力也很大,需要与之相应的改革和配套举措。

2.永佃制

"永佃制"也可以称为"田底权",这就是指农民虽然可以使用土地,但是国家或集体才是土地最终所有权的所有者,可以单独转让土地又不对"田面权"造成影响;"田面权"是指农民可以永久使用土地,可以进行出租、转让或者继承。"永佃制"的最大优势就是稳定的产权界定,创造实现土地资本化的有利条件。"永佃制"的改革在当前的土地制度下进行较为容易。但它仍然是不完善的土地产权制度,存在现行土地制度中的一些弊端会陆续出现。因而,一系列的配套改革也必须在"永佃制"改革时同时实行。

(1)建立健全土地流转机制

实践证明,单个农户小规模耕作的生产方式不能让农业获得集约化、规模化经营的效益,也不能较大幅度地提高农业生产效率。土地经营权流转权限的明确规定,使得土地这一生产资料的组合得到很大程度的优化,推动了高效率、适度规模的农业生产方式的实现。土地经营权流转的主体包括原始出让人、原始受让人、再转让人和再受让人。以法律的形式对土地经营权流转程序和流转主体的权利、义务进行界定,这是顺利实现农村土地经营权流转的保证。同时对于流转机制而言,应该提升其效率,使流转成本降低。因而,政府部门应该积极地引导和建立流转服务机构,提供一些专门化的服务,如土地经营权法律文书、价值评估、公证等,来推进土地流转的顺利实现。

(2)建立健全家庭承包责任制

家庭承包责任制要实现由行政化转向法制化的轨道,地方政府的行为就必须通过立法进行约束和规范。农户的切身利益和地位得到法制保护,使得产权界定更清晰、权责利关系更对称,因此,资源配置效率、制度经济绩效在产权缺乏的背景下仍然能得到提高。

(三)农业合作组织化战略

对于我国来说,农业现代化的过程出现了很多组织创新形式,在实践中,相较于美国模式,日本模式和欧洲模式更具借鉴意义和价值。在农业现代化的进程中,农业经济合作组织发挥了关键功能。欧洲作为世界合作社的起源地,历经百年实践,使得农业合作经济组织渗入其农村经济的各个区域。在日本,"农协"在其组织结构方面,形成从中央到地方各个层次的完备的组织体系;在其经营范围方面,涵盖各个领域,具有极高的综合性。日本"农协"与欧洲"农业合作社"本质上是一致的,可以将其统称为农业社会化服务体系或者农业合作经济组织。日本及欧洲大陆的农业合作经济组织的产生和完善,区别于美国的一个特殊原因,即稀缺的土地资源形成人地制约因素,从而形成小规模土地经营。对于分散的小规模土地经营的农户而言,面临着较大的经营风险,抵抗风险能力及与外部经营主体谈判能力较弱。在这样的形势下,小规模经营的农户如果想要获取技术指导、生产资料购买和社会化销售等服务,一是依靠外部经营主体,任人摆布;二是自己团结起来,以自愿合作、相互扶持为原则,建立合作社,积极参与市场竞争,获得自己应得的利益。

对于中国的农业现代化而言,必须同时推进农业现代化和社会主义新农村建设,这就要求我们必须解决以下两个问题。就农业运行而言,要实现"自给型方式"转变为"市场型方式",农业日益增产、市场份额的扩大是其必须完成的重要任务;就农业运行体系而言,要摒弃以低级要素为基础的农业运行体系,构建高级要素农业运行体系,即吸收外源式的融资、人力资本、农业科技等社会资源中有利于农业产业发展的高级要素。这两大突破是农业运行过程逐渐有序化的标志,因而农业经济组织的创新无疑是其有序化的根本。简言之,适应农业发展需要而产生的组织创新将成为现代农业发展的顽强的"内生"动力。农业运行体系可以吸收高级要素,颠覆依靠外生性的困境,从而不断优化农业产出结构。这不仅表现为传统产品的升级换代,而且更重要的是表现为引导消费潮流的农业产业将不断涌现,"产业分化"必将改变农业被动适应市场需求的局面而呈现出发展"强势"。

农业现代化是现代农业发展的必经之路和关键内容,通过农业现代化过程可以看出农业进步的过程。在宏观层面,农业现代化将极大地提升农业土地产出率和农业劳动生产率,削减对自然资源的依赖性,使一国农产品供给能力和人们日益增长的食品需求、工业快速发展的需要相适应,为国家全面现代化的实现创造了必要条件;在微观层面,以家庭农场、公司农场和合作农场为经营的主体,将在农业现代化过程中,以经营现代商品农业、提升农产品市场竞争力为手段来获取利润,增加收益。农业现代化中,土地资本化、农民市民化、农业科技产业化和农业合作组织化等组织、制度、要素的改革和创新,将在很大程度上推动我国农业现代化的发展,从本质上解决"三农"问题,使中国经济发展中的二元经济结构矛盾得到缓解,它也是我国农村改革的根本方向之一。

（四）农业剩余劳动力市民化战略

1.深化户籍制度改革，推进农民的市民化

我国的农业土地面积大，由于我国实行二元户籍制度和人口政策，导致以这些农业土地为基础存在大量农业人口。在部分自然环境差、土壤贫瘠的地方，大量的农业人口也无法从当地流出，从而致使自然资源条件、农业生产环境和农民的生存状况都进一步恶化，农业的生产经营效益、土地产出能力也不断下降。同样，大量的农业人口会阻碍一些自然资源条件较好地方的农业规模经营，农民的收益不断降低。因而，要想过多农业劳动力从农村地区流出，为城镇居民到农村创业营造条件，就必须使农民市民化，这样就可以为流入农村地区的技术人员提供保障，使他们可以自由地流回大中城市，即"来回自由"。对于从事农业劳动的人来说，实现农民的市民化是农民从事农业以外劳动的重要制度保障，只有进行户籍制度改革，才能使农业在真正意义上成为社会分工中的一类行业，而不再是公民自由流动的枷锁。当前，彻底地人口自由流动在我国大部分地区是不可能一步到位地实现，依据我国农村劳动力过剩的实际状况，在今后几年内，将会把人口100万人以下的中小城市作为对象，与农村地区一起实施整体的户籍管理制度，即贯彻按照职业登记的统一户籍政策。在这样的户籍政策下，人们既可以带着技术、资金、资源等进城，也可以在农村大力发展符合国家政策的项目或工业，实现公民自由流动。在其基础之上，对于100万人口以下的地区而言，可以建立城乡统一的劳动力就业市场。在该市场上，不管是农村的还是城镇的居民，都可以享受同等的就业政策，并进行公平竞争。而对于100万人口以上的大中城市而言，应该率先将部分劳动密集型行业的就业市场放开和扩展，实行非歧视的就业政策，吸引大量农村剩余劳动力流入城市就业。在不断努力下，可以为大中城市城乡一体化户籍管理制度改革提供良好的前提条件，从而推进制度改革

的全面进行。对于农村居民来说,只有全面推进城乡户籍制度改革,才能让他们真正意义上获得与城市居民一样的发展机会,才可以有效地促进社会公平。

2. 正确处理城乡人口双向流动,推进城乡工业一体化

(1)推进乡镇一级财政上移

应该将乡镇一级的财权和事权上收至县级财政。在事权和财权不断上移的同时,应对乡镇一级政府部门进行改革,势必将其打造成县一级的派出机构,如裁员、删减重叠机构等。县级财政体制的重建和巩固必须依据财权、事权相对称的原则进行。根据这些举措,使管理农业的成本不断下降,将过度榨取农民和农业剩余价值的体制温床移除。在我国经济实力不断加强的背景下,农业为工业进行资本积累的功能将不断弱化,并应转变国家财政分配对城市偏斜的趋势,要不断地提升国家财政向农业的支出总量和支出比重,推进农业生产资料和农民生产环境的不断改善,帮助农业产业结构的不断调整,使城乡差距不断缩减。

(2)推进资本市场化改革

我国需要积极引导国有商业银行以及非国有银行,进入农村拓展金融业务,支持这些银行在农村设立营业机构,开展存贷款活动。依据市场化的原则,国家应该适度放松对农村企业贷款利率的浮动范畴。与此同时,积极寻求符合农村企业特征的操作程序和经营管理的制度,来鼓舞和帮助农民或城镇居民在农村地区大力发展一些劳动密集型的产业和农产品加工业。还应该对外资企业、城市企业到农村投资实行一些优惠政策,使它们投资于农村的劳动密集型产业和农产品加工业。

(3)推进城乡分割体制改革

城乡分割是我国城乡发展不平衡的重要原因之一,同时还严重阻碍了我国农业现代化推进。我们应该推进城乡分割体制改革,将城乡分开的"就地转化"政策转化为以"异地转化"为主、"异地转化"和"就地转化"相结合的政策。依据人口城市化内涵进行推测,农村劳动力"就地城镇化"与"异地转移城镇化"相比,效果不显著。"异地转化"的农村人口,尽管不能立刻斩断与农村的关系,但是他们毕竟身处大城市,不断受到城市生活方式的影响,因而农村对他们的影响将被不断削弱。我国大部分城市有必要也有能力吸收农村剩余劳动力,却受制于很低的城市化水平、低城市规模和未完全发挥的城市积聚功能和规模效应。要想进一步推动城市的发展,城乡统一是必然趋势和要求。因而,政府应该采取以向大中城市"异地转化"为主,"异地转化"和"就地转化"相结合的政策。

第三章　推动农业转型，深化农村改革

党的十九大明确提出实施乡村振兴战略，并作为七大战略之一写入党章。2018年是实施乡村振兴战略的开局之年，我们必须大力构建现代农业产业体系、生产体系、经营体系，大力发展新主体、新产业、新业态，大力推进质量变革、效率变革、动力变革，加快农业农村现代化步伐，朝着决胜全面建成小康社会的目标继续前进。

第一节　深化农村土地制度改革

一、土地承包经营权

（一）土地承包经营权的特征

1.期限特征

按照我国相关法律规定，土地承包经营权是一种具有期限性的权利，在《物权法》《农村土地承包法》中针对不同农业用地的承包期限做出了明确规定。《物权法》第126条规定，耕地的承包期为三十年，草地的承包期为三十至五十年，林地的承包期为三十至七十年，特殊林木的林地承包期，经国务院林业行政主管部门批准可以延长。前款规定的承包期届满，由土地承包经营权人按照国家有关规定继续承包。法律对土地承包经营权规定的期限，可以理解为法定最低期限，并且到期后可以依法继续承包。法律的确认再结合党的十七届三中全会以来对土地承包经营权长久不变这一政策规定，使得土地承包经营权人对所承包土地具有长期稳定的预期，可促进土地承包经营权人惜地和精耕细作，提高土地利用效益，促进土地资源的持续发展。

2. 主体特征

农村集体经济组织成员的农民家庭或个人都可以成为土地承包经营权的主体，对于家庭承包的土地承包经营来说，要将农民集体经济组织成员权作为依据确定土地承包经营权的主体，但其他方式的承包经营主体则不限。在法律术语表达上，《物权法》使用了"土地承包经营权人"，而不是《民法通则》的"农村经营承包户"的概念，具有高度概括性，但对"其他方式的承包经营主体"从土地承包经营权的目的和经营内容来看，其只应具备农业经营能力。

3. 目的特征

我国设立土地承包经营权，是为了更好地开展农业生产经营活动。《物权法》第125条规定，土地承包经营权人只能在土地之上从事种植业、林业、畜牧业等农业生产。因此土地承包经营权人在利用这项权利时便负有法定的义务，即不得变更土地的农业用途，不得将土地用于非农建设和生产。如果违反这项法定义务，承包方可以收回土地，消灭其所有的土地承包经营权。

4. 设定特征

应该通过法定方式设定用益物权，一般情况下，会将登记作为证明其生效的基本要件。在我国《物权法》《农村土地承包法》中对此都有所规定。《物权法》第127条第1款规定，土地承包经营权自土地承包经营权合同生效时设立。《农村土地承包法》第22条规定，承包合同自成立时生效，承包方自承包合同生效时取得土地承包经营权。这就表明，土地承包经营权的设立，是通过承包合同完成，即可设定的，也即意思主义模式。这是土地承包经营权设定的特殊性,承包合同签订生效之日即知成立,除以"其他方式承包"要登记外,土地承包经营权不以登记发证为生效要件。关于土地承包经营权的登记问题,《物权法》和《农村土地承包法》并没有做出明确规定,但是,关于流转登记却做了规定,《农村土地承包法》第 48 条规定,土地承包经营权采取互换转让方式流转,当事人要求登记的,应当向县级以上地方人民政府土地管理部门申请登记,未经登记的不得对抗善意第三人。而其他方式的承包经营权的设定,可以登记也可以不登记。但如果要进行抵押,根据《物权法》第 187 条规定,抵押权自登记时发生效力。立法理由认为家庭承包经营的土地经营制度在我国具有普遍性,而且多在一个农村集体经济组织,具有熟人社会的特性,而且农民大多没有契约意识,如此权的设定和转让都严格采用法定登记模式,一方面会增加农民负担,增加办证费用;另一方面也会增加流转交易的成本,给乡里乡亲造成不便。如此法律父爱主义,似乎是为农民兄弟考虑,但实际上是模糊了物权主体,损害了用益物权的产权界定和流转交易的有效性。庆幸的是,中央政策已经对法律的不妥当性做了纠偏,提出在全国范围内对农民的土地权利进行确权颁证。

按照《物权法》规定,土地承包经营权人需要按照法定程序申请,并从县级以上地方人民政府土地管理部门获得相应的土地承包经营权证、林权证、草原使用权证,土地管理部门需要对土地承包经营权人登记造册,确认土地承包经营权。这里的土地承包经营权证,是确认土地承包经营权的凭证,也是物权的权利凭证,但是这种土地承包经营权证书仅具有证明的效力,并不是土地承包经营权设立的要件。

(二)土地承包经营权的内容

1. 土地承包经营权的权利

我国法律只规定了土地承包经营权的基本内容,该权利的具体内容还需要通过发包方和承包方的承包合同进一步具体化,但总的来说,土地承包经营权人享有以下这几种权利。

（1）占有权、使用权和收益权

对于土地承包经营权人来说,其对承包土地享有的占有权、使用权和收益权是其拥有的最基础的权利,基本含义是土地承包经营权人有权依法占有承包的土地,并在承包地上从事种植业、林业、畜牧业等农业生产,可以利用承包地修建用于农业生产的必要附属设施,同时土地承包经营权人对土地享有收益的权益,例如收获农产品、承包地出租金、入股获取股金、抵押等。

（2）征收、征用、占用的补偿权

征收、征用、占用的补偿权是指承包地被国家征收征用或被集体经济组织占用时,土地承包经营权人获得补偿的权利。《物权法》第132条规定,承包地被征收的,土地承包经营权人有权依照本法第42条第2款的规定获得相应补偿;《农村土地承包法》第16条也规定,土地承包经营权人的承包地被依法征收、征用、占用的,有权依法获得相应的补偿。

（3）拒绝非法收回或调整承包地的权利

按照我国土地承包相关法律规定,除法律另有规定的情况外,发包人不可以在承包期内收回承包地,如《物权法》《农村土地承包法》等都对其做出了规定。"法律另有规定"主要指的是《农村土地承包法》第26条以及第27条的规定,承包期内承包方全家迁入设区的市,转为非农业户口的,应当将承包的耕地和草地交回发包方。承包方不交回的,发包方可以收回承包的耕地和草地。承包期内,因自然灾害严重毁损承包地等特殊情形,对个别农户之间承包的耕地和草地适当调整的,必须经本集体经济组织成员的村民会议三分之二以上成员或者三分之二以上村民代表的同意,并报县级人民政府农业等行政主管部门批准。

（4）自主经营权

土地承包经营人享有相应土地的自主经营权,具体来说,就是土地承包方有权自主组织生产经营和处置产品。这项权利可以分解为两个方面,一是土地承包经营权人有权利用承包土地从事农业生产经营活动,他人不得干涉;二是土地承包经营权人,对利用承包的土地所收获的农产品有权自行处置。

(5)续包权

《物权法》第126条第2款规定,前款规定的承包期届满由土地承包经营权人按照国家有关规定,继续承包。需要注意的是续包只适用于家庭承包,而不适用于其他方式的"四荒"的承包经营权。允许土地承包经营权人续包,进一步稳定了我国农村土地承包经营制度,更好地保障了农民的合法权益。

(6)流转权

按照《物权法》相关规定,土地承包经营权人按照农村土地承包法中的相关规定,享有承包土地的流转权,也就是指其有权将土地承包经营权通过转包、互换、转让等方式流转。

(7)交回或收回承包地的补偿权

在特殊情况下,土地承包经营人需要将承包地交回,在这时发包方需要按照规定给予承包方一定补偿。因为土地承包经营权人交回或发包方收回土地是在承包期内,承包方对其承包地进行过投入提高了地力,因此有权获得相应的补偿。

(8)法律、行政法规规定的其他权利

土地承包经营权有了法定权利这个"盒子",随着这项用益物权不断做实,盒子里的东西也会越来越丰富,用益物权的财产属性也会表现得越充分,如具备抵押融资贷款等权能。

2.土地承包经营权人的义务

(1)支付承包费的义务。

(2)按照相关法律规定保护和合理利用土地,保证不对土地造成永久性损害的义务。

(3)维持土地的农业用途不得用于非农建设的义务。一方面承包权人必须在法律允许的范围内从事农业生产活动,承包人必须合法行使权利维护土地的农业用途,不得非法流转和抵押承包地,不得在承包地上从事建房等非农业建设活动。另一方面土地承包经营权人在获得土地承包经营权后应该积极组织生产经营，不得将承包地撂荒、弃耕。

（4）承担民事赔偿的责任。土地承包经营人需要根据承包合同中的相关约定，对于支付预期不符的情形需要承担民事赔偿责任。

（5）土地承包经营权人对承包的耕地、林地、草地等农业用地应当合理利用，不得进行掠夺式开发、生产、经营，同时要保护好耕地的生态环境，不得使用违禁剧毒农药等。

（6）法律、行政法规规定的其他义务。

二、土地承包经营权流转现状

就我国当前的土地承包经营权流转情况来说，整体上呈现出不平衡、不规范、不充分的特点，并且在流转速度、规模、模式以及推动主体等方面存在一定认知差异。

我国早于 1984 年就开放了土地流转，但是农村劳动力的非农化速度远超于农村土地流转速度，这是我国农业发展长期存在的问题。在新型城镇化进程中，土地流转存在速度慢、期限短的问题。浙江省农业厅课题组针对农地流转问题对绍兴、金华的农业大户进行调查，其中一个问题为"当前制约你进一步增加投入的最大因素是哪个？"，在在农户的回答中，"土地承包期太短"选项的选择人数多达 62.7%，土地承包期平均为 6.4 年，农户不敢轻易扩大经营的一个重要原因是承包期太短，担心承包风险过大影响自身经营。[①] 河南省统计局针对该地区 150 个种粮大户进行了问卷调查，通过调查结果发现种植大户普遍反映流转合同期限短影响生产长期投入，有很大一部分的种粮面积流转期限在 6 年以下，有些甚至一年一签。可以看出，虽然我国早就开展了农地流转，并且具有转包、出租、转让等多种流转形式，但是仍然存在

---

① 浙江省农业厅课题组.种植大户形成和发展机制研究：来自绍兴、金华两市 300 个大户的调查分析[J].浙江现代农业，2006(1)：19－24.

很多现实问题急需解决。

第一,农地流转速率低。当前,我国只有那些经济发达地区的承包农地经营权市场流转,适应了农地流转新政,适当地提高了速度。从总体来看,农地市场的流转发生率偏低,由于不同地区的经济发展程度不同,地区间农地流转速率差异较大,发达地区的农地流转速率可以达到23.3%,而欠发达地区的农地流转速率只有3%。

第二,农地流转交易行为不规范。一般情况下,农地流转属于承租农户和出租农户之间的自组织行为,因此农地流转基本上都是在行政村内部完成的,也很少有书面契约,期限也没有明确规定,这种交易不规范的现象普遍存在。在实际调查中发现这种问题比较普遍和严重,尤其是经济发展程度较低的地区,农地流转交易行为不规范十分普遍,这种状况不仅具有普遍性,还具有时空惯性。

第三,农地集中度和集中率都非常低。从实践角度来说,土地租赁的确可以在一定程度上提升农业经营大户的土地绩效,并且农业的去过密化已经成为大趋势,但实际上,农地流转并没有如期促进农地集中,当前的农地经营很难实现最优经营规模。近年来,科学技术在农业领域普及应用,我国农户经营家庭农场的最佳经营规模应该为15~25亩,但从家庭农场实践上看,豫东北平原传统农区的行政村内的家庭农户经营规模并达不到最佳经营规模,而单一地块超过3亩的有十余户,都是农户基于多年地缘关系以口头协定对原本零碎的地块进行交换的结果,没有正式契约,也没有地权证上的调整记录。

相关专家将了解家庭承包的土地承包经营权流转的发展变化和推动土地流转的目的为基础,设计问卷对山西省样本农户流转行为进行实证分析,相比于经济发达地区,本地区的土地流转虽有所发展但整体仍不充分,已有流转存在范围小、期限短、价格低、自发流转、被动流转为主的特点;流转主观原因在于农户流转的思想顾虑和土地经济效益的提高对流转行为影响较大。流转整体体现不充分特点。

我国整体发展不平衡体现在各个方面，在农地流转方面也有所体现，我国经济发达地区相较于经济欠发达、经济落后地区，在农地流转方面显示出突出成效。一些经济发达地区仍然存在农业产业，其农业内部结构转型比较充分，完成了从生存农业向利润农业的转变；绝大部分本地居民从事第二、第三产业，农户的家庭收入超过 80％来自非农产业，且其"岗位"及其收入来源基本稳定；农村城镇化率高；拥有覆盖面广、较为完善的农村基本养老保险，具有良好的医疗环境，主要基本医疗保险覆盖全市，地方财政特别是村组财力对农村基本养老保险的支持力度全国首举，并因此具有了推动农地流转的协调与组织能力。

从上面的分析可以看出，不同地区的土地流转情况不同，从实践来说，决定我国农地流转缓慢以及农地集中困境的因素是多样化的。但是其中最根本的因素就是农户的承包地经营权制度的不完善，可以说这是影响流转和发展适度规模经营以及促进农户权益保护的根本障碍。

当前，政、学各界虽然在流转速度、规模、模式以及推动主体等方面还没有达成一致意见，但在农地流转与农业发展之间的关系的问题方面已经达成一定共识。早在 20 世纪 80 年代中期，我国家庭承包制度的突发绩效就已经释放完毕，制度变迁已经不再能有效地激发潜在收益，常规要素成为促进农业发展的基本要素，也就是我国农业的进一步发展要依靠人才、资金和技术等要素。然而，在有效技术供给难以突破现有生产要素组合效率的前提下，过于零碎化的农地经营规模反过来制约着农业发展的常规要素的边际产出，严重阻碍了农业投资增加和农业生产率提高，限于小农制度下的农业无法得到长足发展，农业现代化难以推进。因此，进一步发展农业，实现农业经济的持续增长，就必须改变零碎化的小农经营模式，这是我国农业发展的必经之路。

改革开放以来，随着经济发展我国各个方面和领域都发生了变化，大规模非农就业、人口自然增长减慢和消费结构转型都对农业发展造成了影响。在这样的发展背景下,农业人口向城市转移,农业劳动力减少与农业劳动需求增加之间产生了矛盾,但是这种矛盾正好为中国农业打破小农经营模式这一困局提供了历史条件,同时还为家庭农场进一步发展提供了重要的物质条件,从整体上来说,这是我国农业实现转型与发展的重要机会。但是我国目前没有相应制度可以替代农地的保障功能,因此政府只是通过提倡和引导的方式解决农地零碎化问题,而没有采用一切强制性、命令性手段。具体而言,我国政府在保持农地保障功能的前提下,利用市场手段拓宽政策路径,从而正确地引导农地流转,实现了农地零碎化到连片化的转变,实现了农地零散经营到集中经营的转变。

三、我国农村土地承包经营权流转政策要点及完善趋向

(一)坚持家庭经营的基础地位

改革开放 40 来年,通过我国在农村土地承包经营方面的不断探索,我们深刻地意识到以家庭承包经营为基础的双层经营体制是符合我国基本国情和发展需要的,是符合农业生产的基本特点和广大人民群众实际需要的,对农业乃至国民经济的健康发展发挥了巨大作用。农业以活的生命为劳动对象,而且生产空间分散,搞好农业生产需要高度的责任心,及时对自然环境的变化做出反应。家庭作为经营单位,其成员利益高度一致,劳动责任心强、主动性高,在农业生产中一直占据主体地位。即使世界农业发达国家,家庭经营的比例都在 85% 以上。从我国国情、基本制度出发,以家庭作为土地规模经营主体,既可以发挥家庭经营的优势,又可以避免农村土地大量集中可能导致的社会结构剧烈变动,有助于经济社会和谐发展。

可以看出,培育以家庭为基础的土地规模经营主体是深化我国农业土地制度改革,推动农业转型的重要战略和路线,因此我们必须抓好以下三项工作。一是引导农村土地长期、稳定地流向

专业大户、家庭农场。鼓励地方建立土地规模经营扶持专项资金，引导农村土地流向达到适度经营规模的专业大户、家庭农场。以扶持资金为导向，引导专业大户、家庭农场与承包农户签订中长期租赁合同，稳定土地经营规模。二是建立健全扶持专业大户、家庭农场发展的政策措施。鼓励地方将新增农业补贴、财政奖补资金、农业保险保费补贴向专业大户、家庭农场倾斜。鼓励地方设立农业担保公司为专业大户、家庭农场提供融资服务。允许专业大户、家庭农场优先承担涉农建设项目，支持其采取先进技术、引进优良品种、提升装备水平、改善农业生产条件。三是探索建立家庭农场注册登记制度。借鉴国外经验，总结国内实践，研究建立家庭农场制度的基本原则和实现途径。鼓励有条件的地方率先建立家庭农场注册登记制度，明确家庭农场认定标准、登记办法，制定专门的财政、税收、用地、金融、保险等扶持政策。

（二）健全土地流转监管制度

为了更好地实行土地政策，必须加强对土地流转的监督管理，以此为土地制度改革深化提供保障。具体来说，完善监管制度可以发挥两方面作用，一方面是坚持农地农业用，确保国家粮食安全和主要农产品供给；另一方面是坚持农地农民用，确保农民充分就业和农村社会和谐稳定。近年来，受农产品价格上涨和中央支农政策力度加大等诸多因素影响，农业领域逐步成为投资热点。工商企业进入农业领域，可以带来农业发展急需的资金、技术、人才等稀缺资源，发挥技术示范、市场引导等积极作用，是工业反哺农业的重要形式，但也要看到工商企业追逐利益的本质。要趋利避害，引导他们主要从事生资供应、农产品加工、流通、销售等产前产后服务，或者开发利用"四荒"资源。对于工商企业直接租种农户承包地，从实践经验看，有利有弊、弊大于利，长远讲隐患较多。搞得不好容易与民争利，挤占农户增收空间，阻碍专业大户、家庭农场的健康发展，导致农村社会结构的复杂变化。

从我国农地承包经营发展现状来看,我们必须加强租地资格准入、经营风险控制、土地用途监管等环节的管理和规范。这就要求相关部门和人员做到以下几点。第一,探索建立租赁农户承包地准入制度。按照《农村土地承包法》关于"土地流转受让方须有农业经营能力"的要求,研究建立租赁农户承包地准入制度。对各类企业、组织租赁使用农户承包地,严格农业经营能力审查,规范流转行为,从源头上抑制"非粮化""非农化"行为。第二,建立土地流转风险防范机制。通过推广使用土地流转示范合同,鼓励建立和完善土地租金预付制度。在土地流转面积较大地区,通过政府补助、流入方缴纳等方式,鼓励建立土地流转风险保障金制度。对经营规模超过一定面积的规模经营主体,制定专门的农业保险补贴政策,以降低因经营规模扩大可能导致的自然、市场风险。第三,进一步强化土地流转用途监管。加大执法力度,切实纠正农村土地流转后的"非农化"经营问题。

(三)健全土地流转市场体系

随着市场经济不断发展,必然也必须进行土地承包经营权流转,但是需要注意的是,土地承包经营权流转必须充分尊重供需双方的真实意愿,要严格遵循平等、竞争、有序的市场原则开展。只有以市场为基础,建立健全土地承包经营权的信息发布、价格形成、交易保护等各项机制,才能充分提高农地资源利用效率,使农民获得更多的财产性收入。近年来,各地农村土地流转市场体系初步建立,并发挥了积极作用。目前,全国已有 800 多个县(市),13 000 多个乡镇建立了土地承包经营权流转服务中心。但在多数地方,还缺乏健全的土地流转服务平台,中介服务组织发育缓慢,服务功能不全,土地流转不够顺畅、流转合同签订率不高、流转行为不规范引发的纠纷时有发生,有的地方甚至出现撂荒现象。

(四)鼓励互换并地,促进适度规模经营发展

在实践中,村组通常会按照好坏、远近搭配的方式为农户安

排承包土地，这就导致农户承包地呈现出细碎特征，农户通常会按照这种分配方式承包七八块地。为方便耕作，农户间对承包地块进行了互换。近年来，随着农村交通、水利等基础条件改善，地力差异逐步缩小，一些地方特别是平原地区，农民群众通过互换改善耕作条件的愿望日益增强。有的地方在农户自愿前提下，坚持"原有分地人口不变、原有耕地面积不变"的原则，统一开展承包地互换，取得了良好效果。通过互换并地，减少了农户耕作的地块数，提高了农机作业水平和土地利用率，降低了农业生产成本，促进了农业增产增效。

从我国农业转型发展的角度看，我们必须重视互换并地，因为这是有效推进农业规模经营发展的重要途径，我国政府应该给予互换并地一定引导和扶持。一是认真总结各地的好经验、好做法，明确开展互换并地的基本原则和操作办法，指导有条件的地方在农民自愿、互惠互利的基础上稳步开展互换并地。二是建议各级财政设立"农民承包地互换并地规模化整理专项资金"，对组织开展互换并地成效明显的县、乡、村进行"以奖代补"，以发挥政策的引导作用。三是鼓励地方通过与高标准农田建设、土地整理、中低产田改造、农田水利建设等涉农项目挂钩，引导农民自愿开展互换并地，完善田间配套设施，提高耕地质量，推动土地规模化经营。

第二节　培育家庭农场

一、家庭农场的基本特性

（一）以适度规模经营为基础

经营家庭农场的一项基础条件是达到一定经营规模，不论是种植还是养殖都需要达到一定经营规模,这也是家庭农场区别于传统小农户的重要标志。需要注意的是,结合我国农业实际,家庭农场有最佳经营规模,并不是经营规模越大对家庭农场发展越好。第一,要保证家庭农场的经营规模与家庭成员的劳动能力相匹配,只有这样才能保证家庭劳动力可以得到充分发挥,并且还可以避免由于过多雇佣其他劳动力而降低劳动效率;第二,要保证家庭农场经营规模与可以取得相对体面的收入相匹配,也就是要保证家庭农场经营规模可以满足家庭劳动力的平均收入达到甚至超过当地城镇居民的收入水平。经营规模适度是一个相对概念,根据从事行业不同、生产农产品种类不同等,"适度"也会随之调整,此外,农田基础条件、农业生产技术等要素的改变也会对适度规模造成影响,因此,要根据自身实际情况灵活地决定适度的家庭农场经营规模。

(二)以农业为主业

家庭农场主要生产具有商品性的农产品,也就是说其与传统农户生产有显著区别,家庭农场从事的为专业化生产,目的是向市场提供商品,而不是为了自给自足。家庭农场从事专业化生产,主要产品为商品性农产品,主要从事种植业、养殖业生产,主要有一业为主和种养结合这两种生产模式,家庭农产开展农产品生产活动是为了满足市场需求、获得市场认可,同时这也是家庭农场得以生存和发展的重要基础。家庭农场的生产活动具有季节性,在农闲时家庭成员可以从事其他工作,但农场是家庭成员的主要劳动场所,农产品的专业化生产经营是他们的主要收入来源,这也是家庭农场与以非农收入为主的兼业农户之间的区别,当前,我国农业生产大多为家庭农场生产。

(三)以家庭为生产经营单位

随着市场经济发展和农业转型发展,我国逐渐形成了很多新型农业经营主体,包括家庭农场、专业大户、合作社和龙头企业等经营主体，其中，家庭农场是以家庭成员为主要劳动力，以家庭作为基本核算单位的农业经营主体，这也是其与其他经营主体最显著的区别。在家庭农场生产经营中，各个环节都是以家庭作为基本单位的，这也决定了家庭农场经营继承了家庭经营产权清晰、目标一致、决策迅速、劳动监督成本低等优势。这里所说的家庭成员，可以是户籍上规定的核心家庭成员，也可以是有婚姻关系或血缘关系的大家庭成员。但并不是说家庭农场只可以将家庭成员作为劳动力，家庭农场同样可以雇工，但一般情况下雇工的数量不会超过家庭务农劳动力数量，家庭农场可能在农忙时节临时雇工。

二、培育家庭农场的必要性

随着经济社会发展，我国农村发展已经进入全新阶段，面临全新的发展背景，因此，为了应对农业农村发展面临的各种问题，必须及时建立并完善集约化、专业化、组织化、社会化相结合的新型农业经营体系。家庭农场在这个过程中起到了至关重要的作用，它可以集成现代农业生产要素，是商品性农产品的主要提供者，对于新型农业经营体系的构建具有重要意义和作用。

（一）培育家庭农场是提升我国农业市场竞争力的需要

随着经济全球化推进和改革开放深化，农产品市场也逐渐与国际市场接轨，在这样的背景下，提高农户经营的专业化、集约化水平显得尤为重要，只有这样才能使我国农业生产具有较强的市场竞争力，才可以有效促进我国整体农业市场发展，因此，必须对这项工作统筹规划，作出前瞻性战略部署。从世界各国的城镇化发展经验来看，在培育农业规模经营主体方面存在两个主要误区。第一，一些拉美国家为了发展农业盲目鼓励工商资本投向农业生产，这就迫使大量农业劳动力不得不进城务工，这些劳动力在城市中集聚形成贫民窟，严重影响了国家经济转型升级。第二,日本等国家长期无法明确其农业经营方向,犹豫是保持小农经营,还是大力推进规模经营,这种犹豫不决导致农业规模经营户难以发展,农业市场竞争力无法提升。从各国发展经验可以看出,推进我国农业经济转型升级,提升农业市场竞争力,必须明确发展方向,明确培育家庭农场的战略目标,并围绕该目标建立并不断完善培育家庭农场的政策体系。

(二)培育家庭农场是发展规模经营和提高务农效益,兼顾劳动生产率与土地产出率同步提升的需要

一旦土地经营规模发生变化,土地产出率、劳动生产率都会随之发生一定变化。当土地经营规模过小时,可以有效提高土地产出率,但是却会对劳动生产率造成不利影响,在一定程度上制约农民收入增长。造成大量农民到城市务工的根本原因,是土地经营规模过小且务农效益低,无法满足农民的生存和发展需要。人均土地少,导致很难提高农业生产经营的劳动效率。当然,并不是说土地经营规模越大越好,经营面积过大可能影响土地产出率,虽然劳动效率提高了,但是不利于农业增产,并且这也不符合我国人均土地面积小的基本国情。由此可以看出,推进农业规模经营,要同时重视劳动生产率和土地产出率的提高,也就要求我们在开展农业经营时要保证规模在"适度"范围内。家庭农场是以家庭成员为主要劳动力的经营模式,必须在充分考虑土地自然状况、生产经营农产品品种、家庭成员劳动能力、农业机械化水平等各相关要素的基础上,确定最合适的家庭农场经营规模,从而实现土地生产率与劳动生产率的最优配置。根据实际情况明确家庭农场经营规模,可以兼顾劳动生产率和务农效率的提高,同时还可以有效避免为了追求经营规模扩大而降低土地产出率的情况发生。

(三)培育家庭农场是应对"谁来种地、谁来务农"问题的需要

一些学者认为,培育和发展家庭农场与城镇化发展存在一定联系，因为城镇化发展具有倒逼作用，从而促进了农村和农业发展，促进了家庭农场发展。一方面，大量农村青壮年劳动力到城市务工，导致一些农村土地没有得到充分利用，出现了粗放经营甚至是撂荒现象，为了不浪费土地资源，就需要将这部分土地流转给有意愿、有能力开展农业生产经营的农民；另一方面，一些地区为了促进经济增长盲目鼓励工商企业租种农民承包地，这种面积大、时间长的土地占用严重挤占了农民务农的就业空间，还很可能导致"非农化"。基于此，我国有必要培育和发展以农户为单位的家庭农场，家庭农场同时规避了企业大规模种地和小农户粗放经营容易发生的问题，并且还可以实现农业的集约化、规模化经营，符合我国农业发展要求。从实践角度来说，培育家庭农场是一项长期任务，必须从整体上把握，制定具有前瞻性的培育和发展战略，建立健全相应的政策体系。

（四）培育家庭农场是健全新型农业经营体系的需要

在我国农业目前的发展阶段来说，承包经营农户是最基本的经营主体，也就是基本农户。以此为基础，我国农业经营主体不断发展，逐渐形成了专业大户、家庭农场等新型农业经营主体。在基本农户、专业大户和家庭农场的基础上，组建农民合作社。一般情况下，农业产业化龙头企业需要通过农民合作社与其他农户联系，可以说农民合作社是农业产业化龙头企业与基本农户、专业大户、家庭农场的沟通桥梁。不同的农业经营主体既相对独立，又紧密联系，这些经营主体共同构成了现代农业经营体系。就我国当前农业发展实际来说，应该将专业大户、家庭农场作为关注的重点，因为自从我国开始推进农业产业化发展，就相继出台了扶持和保护农业专业合作社、龙头企业的政策，基本上形成了扶持政策体系，但是并没有专门针对专业大户、家庭农场构建的扶持政策体系。而农业大户相较于家庭农场来说内涵比较模糊，因此我们更多的是强调家庭农场的培育和发展，针对具有明确内涵的家庭农场可以制定相应的扶持方针和政策。

　　具体来说,家庭农场与专业大户主要存在以下几点区别。第一,专业大户涵盖的经营者身份比较宽泛,农民或其他身份都可以成为专业大户,家庭农场经营者则仅限于农民家庭成员。第二,专业大户涉及的行业范围比较广泛,如运销、农机等与农业生产经营相关的行业经营者都可以成为农业大户,而家庭农场生产经营的领域比较明确,是以种养业为主的农业经营主体。第三,专业大户通常不会限制雇工的数量,很多农业大户主要是依靠雇工实现产品生产的,而家庭农场则是以家庭成员为主要劳动力,同时只会在农忙时临时性雇工。第四,专业大户通常只从事某一行业或环节的专业经营,而家庭农场则从事农业综合经营,也就是实行种养结合的综合经营。因此,对于那些农村劳动力转移程度较高,第二、第三产业比较发达地区,应该更多地将发展重心放在培育和发展家庭农场上。

(五)培育家庭农场是坚持和完善农村基本经营制度的需要

　　随着市场经济不断发展,传统农户小市场想要继续发展必须实现与大市场的对接,而从实践中看,二者的顺利对接存在很多难以解决的问题,而这也导致一些人对家庭经营产生质疑,怀疑其是否能适应农业现代化发展。并且,随着工业化、城镇化进程加快,传统农户小市场与大市场对接的问题更加显著,一些地区盲目鼓励工商企业长时间、大面积租种农民承包地就突出体现了这个问题。家庭农场则可以适应现代农业发展,它继承和体现了家庭经营的诸多优势,同时还有效克服了承包农户“小而全”的弊端,这是一种具有旺盛生命力的农业经营主体。培育和发展家庭农场,很好地坚持和完善了家庭经营制度和统分结合的双层经营体制。

三、培育家庭农场的现状及发展建议

(一)培育家庭农场存在的问题

　　培育家庭农场是推动我国农业转型发展的必经之路,但是就我国家庭农场的当前发展来说仍然处于发展初期阶段，想要加强家庭农场的培育和发展必须做到循序渐进。目前，虽然培育和发展家庭农场具备了前所未有的历史性机遇，但仍面临着诸多条件限制和困难障碍。工作中，我们要认清条件、顺势而为，克服困难、积极作为。

1. 外部环境的限制

当前我国缺少健全的社会化服务体系，这无疑制约了我国家庭农场的健康发展。家庭农场相较于其他规模经营主体具有显著优势，它可以有效降低农产品的管理成本，还可以提高农产品的生产效率。但是家庭农场的市场交易地位较低，在进行农资购买、农产品销售等交易时，通常需要依托于农民合作社、专业协会等社会化服务组织，只有这样才能使其在市场交易中得到较高地位和较低交易成本。从我国农业社会化服务体系发展实际来看，社会化服务组织的发展并不充分，家庭农场急需各种社会化服务，只有为家庭农场建立健全社会化服务体系，才能打破制约，实现进一步发展。

2. 自身特性的限制

我国家庭农场发展还处于起步阶段，因此其自身存在一定问题，如人才匮乏、融资能力弱等，这严重影响了家庭农场的自我发展。开展现代农业经营，要求经营者有较强的资金筹措能力、经营管理能力以及风险抵御能力。但是由于我国大部分家庭农场经营者源于传统承包农户，这就决定了他们的总体文化水平较低，在经营管理水平方面明显不足；家庭农场的资本积累主要依靠经营农业收入的剩余，资本筹集的主要途径为家庭关系。因此，政府有必要主动扶持家庭农场的培育和发展，以此加快其发展进程。

3. 前提条件的限制

培育和发展家庭农场必须掌握一个大前提，就是要保证土地适度集聚与二、三产业发展和农村劳动力转移相适应,不可以为了实现家庭农场的发展而进行人为超越。大力推进家庭农场的培育和发展需要一定基本前提,也就是说家庭农场必须在农村二、三产业快速发展、农村劳动力大量转移、农村土地资源大量释放的基础上实现发展。想要充分发挥家庭农场集聚土地的能力,就必须实现小农土地流转,也就是实现以家、户为单位的农地流转。但是工业化、城镇化发展不是一蹴而就的,并且不同地区的经济发展水平并不相同,因此,建立健全家庭农场制度是一项长期、艰巨的任务。推进家庭农场发展,就要切实把握我国整体发展阶段,结合基本国情、农情,按照地区的实际情况和需要,因地制宜、分类指导,通过正确的引导实现不同地区的家庭农场健康发展。

4. 发展基础的限制

疆土辽阔和人口众多都是我国的基本国情,这就导致我国虽然国土面积大,但是人均土地面积少,这也就对家庭农场经营的规模扩张形成了一定限制。一方面,人均土地面积少的基本国情决定了家庭农场经营扩展的困难性。我国人口众多,即使我国家庭农场平均经营耕地达到 100 亩,也无法满足我国全部农户的土地需求,人均 100 亩的耕地仅需要 1 800 万农户耕种,可我国还有 2 亿多农户没有土地可以耕种。另一方面,为了实现家庭农场的适度规模经营,就要求经营者通过租赁土地资源的方式获得耕地,这就决定了我国的家庭农场是以租地农场为主的。从其他国家的实践中我可以看出,较重的租金负担和较难维持的租期稳定是发展租地农场的两个重要阻碍,前者会直接影响农场的投入能力,后者则对农场投入的积极性造成一定消极影响。东亚国家人口众多,土地资源少,租金和租期问题严重影响了家庭农场的发展。对于我国来说,在推进家庭农场发展方面仍然存在很多问题,不健全的农村土地承包经营制度导致权力不明确、权能不完善;不健全的农村土地流转服务平台导致农地信息流转无法高效运行，信息流转不够流畅；工商资本盲目下乡租地，导致农地租金上涨，严重限制了家庭农场的扩大经营。

（二）培育家庭农场的策略建议

从我国农业转型发展的推进情况来看，培育和发展家庭农场必须坚持农村基本经营制度和家庭经营主体地位，保证方向性与渐进性的相互统一，从实际出发稳步推进，加强示范引导、加大扶持力度、完善服务管理，推动家庭农场健康发展。

1. 建立健全农业社会化服务体系

应该以"主体多元化、服务专业化、运行市场化"为准则和方向建立健全新型农业社会化服务体系，有机结合公益性服务和经营性服务，有机结合专项服务和综合服务，以此从农业社会化服务方面为家庭农场的发展提供有力支撑。

2. 完善税收、金融和保险政策

在税收、金融和保险方面给予家庭农场充分的政策支持。明确家庭农场享有与农户同等的税收优惠政策。为家庭农场提供相应的金融产品，并不断创新和完善金融产品和服务，为家庭农场提供金融支持，帮助他们更好地解决支付土地租金、购买农资、改良土地等问题。针对家庭农场生产经营活动的特点制定农业保险政策，有效地降低家庭农场承受的生产、经营、市场等方面的风险，有效地提升他们面对各种风险的能力。

3. 完善农业补贴政策

进一步完善农业补贴政策，落实中央关于农业补贴增量主要支持新型农业经营主体的要求，针对家庭农场生产经营涉及的农机、良种、农资等内容制定补贴政策。各级财政应该针对家庭农场设立专门的发展扶持基金，以此引导家庭农场有效提升自身的经营水平，以示范性家庭农场为扶持重点，为家庭农场建设健全

农田基础设施、修建仓储设备,并为家庭农场经营者设立技术和管理等方面的培训课程,以此提升他们的技术水平和管理水平,实现家庭农场生产经营的标准化、信息化、品牌化,从整体上提升家庭农场生产经营的水平。

第三节　发展农民合作社

一、农民专业合作社概述

(一)农民专业合作社的定义

农民专业合作社是在农村家庭承包经营基础上,同类农产品的生产经营者或者同类农业生产经营服务的提供者、利用者,自愿联合、民主管理的互助性经济组织。农民专业合作社以成员为主要服务对象,提供产前、产中、产后的技术、信息、生产资料购买和农产品的销售、加工、运输等服务。

(二)农民专业合作社的性质

(1)农民专业合作社是一种经济组织。随着市场经济发展,我国农业经营主体也不断丰富,近年来,各种农民专业经济合作组织发展迅猛,但只有从事经营活动的实体型农民专业经济合作组织才是农民专业合作社。因此,社区性农村集体经济组织,如村委会和农村合作金融组织、社会团体法人类型的农民专业合作组织,或只从事专业的技术、信息等服务活动,不从事营利性经营活动的农业生产技术协会和农产品行业协会等不属于农民专业合作社。

(2)农民专业合作社具有专业性。农民专业合作社以同类农产品的生产或者同类农业生产经营服务为纽带,提供该类农产品的销售、加工、运输、贮藏、农业生产资料的购买以及与该类农业生产经营有关的技术、信息等服务，其经营服务的内容具有很强的专业性，如粮食种植专业合作社、葡萄种植专业合作社等。

（3）农民专业合作社具有互助性。农民专业合作社的目的是实现社员的自我服务，对于那些单个农户不能做或做不好的事情，利用社员全体相互合作的力量来完成，也就是说，农民专业合作社为社员服务不以营利为目的。

（4）农民专业合作社具有自愿性和民主性。任何单位和个人不得强迫农民成立或参加农民专业合作社，农民入、退社自由；农民专业合作社的社员在组织内部地位平等，实行民主管理，运行过程中始终体现民主精神。

（5）农民专业合作社以农村家庭承包经营为基础。农民专业合作社是由依法享有农村土地承包经营权的农村集体经济组织成员，即农民自愿组织起来的新型合作社。加入农民专业合作社不改变家庭承包经营。

二、农民专业合作社发展的重要意义

（一）中国农业基本经营制度的重大创新

我国农业实行统分结合、双层经营的基本经营制度，该体制是建立在家庭联产承包经营基础上的。随着市场经济不断发展，我国农业经营面临巨大的环境变化，这就导致传统的家庭经营方式已经难以适应当前的发展要求，这就要求我们必须做出改变。首先，双层经营体制的基础——农户的构成已发生变化。随着城镇化、工业化进程的加快，多数农户或者演变成为小规模兼业农户或专业种植养殖大户。其次，双层经营中"统"的内涵发生了变化。20 世纪 80 年代初，双层经营中"统"的是一家一户（包括大农户）办不了、办不好、办起来不合算的事，现在则是从事专业化生产经营的农户所需要的专业化种植养殖技术和规模、市场信息、市场销售渠道、农产品质量标准和品牌以及农产品加工技术等，村委会等社区性的组织很难提供这些服务。

家庭联产承包责任制经营分散且交易成本高，这就导致农民在市场交易中始终处于弱势地位，此外，近年来工业品和农业生产资料的价格有所上涨，这就导致农民可以获得的收入进一步被市场强势集团所瓜分，农业出现增产不增收的现象。20 世纪 80 年代末，在全国范围内相继涌现出各式各样的农村专业合作经济组织，反映了广大农民希望降低市场交易成本，提高市场谈判地位，分享经济增长成果的制度诉求，这是中国农业基本经营制度创新最重要的推进力量。

农村专业合作组织可以有效地改善农民处于市场弱势的问题。一方面，农民专业合作社为农户成员提供了作为独立生产者的充分激励，降低了将生产过程大规模延伸到农业生产领域需要花费的巨额监督成本；另一方面将农户成员的收益与其对合作组织的使用联系起来，使农户成员分担合作的风险和收益，有较强烈的动机向合作社提供符合质量要求的产品，也有更强烈的意愿稳定地作为合作社的惠顾者，这就有效地减少了合作社监督社员的成本。由于合作社成员一般同处于相对较小的地域范围，相互之间较熟悉，"声誉"机制能较好地发挥作用，从而强化成员的自我约束。专业合作组织可以更有效地克服由于信息不完全、不对称以及资产专用性带来的机会主义风险，成为一种有利于降低交易费用的制度安排。[①]

从我国农业发展实践看，以家庭承包责任制为基础形成的农村专业合作经济组织是符合我国社会发展需要的伟大创造，促进了我国农村和农业经济的改革和发展。农村专业合作经济组织顺应了中国农业生产的专业化、商品化、社会化和市场化的改革趋向，是中国农业基本经营制度的重大创新。农村专业合作组织的发展不仅有效地实现了千家万户小生产与千变万化大市场的

---

① 林坚.农业合作社和投资者所有企业的边界[J].农业经济问题,2006(3):16—20.

有效对接，形成了规模经营，提高了农民参与市场竞争的组织化程度，解决了一家一户难以解决或者无法解决的生产经营难题，增强了农户抵御风险的能力，而且优化了农村各种生产要素配置，发展壮大了农村品牌产业和特色经济，促进了农村经济结构的调整和现代农业的发展。农村专业合作组织的出现改善了小农户与农产品加工企业之间的交易条件，促进了从小农户到龙头企业、城市超市的纵向一体化的农业产业链的形成，优化了龙头企业和小农户之间的风险共担、互利互惠、相对稳定的利益联结机制，为分散的小农户有序参与农业产业化经营，更多分享农产品生产经营的收益提供了制度保障。

（二）农民分享现代化成果的有效机制

农民专业合作社是具有自愿性、自助性的组织，由农业生产经营者和相关服务提供者、利用者组成，该组织成立的目的在于帮助社员更好地开展农业生产经营活动，为农户成员提供最大限度的生产经营服务，追求社员间的公平，保护和增进普通社员的利益，实现组织成员利益的最大化。农村专业合作组织已成为农民分享现代化成果的有效机制，主要表现在以下几个方面。

1.通过自我服务和民主决策维护小农户的经济利益和权利诉求

处于小规模分户经营模式下的农户处于分散状态，这也是农户在市场中始终处于弱势地位的重要原因。农村专业合作组织通过农户成员的集体行动，既可以有效地解决农户农业生产经营公共产品供给不足的问题，也可通过与政府的沟通及时反映农户的权利诉求，使政府的相关立法和政府决策有利于农户的生产经营和农村经济发展，尽可能减少对小农户的经济利益等社会权利的伤害，也可以把政府的政策信息、农产品市场价格、农业科技信息等及时传达给农户，实现对农业和农民的指导和引导，减少农民生产的盲目性和无序性。虽然一些机构和学者要求我们清醒地认识农村专业合作组织在扶贫、促进社会公平、帮助弱者方面的局限性,但农村专业合作组织作为弱势农民群体中的强势个体之间的联合,其对农民经济权益和其他社会权利的维护仍然是一股不容忽视的正义力量。

2. 促进建立农产品质量等级和农产品标准化

农村专业合作组织可以正确引导农产品质量等级和标准化的建设,可以有效地改善农产品的社会认可度,提高整个产业的经营业绩,使生产者得到更多的报酬。一些农村专业合作组织在引导农民发展专业化种植养殖产业时,采用统一的生产程序、统一的技术标准和统一的质量标准,为农户成员生产的农产品取得"绿色产品"认证,走向国际市场创造条件。事实上,中国农产品领域中的"名、特、优"品绝大多数是农村专业合作组织进行专业化生产经营的结果。

3. 统一生产、销售活动,提高农户生产经营效率

农村专业合作组织通过统一生产、统一销售等相关的农业生产经营服务活动,融技术指导、信息传递、生产资料供应、资金融通、产品销售等服务功能于一体,高效有序地组织小农户进入大市场,有效提高了农业生产经营效率,延长了农业产业链,增强了小农户抵御市场和自然双重风险的能力,实现了农民增产增收,是让农民分享现代化成果的有效机制和形式。农民专业合作组织以农村家庭承包经营为基础,立足当地资源,以种植养殖业的生产经营活动为纽带,将分散的小农户的生产经营活动组织整合起来,实现了农村生产要素的优化配置,提高了农业生产规模化和专业化水平,推动了当地优势农产品生产和特色产业发展,带动了加工、销售、贮运等第二、三产业的发展,拓宽了农村富余劳动力转移和农民增收的渠道,形成了农民分享现代化成果的有效机制。不少农村专业合作组织通过创办加工、销售企业,或与农业产业化龙头企业相互投资、参股,探索"公司+专业合作组织+

农户"的新型产业化经营模式，寻找农产品增值的新途径和新空间。

三、农民专业合作社发展趋势

（一）新型经营主体代表现代农业发展方向

推进农村和农业的转型发展，基本前提就是坚持以家庭承包经营为基础、统分结合的双层经营体制。我国农业发展已经进入传统农业向现代农业转型的关键时期，这就要求我们必须进一步解放和发展农村社会生产力，增强农业农村发展的动力和活力。实现这个转变，必须始终坚持农业基础地位、始终坚持现代农业发展方向、始终坚持城乡统筹发展，按照"抓规模、抓特色、抓加工、抓组织、抓服务"的要求，大力培育和壮大新型农业经营主体，积极发展适度规模经营，着力构建集约化、专业化、组织化、社会化相结合的新型农业经营体系，推进现代农业发展，促进"产城互动、城乡融合"，加快农民增收致富，破除城乡二元结构，解决好"三农"问题。

构建新型农业经营体系，一项重要的基础性工作就是培育和发展新型农业经营主体，这同时也是实现农业现代化的重要基础。近年来，农村劳动力加快转移，农业分工分业不断深化，专业大户、家庭农场、农民合作社、农业产业化龙头企业等新型农业经营主体大量涌现，这些经营主体以市场为导向，从事专业化生产、集约化经营和社会化服务，能够优化集成利用各类先进生产要素，代表了现代农业的发展方向。

（二）农民合作社发展面临的挑战

农民合作社等新型经营主体可以有效改善农民难以进入市场的难题，因此在农业现代化和农业转型发展的过程中，这些新型农业经营主体被寄予厚望。当前，我国农民合作社等新型经营主体总体上还处于发展初级阶段,规模小、实力弱、不规范,面临诸多成长的"烦恼",发展壮大并非一帆风顺,自身实力还不强、面临的问题还不少,需要政府引导扶持才能健康成长。

1.农民合作社发展面临经营风险

近年来我国农村发展起大量农民合作社,但是很多合作社都因为没有好的项目支撑而无法持续经营。没有支柱产业,合作社很难走远。其根本原因在于没有形成稳定、规范的内部治理结构,特别是入社和退社制度。当合作社盈利时,一批缺乏合作精神的人"低成本"加入合作社,但亏损时,他们就可能率先"零成本"退出合作社,而承担最终风险的是牵头合作社的农村能人。退社行为对农村能人的心理打击远远超过市场风险,他们甚至可能因此而失去再次创办合作社的想法。

2.农民合作社发展存在资金困难

当前我国农村信贷仍然存在渠道不畅、手续复杂、贷款金额小等问题,并且农村信贷不支持农田抵押,这就导致很多种粮大户无法通过农村信贷获得贷款,必须承受较大的资金压力。即使有钱,也不敢投入太大、长期投入。流转土地以短租为主,加上自然灾害,风险实实在在。农业保险保费不低、保额不高、勘验程序复杂,抗风险能力、市场竞争力都不强,最需要的扶持还是信贷扶持。随着规模越来越大,资金压力也越来越大,靠自有资金周转扩大规模非常慢。还有资产无法评估抵押,难以得到金融部门的信贷支持,迫切需要进一步加大扶持力度。

3.农民合作社发展承受成本压力

农民合作社随着市场经济发展不断扩展壮大,而在这个过程中其必须面临各种新困难、新问题。例如,由于流转来的土地都比较偏远,水利设施没覆盖,而且不成片,浇灌很不方便,自己打井成本太高,负担不起。土地流转费用没几年就翻了一番,现在很多地方涨到了每亩每年 1 000 元，占到了生产总成本的一半。还有农机具投入、基础设施投入、人工成本等费用都在不断上涨。

（三）加快培育新型农业经营主体

1. 扶持种养大户

随着城市快速发展，以及工业化和城镇化的不断推进，农村劳动力转移的速度不断加快，这就导致农村人口不断减少，土地不断向种田大户集中，土地经营规模逐步扩大，这种发展趋势是符合现代农业发展实际的，是必然结果。加快提升传统农民技能，培育新型职业农民，推动农业经营主体职业化；鼓励和支持高校毕业生以及农业科技人员投身农业创业，发展一批新型职业农民；支持和引导具有一技之长的普通农户，通过土地流转，规模经营，培育成为专业大户；整合政策、项目、资金等资源，汇聚各方力量，大力发展农村职业教育，积极实施"现代农业人才支撑计划""阳光工程""一村一名大学生工程"，培养造就一批农村实用人才和农村青年致富带头人。引导和鼓励具有生产规模、资金实力和专业特长的农村专业大户，在工商部门登记注册成为家庭农场。加强家庭农场的管理指导，强化培训教育力度，加大技术服务和资金等支持，帮助解决家庭农场在发展中的困难。积极引导家庭农场按现代企业制度模式规范运行，推动家庭农场开展大规模、高层次的联合，形成规模化、专业化、社会化程度更高的合作农场。支持引导家庭农场或合作农场向农民合作社方向发展，鼓励家庭农场或合作农场按股份合作形式组建农业公司，引导其成为带领农民进入市场的重要经济组织。突出农业特色，拓展农业功能，发挥农业综合效益，大力发展休闲农庄，推动休闲农庄规模经营。加大政策扶持力度，引导专业技能少、资金实力弱的农户通过劳力、土地、资金以及生产工具的合作，发展灵活多样的联户经营。积极引导联户经营的农户，按照统一生产规程、统一管理模式、统一品种种养、统一渠道销售等形式，发展规模化、专业化生产。

2.发展农民合作社

农业市场经济竞争激烈,农民个体在农业市场中处于弱势地位,缺少议价能力,这就导致其难以在市场中获得应有的收益。这就要求我们按照"积极发展、逐步规范、强化扶持、提升素质"的要求,最广泛地动员农户尤其是低收入农户积极参加各类农民合作社,促进农民合作社跨越发展。立足本地资源特色,因地制宜,积极培育林、果、蔬菜等特色产业农民合作社;着眼粮食优势产区,结合高标准良田建设,大力发展粮食产业农民合作社;利用大中型灌区节水改造和小型农田水利重点县建设,进一步完善农民用水合作组织。加快发展二、三产业农民合作社,支持农村各类经营主体在农产品加工、储存、运输、销售等环节兴办农民合作社。深入开展示范创建行动,建设一批组织机构健全、内部管理民主、财务核算规范、运行机制完善、利益分配合理的示范农民合作社。依托现有职能部门健全农民合作社指导服务体系。要加强农民合作社辅导员队伍的建设,各级财政部门应该针对农民合作社设立专项工作经费和辅导员培训经费,以此为工作顺利进行提供资金支持。围绕粮食、畜禽、果蔬、渔业、茶叶、种子等优势产业,引导同区域、同行业、同类型农民合作社之间,以产品和产业为纽带,带动技术、产品、资本、品牌等方面开展联合与合作,积极组建农民合作社联社。

第四章　农村电子商务

让农民通过电子商务富起来,是符合电子商务发展规律和我国农村发展需要的重要战略。习近平总书记指出,"实施乡村振兴战略,是党的十九大作出的重大决策部署,是决胜全面建成小康社会、全面建设社会主义现代化国家的重大历史任务,是新时代做好'三农'工作的总抓手。"[①]在这样的背景下,进一步推进农村电子商务的发展显得尤为重要。

第一节　农村电子商务发展现状

一、农村电子商务面临的挑战

(一)产品供应链面临挑战

从农村电商上行的角度看,在农村电商的发展初期,主要挑战来自政策和基础设施,发展中期面临的主要挑战体现在运营能力和人才方面,发展到成熟阶段,竞争焦点则是供应链。而且,电商平台在发货速度、包装品质两方面的要求随着消费者需求水涨船高,供应链管理成为核心竞争因素。而对供应链的要求,第一是品质,第二是敏捷度。

品质就是从特产采货源头的品质把控,加工生产商的生产质

① 中共中央国务院关于实施乡村振兴战略的意见[EB/OL]. http://politics. people. com. cn/n1/2018/0204/c1001−29804797. html.

检,到最终的仓储、发货过程所有消费者接触点的品质。敏捷度强调的是协调电商销量变动和生产产能冗余量之间的矛盾。正确地理解这个问题对于农村电子商务的健康发展具有重要意义。电商销售存在比线下销售更为剧烈的波动。在终端网店销售时,无论是直营网店还是分销网店,这些终端往往不存在库存问题,而是统一库存,成交订单和发货是在不同地方、不同团队之间完成的。因此与线下销售存在缓冲库存不同,总仓或者核心仓的库存数量较为集中,供应链主要针对核心仓进行补货,常常不存在多仓调货的灵活性。一旦核心仓库存告急,则意味着压力很快来到了生产端,加上特产电商大部分都是现产现销的中小型品牌,所以库存水平和生产端的协调难度很大。

农村电子商务发展初期,通常订单总量比较小,销售网络也比较单一,只要保证比较小批量的库存就可以有效地抵御电商销量的波动性。大部分特产电商初期都是自产自销,如果出现销量瞬时暴涨,也都可以通过几天的加班加点抢回库存水平。但这样的衔接其实是非常脆弱的,当销量的波动和峰值超过加班加点的补货能力时,比如参加平台活动,单日订单量超过 3~4 周订单总数,这时,库存水平会瞬间见底。而平台往往对发货速度有要求,如果发货太慢,导致店铺总体发货评分降低,则影响店铺的发展。

从这个角度来看,产能是实现敏捷供应链的基本条件,对于普通手工加工来说,只可能创造十分有限的产能,并且通过加班加点创造更多产能很可能导致质量下降。这是供应链端最大的制约,对很多没有准备的特产电商而言,如果不是工业化标准生产的产品,很快就会遇到这个问题。一般在特产产业带,存在进货市场,可以解决这个问题,比如丽水庆元的竹制品批发市场,当自身产能不够时,可以通过市场拿货,激光打标的方式临时提升库存水平。

在并未形成产业带、批发市场的情况下,商家之间需要寻求供货合作,通过互为供货方的方式形成一定的销售网络,从而形成供商品交换存在的虚拟市场。这一点,在原来的农村企业中是不存在的,大家各自为战,因为线下商业中,订单和渠道是关键,一旦掌握一个渠道,在允许的供货周期内,商家会想办法一家搞定订单,而供货周期的容忍度也比较宽。但在电商时代,供货周期极短,要求的敏捷度很高,不存在这样乐观的缓冲周期,并且全国市场的打开,并不是一家特产商家的任务,而是一整个村镇、一个县的任务,消费者今天吃 A 也可以,明天换作吃 B 也可以,终端消费者流量会随着供应侧品质提升而增长。所以,特产类的农村电商上行,自然需要同村镇、同县的同类企业尽可能抱团形成库存水平互为缓冲的合作模式,代替以往单兵作战的模式。

(二)三段物流存在困难

物流始终是困扰农村电商发展的重要问题,在产品已经形成标准,成为爆款后,商家必须重视产品包装方式的优化,这不仅是指产品自身的包装,同时还需要对快递包装进行合理优化,以及需要对快递包裹中服务类附件的优化。特产对包装有特定的要求,目前在工业类的供应网站上,都可以找到为电商产品定制包装的供应商。附件供应商也已经较为成熟,只要具备了包装优化意识就可以找到供应商来完成设计和生产。

农村电子商务与城市电子商务不同,其具有一定特殊性,这是因为其面临着更困难的三段物流,因此商家在包装优化时,要考虑到这个问题,第一段是省际市际干线物流,第二段是从市到县或村,第三段是从村到末端的消费者手中。

对于农产品上行和工业商品下行来说,在物流方面最难解决的问题都是农村物流的第一段和最后一段。农村居民居住分散,快递单个取件和送件的成本都很高,这就意味着农村居民无法像城市居民一样享受电商送货便捷的服务。居住区较密集的村落,尚可选择建立代收发点的形式折中解决问题,居住区较分散的地区居民取送包裹就相对很困难。

三段物流存在的困难不仅体现在末端配送方面,对于生鲜农产品来说,还存在不可避免的存储问题。不同的生鲜农产品对存储和运输的条件要求都不一样,有需要冷冻的、需要冷藏的、需要防挤压的、需要通风的等限制条件,造成生鲜物流不仅成本高昂,还不容易拼单合并配送。目前市场上一些大品牌的生鲜配送都是自己解决物流问题,而小商家只能选择泡沫塑料盒加干冰等简单的包装形式来尽量解决物流问题。目前中国 14 亿人口只有 7 万余辆冷藏运输车,平均 2 万人才能拥有一辆,而日本和美国平均 800~1 200 人就有一辆冷藏车,美国和日本的便利店里都有用于饮料冰镇的冰块销售,而在中国几乎没有见过专门销售冰块的,足以看出美国和日本的平均冷链运输成本比中国要低很多。

在优化包装时必须充分考虑运输距离远、周折多的问题,同时还需要转变曾经主要面向工业品而形成的存储运输条件,使之适应农副类特产商品的储存运输要求。杭州市的余杭塘栖有一种水果叫枇杷,是极其难以运输的,稍微碰撞,当天就烂。塘栖枇杷商家长途运输采用的包装是类似超市鸡蛋盒子,一个枇杷一个位子,同时为了透气,采用的是纸板盒子,为了防止枇杷和纸板盒子之间碰撞,在枇杷外包裹了另一层纸,如果是通过快递递送,还要加上保鲜保湿用的冰袋。这样才能够将枇杷这种极其难运输的特产通过快递在 48 小时内送到目的地,实现保鲜保质。这样一来,在没有枇杷的地方,枇杷就有成为爆款特产的优势。在此之前,有商家尝试使用冻干技术加工枇杷干,这也是思路,但因为枇杷的口碑只存在于产地附近,全国并没有对枇杷的认知,所以这是一个潜力股市场,尚未充分开发。在全国各地,这样的特产案例还有很多,而在网购消费者端,则存在"吃货"觅食无门,无处寻找新口味的需求。特产电商还存在大量机会。

二、农村电子商务带来的机遇

(一)"互联网十"深入链接三农

随着网络技术的不断发展,党和政府越来越重视互联网在推动行业发展和社会进步方面发挥的作用,并提出了"互联网＋"这一重要发展战略。随着党中央、国务院发布的"互联网＋"行动计划、农村电子商务发展指导意见、农业现代化建设等总体部署的实施,互联网已经成为发展现代化农业、培育新型农民和建设社会主义新农村的时代背景,也正充当解决"三农"问题的有力工具。而今后相当长的一段时期,"三农"问题将继续是我国发展面临的一个重要问题,为顺应这个趋势,履行好"三农"工作职责,推进互联网技术和互联网思维在农业发展、农村建设工作中的全面应用,不断发挥"互联网＋"在"三农"工作中的加速效应成为必然选择。

我国根据当前的发展现状和未来的发展目标,以"十三五"为整体框架,对未来五年农业的发展有了一个大体的规划,农业领域也迎来了一个新的发展期。其中,一个重要的点就是实行"土地三权分置"。它将原有的承包经营权一分为二,承包权还是归农民,经营权可以流转给非农户,它在本质上是给予了农民更多的经营资源。

三权分置,对于土地资源政策的再调整,符合现阶段社会经济发展的一般规律。它进一步明晰了土地产权关系,更好地维护农民集体、承包农户以及经营主体之间的利益关系;同时促进了土地资源的合理利用,有利于构建新型农业经营体系,发展多种形式适度规模经营,提高土地的产出率,有利于推动"互联网＋现代农业"的发展。

第一,提高信息化与机械化应用水平。一方面,国家将大力推进信息化与农业深度融合,加快实施"互联网＋现代农业"的行动计划,强调加强物联网、智能装备在农业领域的推广及应用;另一方面,国家也将重视提高我国农业在生产过程中的机械化水平。

第二,财政补贴重点倾向农业合作社、专业大户和农业龙头企业等农业经济组织。未来,带动能力更强的农业经济组织通过规模化发展带动农民致富成为主旋律。农业合作社、专业种植大户以及一些农业龙头企业作为农产品供给的主体,也是推进农业现代化的主体,将会是财政支持的最大受益者。

第三,农业结构调整顺应生态化发展道路。国家政策导向将通过农业结构调整,促进国际国内两个市场联动发展,这也对应了农业供给侧改革的大方向。注重缓解耕地、水等自然资源的压力,使得经济与生态环境一体化发展;同时也注重由农业数量转向数量质量协同发展,更加注重效益。

第四,鼓励规模农业发展,推动农业现代化。为了推进农业现代化建设进程,农业改革的力度将会继续加大,国家将鼓励规模农业发展,尤其是以粮食增产的规模化经营组织将成为重点支持对象。

为了推动"互联网+"深入链接"三农"问题,让"三农"搭乘信息化发展的快车,不仅要加强农村信息化建设、人才培育体系建设以及物流等供应链体系建设,还要充分整合政府、企业以及社会各界的资源,构建起一个本地化的"互联网+三农"生态圈,满足农民对于生产生活的需要。

(二)农村电商发展带动人才回流

过去,农村年轻劳动力总是选择离开农村到城市谋求发展,但是随着创新、创业在农村不断推进,越来越多的农民工、中高等院校毕业生、退役士兵和科技人员等返乡人员到农村创业创新,为推进农业供给侧结构性改革、活跃农村经济发挥了重要作用。农村电商"赶街模式"的创始人潘东明,就是返乡创业的杰出代表。

可以看出,随着农村电商的发展,返乡创业直接带动了人才回流。随着相关优惠政策的普及和发力,返乡创业创新氛围日益浓厚,人才回流效果明显。据统计,近年来农民工返乡创业累计达到了450万人,近五年返乡创业人数增幅均保持在两位数左右,还有约130万居住在城镇的科技人员、中高等院校毕业生等下乡创业创新。据统计,截至2016年9月底,注册地在县和县以下区域的农村网商达 800 多万家,带动就业超过 2 000 万人。[①]

在返乡创业的浪潮下,很多高校毕业生、城市工作的专业人才等加入这一浪潮,他们通常拥有出色的技术能力和充足的知识储备,并且具有较强的创新创业意识,为地方县域发展带来了充足的活力。返乡人员创业创新,有利于将现代科技、生产方式和经营理念引入农业,在地方上探索、发展农村电商。带来的好处有:一是提高农业质量效益和竞争力;二是有利于发展新产业新业态新模式,推动农村一、二、三产业融合发展;三是激活各类城乡生产资源要素,促进农民就业增收。

第二节 农村电子商务模式

一、农产品电商

(一)农产品直供模式

大部分企业在开展农产品电商时会选择农产品直供模式,这是指通过电商平台实现农产品与消费者的直接对接的模式。这种模式的优势在于去除了中间流通环节,节约了流通成本,拓展了生产者和电商平台的利润空间,同时可以更有效地控制产品质量,降低产品损耗率,最终达到提升产品质量与用户体验的双重效果。

1.农产品直供模式的表现形式

农产品的传统流通环节很多,从经纪人到各级批发商,再到

---

① 互联网普及 电商"进村"带动就业超 2 000 万〔EB/OL〕. http://b2b. toocle. com/detail-6378365. html

菜市场、餐厅及其他消费者手中,形成了一个冗长的流通链条。各个环节层层抽成,造成商品高昂的价格。而且流通环节过多,一方面中间商分享利润,农产品生产者的收入并没有得到明显提高;另一方面到达用户手中的农产品质量和品质也大受影响,甚至滋生了一些食品安全的问题,比如有的商家为了降低农产品物流过程中的损耗,违规使用催熟剂、保鲜剂等。

随着移动互联网的普及应用,电商生态再次升级重构,对于农产品电商来说,最大的变化就是农产品供应链的缩短,即砍掉一切中间环节,让生产者和消费者通过平台直接发生联系,这就是农产品直供模式。农产品电商的直供模式主要有两种表现形式,即原产地直供和自产直供。

(1)原产地直供

可以看到,我们缺少的并不是优质的农产品,而是完善而顺畅的农产品流通体系。随着电商来袭,农产品的销售也获得全新渠道。那些来自各地的极具特色的优质农产品通过电商渠道,从原产地直接到了消费者的手中。原产地直供因为去掉了中间的流通环节,节约了流通成本而成为生鲜电商的制胜法宝,也是发展农村电商"农产品进城大计"的重要环节。

(2)自产直供

近年来,食品安全问题成为全社会关注的重要问题,这在农产品销售上也有所体现。对于农产品进城来说,一个重要问题就是农产品的标准化,以及可以控制的品质。为了确保农产品的质量,有的电商采取自营方式建立自己的农场、基地,自产自销,沱沱工社就是这样一个生产有机生鲜食品的平台企业。

电子商务给农产品营销带来了巨大的变革,就是因为它改变了农产品层层批发的传统经营模式,使农产品可以更直接地面向消费者。而且随着互联网对农产品网购行为的渗透,越来越多的消费者依赖网络购买农产品,农产品的电商流通大势已经形成,直供模式俨然已经成为电商销售农产品的主要模式。

2.农产品直供的优势

农产品直供最大的优势之一就是显著缩短了农产品的供应链,这样可以更好地保证产品质量,并有效提高生产者销售产品获得的收入,还可以让消费者可以得到更好的商品。而且通过移动互联网做产地直供,由电商平台承接了一批到三批的物流、仓储等功能后,电商平台的毛利空间也大大提升了,可谓一举数得。农产品直供的具体优势如下。

(1)降低货品损耗率

在当今这个时代,速度就代表利润,提升速度就是提升竞争力,速度就是一家互联网公司生存和存在的根本,想要实现提速,最关键的就是去除中间环节。自从服装品牌 ZARA 提出了"快时尚"的理念,其打造极速供应链的管理方式不但成为服装业界的标杆,也为越来越多的互联网企业提供了运营范本。生鲜电商的热潮随着电商下乡的号角声又一次涌起,农产品直供模式成为生鲜电商的最佳打法。

(2)打造价格优势

直采直供的模式实现了生鲜电商与产地的直接对接,打造了二者之间长期稳定的战略合作关系,在这种模式下,电商企业可以从源头开始对产品进行严格把关,确保产品的质量,也让产品本身具有了一定的价格优势,使高性价比的优势得以凸显,最终达到提升服务质量与消费者体验的效果。

(3)节约采购成本

直采模式避开了多级批发商,避免了层层加价,直接将产品从田间运到餐桌,优化了流通环节,降低了成本与产品损耗。

(4)提高生产者收入

企业想要发展农村电商,必须选择正确的方式向外界推销农产品,要切实提高农产品生产者的收入,让农民得到实惠。每一个消费者都感受到了农产品价格的上涨,而农民的实际收入增长速度并没有农产品价格增长那么快。因为农产品流通中存在的问题,使得生产者并不是农产品市场上的最大受益者。

随着移动互联网的不断发展和普及应用,越来越多的涉农互联网创业公司热衷于利用智能手机打通农产品的流通渠道,就像黄哲诚、荣超、刘传军在做的事情一样。对此,顺为资本合伙人程天表示:"终极模式应该是农产品能以最高效的方式到达需要它的消费者手中,实现它最好的方法肯定是移动互联网。"可以说,农产品直供为农产品电商的发展提供了新的方向。

(二)线上多渠道营销模式

对于农产品销售来说,一个最主要的问题就是没有搭建起顺畅的流通渠道,这对各方都造成了一定利益损失,因为电商模式去除了各个中间环节,极大地提升了农产品的流通效率而得以快速发展。农产品电商的线上营销渠道多种多样,但是只有选择最适合自己的流通渠道才能形成有效的经营模式,获得真正的发展。

农产品电商的出现有效地打通了农产品的交易渠道,为传统的农产品销售带来一场革命。虽然发展农产品电商的实际好处多多,从理论上也切实可行,但是在实际运作中仍然面临很多问题。根据《中国农村电子商务发展报告(2016—2017)》中的数据显示,2016 年,我国农村网络零售额达 8 945.4 亿元,其中实物型网络零售额 5 792.4 亿元,服务型网络零售额 3 153.0 亿元。全国涉农电子商务平台已经超过 3.1 万家,其中农产品电子商务平台已经达到 4 000 家。但是从事农产品电商而实现真正盈利的比例较小,仍有一部分处于亏损状态。农产品电商行业前景巨大,但是找到最适合自己的模式还需要下一番功夫。

1.会员制模式

实行会员制可以拉近消费者和企业之间的距离,"会员"这一称谓让消费者感觉受到尊重。一些商家会根据消费者的消费能力将其分为金卡、银卡、白金卡等不同级别的会员,享受不同的待遇和优惠。采取会员制模式的农产品电商以那些对生活品质要求较高、更加关注健康的人群为目标客户群体，通过合适的方式与他们建立起会员制的供需关系。

近年来，我国整体物质文化发展水平有所提升，人们的收入水平有所提高，这就导致他们对生活品质的要求也有所提高，不但要吃得好，还要吃得健康，吃得有营养。于是原生态的、有机的农产品对城市消费者的吸引力也越来越大。人们对于那些添加了太多色素、香精、添加剂的加工食品或对转基因食品感到厌烦、恐惧。原生态的绿色有机食品几乎成为"高端消费"的代名词，农产品的会员制应运而生。会员制是原生态农业产品的主要发展方向之一，对于这部分关注健康的人群来说，会员制必定是未来真正的原生态农业产品的主要发展方向之一。

2.订单制模式

订单制可以理解为对会员制的升级，也就是与农民建立长效的合作机制，实现规模化种植，粮食主要针对精细加工的企业，水果针对水果深加工及饮料企业。根据消费者的订单来组织生产和加工，很多订单制农产品电商都自建生产基地，或者选择好的供应商展开长期的合作。

3.配送制模式

配送制是一种长效机制，商家通常只会针对比较大的订单或者多品类农业进行配送，这种模式主要存在于商家之间，是商家之间的一种合作方式。例如一些酒店、餐厅每天都有专门的机构运送蔬菜、酒水等某一类或多类的产品，彼此建立起了长期的信任关系，运送单位也有固定的产品来源。对于原始的农产品生产者来说，与此类对农产品有长期稳定需求的单位合作，为之提供某类应季产品是一种比较稳定的供需渠道。

4.专卖制模式

当某种产品逐渐打造成品牌,就会采取专卖制,这是品牌商的最终营销方式。例如,LV包、爱马仕围巾、宝马汽车等都属于专卖制模式,专卖给人以高端、专业的印象,象征着品质与品位,农业产品也可以进行此类方式的售卖。比如河南的双汇冷鲜肉、好想你枣片就形成了一个品牌,在全国各地都有其加盟店、专卖店。其他品类大宗农产品也可以这样操作,例如东北的稻花香大米、佳沃猕猴桃等就形成了大宗产品规模的产品。

5.出口制模式

我国幅员辽阔、地大物博,在我国生长着各种特色、优质的农产品,其中有很多产品都远销国外。农产品出口并没有我们想象的那么难,出口农产品对于产品溯源、产品的药物残留等有一定的要求和标准,有很多经销商进行各种农产品出口。当农产品具备了一定的规模,具备标准化生产的条件,通过电商途径出口国外、面向国际消费者也是一个很好的选择。

虽然农产品有多种多样的线上销售渠道,但是打造特色产品离不开营销推广。褚时健的"褚橙"之所以能火,在某种意义上说也算是一种营销方式的胜利。

开展农产品电商,必须获得消费者的认可,这就要求农产品本身的质量要过硬,还要采取一定方法获得消费者的信任。例如,通过标准化生产,让消费者可以追溯产地,了解生产种植的流程,这样用户对产品的安全性就可以放心了,信任度就提升了。另外,通过各种网络途径进行宣传也必不可少,比如美食论坛、微信号、微店、淘宝、农产品销售平台等进行全面宣传,力求让自己的产品做到家喻户晓。

有很多线上营销渠道可供农产品电商选择,但是究竟采用哪种方式营销其实是和其他商品一样的。首先要了解自己的经营内容,了解农产品的种植、储存等特点,了解自己的目标消费者群体和他们的需求,进行综合考量才能选择出最合适的销售渠道,形成有效的经营模式才有利于自身的发展。

二、农资电商

(一)农资电商的特点

大多数人认为农资电商实际上就是农村电商的基本延伸,基于此,阿里巴巴、京东、顺丰等都把农资电商作为农村电商的补充进行推广。但实际上,农资电商与农村电商有着截然不同的属性,交易内容和产品属性有根本性的变化,是复杂的"变性"般的化学变化。农资电商的交易产品是农业生产资料,不再是普通消费品;被交易的产品并不是被一次性消费的,而是要进入再生产过程的。

因此,传统电商消费者看重的便宜、方便等因素已经不是农资电商最重要的衡量标准,而图 4-1 所示的因素,则成为更重要的衡量因素。

图 4-1　影响衡量农资电商标准的因素

此外,由于农资产品的专属性质,农资产品市场总量和采购频次远远低于普通商品,因此,以销售额不断增长和购买频次不断提高为支撑的电商失去了其传统业绩推动发力点。

(二)农资电商发展的优势

随着互联网在农村的不断推广和普及,农村网购市场总量会不断增长。农村市场蕴含着巨大的潜力,而本身就基于农村发展的农资行业,如农药、化肥、种子等更是发展潜力无限,主要优势有以下几点。

1.农资是刚性需求

我国农民每年都会在农资上耗费一笔不小的费用,在总支出中占比很大,并且随着农资价格的增长,农资在总支出中所占的比重将越来越大。如果电商能为农民提供物美价廉的农资,并且解决运输渠道问题,那么,必定能抢占农村市场。

2.农资行业呈现"大行业、小企业"的格局

在社会经济不断发展的背景下,大批农村劳动力到城镇工作,土地流转的进程越来越快,土地种植呈现出集约化趋势。种植大户更加青睐那些品牌好、信誉高的农资企业,同时面对管理的土地越来越多,种植大户们更加需要专业的咨询培训、技术指导、测土配方、渠道双向流通等帮助。传统的"多级批发分销"方式已无法适应土地的集约化管理,针对这种情况,农资流通渠道的下沉是必然趋势。

3.农资市场蕴藏巨大潜力

根据中国市场调研网发布的《2015年中国农资市场调查研究与发展趋势预测报告》显示,2015年中国农资的市场容量超过1.5万亿元,其中化肥8 000亿元,农药3 000亿元,农机4 000亿元。但在农资行业内,生产与流通企业对农村电商的参与度比较低,影响力大的农资电商企业还没有出现。随着经济的发展、时代的进步,互联网等高新技术逐渐参与到农村土地的种植中,为农资电商的发展奠定了基础。

4.政策的支持

为了进一步促进我国农村电子商务的发展,实现电商下沉,2015 年 5 月 7 日,国务院出台《关于大力发展电子商务加快培育经济新动力的意见》。

2015 年年初,国家四部委联合发布文件,鼓励发展先进的农村物流运作模式。该文件表示,国家将大力支持电商、物流、商贸、金融等企业参与农村电商的构建,发挥第三方电子商务服务平台的应有效用。2015 年,李克强总理在《政府工作报告》中首次提出"互联网＋"行动计划,鼓舞了农资行业。随着移动互联网的发展,农业将进一步现代化,并带来无限的发展空间。

目前,我国的农资行业还存在诸多问题,而农资电商的发展将会有效解决这些问题。

农资电商的发展可以在一定程度上解决传统社会信息不对称的问题,从而实现信息和资源的共享;农资流通趋向扁平化,减少了多余的中间环节,农户可以因此节省一部分种植成本;能够有效规避假冒伪劣产品在农村盛行,使农产品经销商既能销售物美价廉的产品,又能获得利润;通过第三方电子商务平台,农户可以快速查询到产品的信息,从而节约宝贵的时间和成本;农资电商建立的最大优点将是建立信任机制,消除农资赊销的问题。

第三节　农特微商

一、农特微商的发展基础

土特产具有极强的地标性特征,这就决定了它们的独特产品价值,农特微商创业的基础正是地标性的农特产。农特产品在销售中存在一些短板,但同时也具备一定优势,农特微商在创业过程中应该注意。

(一)农特微商的发展短板

1.季节性

大部分农特产品都具有季节性特征,并且这种季节性十分短暂,它们会受到季节或天气的影响。例如海南的荔枝,阳澄湖的大闸蟹等,虽然保鲜技术、生产技术在不断提高,但是动植物有其自身的生长规律,只有在特定的季节才能达到最好的品质。季节性农特产品的销售期也很短,一年内有太多的空档期,备货太多销售不完,生产太少又怕不能满足市场需求,成为困扰农特产品经营者的一大问题。而且季节性导致农特产品只能销售几个月,一年中有太多的空档期不足以支撑大型团队的运作。因此,销售农特产品通常是小商贩所为,很难形成产业化、规模化。

2.本地性

"南甜北咸,东辣西酸。"在不同的水土上会生产出具有该地特色的土特产,本地人会喜欢这些农特产品,但是对于该地区外的人来说也许并不喜欢这些产品。对于更多的用户来说只是处于尝鲜的状态,不会长期、大量地购买和食用。例如广东人很喜欢板鸭的味道,但北方人更喜欢烤鸭的做法。虽然现在全国各地的物产的流通已经很普遍,但是很多北方人买了板鸭、火腿却不会做,或是不习惯它们的味道,这就使得农产品的销售受到很大的局限,往往只能本地化推广,无法行销全国。

3.利润低

大部分农特产品处于原材料状态,如蔬菜、水果和海鲜等,这类产品的附加值低,可以获得的利润相对较少,这会直接影响到销售的规模。众所周知,化妆品、珠宝、服装等加工产品的利润率很高,尤其是品牌货的售价是成本的几倍、数十倍,而一般的农特产利润率不会超过 20%。做微商最大特点就是通过朋友的朋友的朋友逐步扩散,微商最常见的模式是代理,层层代理收取返点利润。但是农特产品利润低的特点根本无法支持走代理模式,势必影响推广和规模。而全靠自己直销,一个人的吸粉能力毕竟是有限的。

4.物流成本高

对于农特产品的销售来说,一个关键性问题就是物流,物流成本高对农特微商的发展产生了不利影响。对于农特产品的运输来说,一方面农特产品保质期有限,不利于保存;另一方面用户对农特产品的新鲜度有较高要求。例如唐代伟大诗人白居易形容荔枝是:"一日而色变,二日而香变,三日而味变,四五日外,色香味尽去矣。"经现代科学研究证明,如果温度保持在 1℃～5℃,荔枝可贮藏三十天左右。这类产品对天气、温度、时间、运输包装等方面有很高的要求,大大提高了运输的成本。农特产品本身利润率就不高,而物流成本却很高,提高价格消费者难以接受,价格不提高的话微商就只能赔本赚吆喝,这也是农特产品微商面临的非常纠结的境况。

(二)农特微商的发展优势

正如上面所说,农业产品的销售存在一些问题,导致农特微商发展存在困难,但是事物通常具有两面性,农特产品虽然具有这些不利于销售的短板比如本地性的劣势,但有时对产品销售来说恰好也是独特性的优势,季节性恰好可以造成稀缺性的优点,这些优点可以促进农特产品的商业化运作。

1.稀缺性

农特产品具有本土特色,每种产品都具有自身的独特性,是宝贵资源,有很多农特产品只在某一特定地区才可以生长,但是产品的市场却是全国甚至全世界。例如云南盛产玛卡、赣州盛产脐橙、湖北随州盛产香菇、东北黑土地盛产稻米等,这些品种的农特产品换个地方栽培味道就完全不一样了,正所谓是"橘生淮北以为橘,橘生淮南以为枳"。这种稀缺性使得一些农特产品供不应求,大受欢迎。

2.容易获得消费者

虽然一些地方性土特产更适合本地销售,但是当前的人口流动性极大,全国各地区、各个民族人群不断融合,各地的物产也在更大范围内流通,因此某个地方的特色产品一定会走向外面的世界,获得更多用户的欢迎。例如四川的麻辣火锅、担担面等食品是当地人每天都离不开的,但这类麻辣食材也逐渐成为北方人的最爱。

3.适合开展故事营销

农特产品通常具有一定当地特色,都有一定的来历和传承,这就为对它们进行故事营销提供了前提条件。比如做红烧肉会想到苏东坡,中草药会想到同仁堂,这些农特产品中蕴含的文化基因成为促进其传播的最有效的武器。农特产品营销如果能充分开发生产者或经营者身上的可以挖掘的故事,也是一种很好的营销方式。褚橙的火爆就是一个很好的例子,其实农特产品是一个特别适合故事营销的方式来进行销售的领域。

4.地域文化的吸引力

农特产品蕴含着地域文化,它不仅仅是一个产品,而且传达了一种情感、一种精神、一种文化,这就使得消费者可以通过这些产品产生情感共鸣。所以在电商卖农特产时必须充分利用这一点去影响、吸引、打动消费者,让他们看到的不只是产品,还有产品背后的文化内涵。在农特产品身上表现出的文化内涵不但要能够促进营销推广,还可以增加其自身的价值,提高利润空间。

首先要拥有农特产品,其次才可以发展农特微商,如果电商有了具有地方特色的农产品、土特产,就可以以此为基础发展农特微商。对生产规模比较小的基地和单品来说,通过微商做好运营就可以;对农特产规模比较大的基地可以运用品牌化的经销策略,中型的基地可以运用众包的品牌战略。在"农产品上行"的大势下,通过农特微商创业将自己家乡的特色产品推广出去,不仅解决了自己的创业就业问题,还是促进地方经济的交流与发展的大事,利己利民利国。

二、农特微商运营的基本模式

农特微商就是经营农特产品的微商,随着微商的普及,农业产品如果能顺利搭上这辆新时代快车,那么将获得快速发展。目前,农特微商的运营模式共有以下四种。

(一)土地认领模式

土地认领模式可以将土地的价值翻番,以前价值 1 千元的土地可以通过土地认领模式让价值翻 10 倍,变为 1 万元。

土地认领指的是土地的主人制模式。具体来说,就是农场主在网络平台上进行土地的主人征集,在网上成功认领土地者将成为该块土地的主人,这块土地的所有产出均归主人所有。采用这种模式经营的产品大多为有机绿色农产品,如土豆、香菇等。主人认领土地后,可以自己进行打理,也可以交给农场主统一打理;或者采取二者结合的方式,平时交给农场主打理,自己在周末时则带着家人、朋友到认领的土地上进行种植、施肥等活动,体验田园生活,感受与城市大不相同的乐趣。

位于张家口市尚义县的瑟尔基河山泉农场(图 4-2)就是通过土地认领这种新模式获得快速发展的。该农场属于坝下地区,碧水蓝天,土地肥沃。农场里果蔬不上化肥,用山泉水浇灌,做到了真正的天然无公害。此外,农场周边的风景十分优美,认领人在农作劳动之余还可以自行观光。商家通过微信朋友圈、公众号等方式进行宣传,吸引了大量的城市人群前来认领土地。

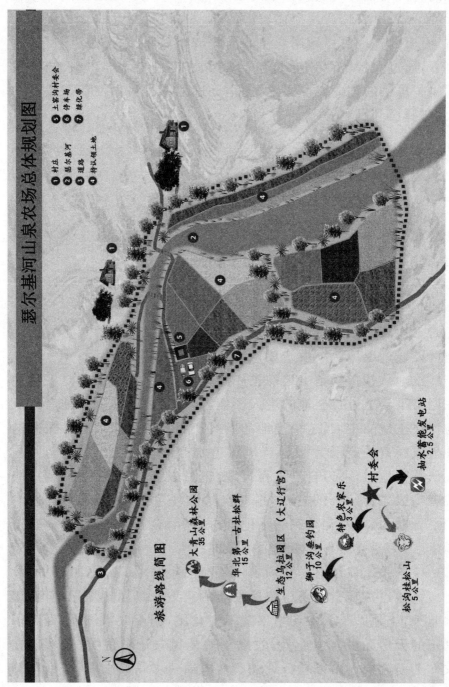

图 4-2 瑟尔基河山泉农场

采取土地认领模式可以吸引大量客户。客户认领土地后可以亲自体验田园生活,同时可以随时掌握自己认领的土地的情况,实时监控自己种植的果蔬生长状况,这样可以更好地保证自己食用的产品没有受到任何污染。如今,食品安全问题已成为消费者最关心的问题之一。土地认领模式通过抓住消费者的需求点,最大限度地获得了消费者的青睐,成为广大农特微商经营者致富创收的新途径。

(二)预售模式

对于农特产品的生产者来说,最担心的不是农产品种植和生产的问题,而是多变的市场环境,如果遇到供大于求的情况就会造成农产品的滞销,而解决方法也只有低价甩卖,而这就会造成亏本的局面。但农特微商经营者如能采用预售模式,就可以在种植之前准确了解市场需求,从而最大限度地降低风险。微信是了解市场需求的有效工具,农场主可以通过朋友圈、微信公众号和社群进行预售,做到先收钱再种植,从而尽可能规避风险,获取利益。预售模式有以下几点优势。

1. 市场反馈

通过预售,农场主可以掌握产品的市场反馈信息,进而了解消费者对产品的认可程度以及需求情况。这有助于农场主在种植和生产时作出适当的调整,更好地满足消费者的需求。

2. 用户数据

在预售模式下,农场主可以收集消费者的相关信息,包括消费者的姓名、电话、地址等,这样就可以使农场主更好地掌握消费者实际情况。这些数据看似简单却十分重要,因为通过传统销售方式,经营者根本无法得知产品的最终受益人群是谁、在哪里,而预售却可以完美地解决这个问题,让经营者做到知己知彼。除此之外,通过预售模式,农场主还可以针对数据进行研究,分析得出哪种农产品卖得最好,哪个地区的人喜欢购买哪种农产品,进而更有目的地进行种植。

3.降低风险

在传统农产品销售模式下,产品需要种植后或是产出后才会推向市场,也就是说需要在没有完全掌握市场情况的前提下进行产品生产,这种方式极易遇到产品不被认可、消费者不买单等情况。而且,大多数农产品都具有保质期短、季节性强的特点。如果无法在一定时间内卖出,商家就只能采取打折的方式损利出售,更严重的是直接烂在地里或者仓库里,造成极大的损失。而通过预售,商家可以先收钱,然后根据消费者的需求进行种植生产,将风险降到最低。

预售模式听起来只是将还没产出的产品提前销售,但实际操作并不是如此简单,因为大多数消费者都是十分警惕的。因此,农特微商选择预售模式必须在预售前解决以下问题。

第一,人脉。在如今的粉丝经济时代,没有粉丝,一切都是空谈。预售的前提就是有足够的粉丝、庞大的人脉。

第二,信誉。预售体现的是人与人之间的信任。如果商家没有任何信誉,就根本不会有人愿意事先付款。所以,在进行预售之前,商家一定要建立良好的信誉。

第三,品质。预售是消费者对商家的高度信任,绝对不能辜负。只有好产品才能开展预售,而且必须能够经受得住市场和消费者的考验。

(三)众筹模式

众筹是一种新兴互联网金融方式,从 2015 年开始迅速发展,现在已经成为一个比较大众的融资方式。但是,在传统的农产品领域采用众筹模式尚属新鲜做法。大致上来说,农产品领域的众筹可分为以下几种模式。

1.农业众筹

农业众筹相对比较简单,是指先向消费者筹集资金,然后再让农民根据需求进行种植,等到农产品成熟后直接送到消费者的手中。农业众筹的过程与预售十分类似,业内人士将这种模式称为订单农业——根据销售组织生产。

农业众筹在我国的发展时间并不长。2014年开始,众筹网陆续推出了一些与农产品相关的众筹项目,但是还没有形成整体架构和规模。直到2015年6月,众筹网才正式宣布进军农业领域,将农业作为平台的重点发展领域,并与沱沱工社、汇源集团、三康安食等大型企业达成了战略协议。

到2016年,农产品众筹已经极为常见,例如众筹网与本来生活网共同推出的"尝鲜众筹"就是农产品众筹的典型代表。

"尝鲜众筹"选择延安宜川红富士作为项目产品,从产品种类的选择上就可以看出两家网站的别出心裁。首先,苹果的消费群体十分庞大,大部分人都吃苹果;其次,虽然对于北上广等消费能力很强的城市来说,红富士十分常见,完全不算特产,但是这两家网站主导的"北纬35°海拔1 000米"的延安宜川红富士非常少见,对消费者有着足够的吸引力。

但是众筹网具有自身独特的创意风格和属性,因此"尝鲜众筹"并不是其最佳选择。同时,农产品的一个显著特征就是长生产链,在产品种植到最终产出这个过程存在很大的不可控性,后续服务很难保证。经过几次尝试后,众筹网就在自己项目的发起规范中限制了"食品、酒类项目、农产品"的众筹权限。众筹网与"大家种"有很大的区别,众筹网注重农产品的原汁原味,不强调创意、情感属性,不讲故事,只重点凸显F2F(家庭直达农场)这一特点,用心做到城市消费者与新农人之间的直接对话。

就当前的农产品众筹发展来说,还需要一段时间进行观念的培养,因为改变消费者的农产品消费习惯需要一个循序渐进的过程。但是随着观念的改变,相信农产品众筹终有登上舞台的一天。

2.农业技术众筹

(1)粮食增产技术。这种技术与杂交水稻技术类似,粮食是人类维持生存的基础,在全球范围内粮食作物生产都是大问题,粮食作物始终占据着重要的市场位置,因此,发展粮食增产技术自然会受到大家的欢迎。

(2)引进新型农作物的种植技术。这种技术的价值在于所引进新型农作物的价值和稀缺性是全世界公认的,通过这项技术可以解决所引进农作物稀缺的问题。

(3)有机化肥农药技术。现在,有机食品备受消费者与企业的重视,围绕"有机"二字能够形成一整条产业链,任何一个不可替代的环节都是值得投资的。

(4)农业信息化、农业物联网建设。虽然就我国目前的农业发展情况来说,实现农业信息化和农业物联网还存在很多困难,但是这两方面都具有不可估量的市场前景。

3.农场众筹

农场众筹的典型案例就是阿里巴巴旗下的"耕地宝"。"耕地宝"是将消费者手中的钱聚集到一起进行投资,投资者不仅可以获得私人农场一年四季的无公害果蔬,还可以免费去当地观光。

4.公益众筹

公益众筹顾名思义就是一种与农产品相关的公益众筹活动,对于农业发展来说,公益众筹是其"希望工程"。目前我国的农业公益众筹主要用于西北沙治和农村建设,以此实现社会资源的更优、更有效配置,推进我国的精准扶贫工程。

除了以上众筹模式,农产品领域还存在股权众筹,新农人可以根据自己的需求选择合适的众筹模式。

(四)会员制模式

会员制通常运用于百货商店、酒店、餐饮等行业,但实际上在农业上也可以运用这种运营模式。会员制的形式和土地认领、众筹相似。但是在服务内容上,会员制与其他两种方式存在很大的区别。因此,要在适合的情况下运用会员制才可以发挥其优势。

会员制相较于认领土地模式和众筹模式,适用范围相对较小,农场经营者可以使用这种模式,会员制的优势在于其独享、专属与定制的特性。例如,一个农庄采用会员制,每位会员的会员费为4万元一年;会员除了每年可以享有4万元的农产品之外,还可以免费到农场参观体验,而普通消费者则没有这种权利。大多数农产品会员制模式要求消费者订购一年的农产品,而商家每个月都给消费者速递农产品。例如蜂蜜,采用会员制模式,客户订购一年的蜂蜜,商家每个月给客户快递一瓶,一年12瓶,每个月都是不同的包装、不同的蜂蜜,这样就可以带给客户不一样的体验。

例如,彬彬农庄就采用了会员制模式,会员费每年达到上万元,一年纯收入就达到了几千万。彬彬农庄的所有人杨学彬说,好的农产品是有限的,因此服务的人也是有限的,而会员制模式可以有效解决这个问题。彬彬农庄的销售渠道有两个,一个是微博,另一个是微信。杨学彬每天通过微博和微信分享好的农产品,感兴趣的会员可以自行下单。他的微博虽然都是广告,但互动性很强,因为他的粉丝都是精准的、认可他的、喜欢看他广告的客户。

可以看出,不同的模式具有其各自的优势,发展农特微商应该充分结合自身情况选择最适合的模式,以此获得良好的运营效果。

第四节 县域电商

一、县域电商发展的意义

2015年5月,国务院下发《关于大力发展电子商务加快培育经济新动力的意见》,进一步明确电商的战略性定位,要求"电子商务与其他产业深度融合,成为促进创业、稳定就业、改善民生服务的重要平台,对工业化、信息化、城镇化、农业现代化同步发展起到关键性作用"。

(一)为大众创业搭建了有效平台

发展县域经济需要鼓励大众创新、创业,而电商创业起步简单,只需要有电脑、网络和淘宝账户就可以实现,启动资金只需几千元,产品由农民生产,发货由物流公司代理,自己只需要用好网络就行。一些青年只要有好产品,方法得当,在网上几个月就能致富,满足了年轻人的要体面、收入好、挺时尚的创业心理。

(二)为农民提高收入增加了有效途径

电商的一个显著优势就是投入小,但收益明显,它有效地将生产和销售有机结合在一起,为人们增加收入提供了有效途径。特别是一些地方特色农产品,长期经受多重中间商的盘剥,农民收益并不高,有了电商平台后,可以直接与消费者见面,不仅大大减少了中间环节,而且农民明显增收。

广西田东作为"中国芒果之乡",相较于传统销售模式,在电商平台获得了更好的销量,通常都采用当天摘果、当天发货的运营模式,3~4 天就送到消费者手中,盈利空间更大,网店比实体店成本低,而且芒果附加值比实体店高。到 2015 年 7 月,已经有 3 500 多家网店销售田东香芒,县物流企业达 50 多家。

(三)促进县域农业转变发展方式

县域农业发展方式借助电商平台可以实现转化,从盲目的生产逐渐转向依靠市场进行理性生产,根据订单投入生产,这样就可以在一定程度上避免供大于求。比如,安徽省绩溪县于 2014年 3 月推出全国首例私人定制农场项目——"聚土地",用户只要提前订购一定数量的土地份额,每个月能够收到土地产出的蔬菜水果,并免费到当地住宿旅行。项目发布短短 5 天时间,曝光点击次数合计达 5 亿次,参与购买人数达到 3 500 多人,总计销售土地 465 亩,项目销售额 228 万元。通过土地流转、返聘务工和提供农家乐餐饮,农民每亩土地增收达 2 000 余元。

(四)开拓县域消费市场的新增长点

近年来我国农村地区得到了快速发展,农民的收入增加,消费水平也随之提升,但是农村消费环境存在一定滞后,而电商为县以下消费品市场提供了便捷通道。

在一些地方,已经出现了专门为村民代理网络购物的淘宝代购客,一般成功购买后收取一定的佣金,也侧面显示了农村人巨大的消费潜力和电商的前景。也正是因为如此,大量的网络和电商企业开始开拓农村市场,兴起了一轮下乡热潮。比如,阿里巴巴开始密集调研农村电商,京东、苏宁等电商巨头开始设立农村配送点,百度、360 等网络企业也开始在农村刷墙做广告,农村电商进一步升温。

(五)有效推动县域经济转型

2014 年中央农村工作会议提出要加强一、二、三产业融合,随即出现了"第六产业",而电商可以有效推动县域三产有机融合。电商在农村的发展不仅是渗透到传统产业之中,更是深刻的影响与再造,甚至是催生农村新的产业,这是农村传统产业模式不可想象的。比如,目前的农产品上网,普遍面临标准化程度低的问题,电商运用现代信息技术和科技手段进行了系统性的产业链改造,这对农业生产方式的影响是深远的。

借助电商平台,县域经济更好地实现转型。县域电商发展可以同时带动生产、加工、储藏、物流和电商服务业等行业的发展,为县域内的就业市场提供了新机会,为县域经济注入了新活力。例如,陕西武功县通过电商将锅盔、麻花、挂面、土织布、猕猴桃等 50 多种特色产品上线销售,带动全省乃至西北地区 30 多类 400 多种线上交易,促进一批传统食品企业转型升级,带动彩印包装企业生产效益明显上升。由此可见,电商将为县域经济转型提升带来持久动力。

二、县域电商的发展策略

伴随县域电商的迅速发展,基础设施落后、政策扶持不足、专业人才缺乏等问题日益凸显。如何破解以上难题,推进县域电商的健康发展,需要持续探索和实践。

(一)借助电商平台促进县域经济转型升级

发展县域电商是一项十分复杂的系统工程,它涉及产业的各个方面,借助电子商务,可以实现大众创业、缓解就业市场压力、创新政企工作、增加农民收入等。对于大部分县域而言,电子商务是发展迅速的新生事物,在基础设施建设方面,政府应着眼于长远,适度超前;在公共服务方面,政府也应鼓励和服务于创新。

第一,立足县情,形成加快推进县域电商发展的强大合力,如用电子商务促进传统流通企业转型升级。

第二,鼓励县内商贸集聚区、批发市场和专业市场建立电子商务平台,促进各相关产业的全面发展。

第三,实施招商引资政策,以此促进县域电商的扩大发展,同时积极培育电子商务企业,让这类企业在市场中起到引领作用。

县域电商的发展,将显著带动仓储物流、运营服务、营销推广、视觉设计、人才培训等本地电子商务服务业的快速发展。从长远来看,本地化的电商服务体系,对促进县域电子商务高效运行、持续创造就业机会、推进转型升级等具有重要的积极作用。

(二)建立县域电商创业园区

随着电子商务的不断发展,当前的电子商务已经形成了高度的细化分工,是一个涉及面很广的产业。电子商务的业务链从产品摄影、美工设计,到业务培训、营销推广,再到仓储、物流……这也是电商园区之所以有集群优势的原因。通过把各市场主体聚集起来,从而提高了电子商务的交易效率,降低交易成本,同时促进电商产业链的快速发展。

园区在建设阶段一定要考虑到未来的发展,与可能涉及的行业、配套设施按照不同阶段不同比重相结合。第一,要根据园区定位进行硬件设施配套,依据园区原有基础进行改造提升。第二,要建立专业化的组织架构和运营团队,建立有效的运行机制,根据园区定位确定运营重点。发展县域电商创业园需要注意以下几点。

1.电商创业园的建设要与当地电商发展阶段相适应

在创业园建设初期,大多数电商为电商初创者,那么创业园的主要功能应该是产业孵化,不需要刚开始就大动干戈。这个阶段的电商创业园,其核心是基础的公共服务要到位。例如,有一些公共的办公空间,有小型的仓储空间,能培训,还有配套的电商服务,而且尽量要靠近城区,以方便创业者出入。电商发展到中后期,随着要素聚集规模越来越大,可以考虑扩大建设,功能分区,配套关联产业。

2.电商创业园必须具有电商特点

一些地方发展创业园就是将其他工业园区换个牌子而已,其本质并没有发生变化,不符合电商发展的基本逻辑,这样的创业园无法吸引电商入驻。有的电商创业园很夸张,连基本的仓储物流都不配套,只有一点办公的物理空间,门可罗雀也就非常正常了。中央一号文件要求,电商创业园要"聚集品牌推广、物流集散、人才培养、技术支持、质量安全等功能服务",现有的许多园区还不完全具备这些功能,可谓建设任务繁重。当然,更重要的还是聚人气,如果电商不愿意入驻,那问题就麻烦了。

3.电商创业园要落实产业

现在讲电商生态,这个生态不仅仅是前端的电商及其运营体系,如平台、网商、服务商等,还有庞大的中端体系,如金融支付、物流仓储等,更有复杂的后端体系,如产业链上的加工企业,配套产业链的彩印包装、实体展示等,以及必要的生活服务。一个电商创业园吸纳电商入驻是必须的,但配套产业的落户也是必须的,否则就像墙头草,根基不稳。

4.促进电商创业园的良性发展

虽然发展县域电商创业园听起来是流行趋势,但是真正实现盈利并不容易。从全国范围看,电商创业园盈利的不多。总体观察,最早的园区多靠政府补贴,第二阶段开始靠物业服务收费,第三阶段提供配套服务,现在又开始着眼风投与项目孵化了。政府的补贴是需要的,但园区运营的自我造血功能却是必备的,否则难以长久运行,这是当前需要共同探讨的问题。

(三)加强人才培养,建立校企融合的培养模式

发展农村电商的一个关键问题在于电商人才培养,因为只有保证电商人才储备充足才能发展农村电商,但是我国当前的电子商务人才存在很大缺口。预测未来五年缺口在 500 万左右,而现在大中专学校培养的电子商务人才对口就业率只有 20%,缺乏实践能力是对口就业率不高的关键。

为了更好地发展县域电商,应该建立校企融合的电商人才培养模式,这样不仅可以为中小型县域电商输送他们需要的人才,同时还可以为学校的电商人才搭建锻炼、实习和就业的桥梁。在合作中,校企双方互相支持、优势互补、资源共享,具有图 4-3 所示的好处。

此外,发展县域电商必须构建人才培训体系。

1.明确培训对象

培养农村电商人才是推动农村电商和县域电商发展的关键,而需要接受培训的人群十分复杂而广泛。一般来说,目前农村电

商培训的对象主要分为大学生群体、农民群体、青年致富带头人、政府机构人员、各类农村专项技能能人以及村企合作组织等。在进行培训之前，培训机构必须对培训对象进行摸底，全面掌握受训对象的文化水平、接受能力、应变能力、转化能力等各项素质，并将培训对象按照不同素质水平分类，因材施教，制定不同的培训计划。

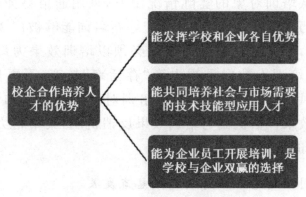

图 4-3　校企合作培养人才的优势

2.明确培训内容

不论开展哪种教育都要做到因材施教，对于农村电商人才培养来说也是如此，必须根据不同的培训对象选择不同的培训内容。面对年龄偏大、网络知识薄弱、农产品电商推广经验不足的受众或没有任何知识的农民群体时，农村电商人才培训需要循序渐进，先从最基础、最简单的课程由浅入深地进行讲解；对于有一定电商基础的养殖大户、返乡大学生或者经纪人，可以进行深层次的农村电商运营培训，或者找到这类群体的共同薄弱环节，进行加强型特训；而对于那些致力农村电商发展的村企合作组织，可以开展定制的电商专业培训，帮助其实现电商能力进阶提升，培养出高素质的电商人才。仙游县政府举办的农村淘宝培训班，就因其培训内容合理明确、适合该地区的农村电商淘宝合伙人而取得了良好的培训效果。

3.明确培训方式

开展农村电商培训的方式是多种多样的,只有选择最合适的培训方式才能获得良好的培训效果。各县的农村电商培训必须依靠正确的培训方式,而对传统落后的培训方式必须进行改良。各县农村电商的培训方式改良可以从两个方面入手:第一,培训方式必须从培训对象的实际情况出发,采用通俗易懂、深入浅出的培训技巧,让"互联网""大数据"等新名词能够被广大农民群体接受;第二,各县的农村电商培训必须以培训效果为最终衡量标准,从重视培训人数向重视电商"存活率"转变,不再依靠"讲座式""头脑风暴式"的教学方法对培训对象单向灌输知识,而应该建立培训效果评估机制与培训效果反馈机制,集中精力培养有头脑、有能力的农村电商带头人。

(四)利用特色产业引领县域电商发展

发展县域电商需要全面了解农村的实际情况,掌握其生产力水平,选择最适合该地的发展路径,一方面要因地制宜,另一方面要突出创新发展。

第一,立足本地资源优势,突出特色品牌,大力发展特色产业,合理区域布局,提高产品品质,优化品种结构,培育龙头企业,以特色产业引领电商发展。

第二,按照"标准化、产业化、规模化"的要求,以产业基地和产业园区为抓手,做好生产规划布局,加强特色产业基地建设。

第三,充分发挥辐射带动作用,充分发挥品牌效应,通过品牌培育为特色产业的销售市场打下坚实基础。

第五章　农村金融

改革开放以来,我国大力推动农村发展,农村金融就是其中一项重要内容,近年来,农村金融改革取得了一定成效,服务于"三农"的资金也不断增加。在乡村振兴战略的背景下,推动农村金融进一步发展和改革成为一项重要工作。

第一节　农村金融供给体系

一、构建新型农村金融供给体系

在较长一段时间,商业性金融显现出的一个主要特征就是高门槛性,这就导致农村地区越来越强的金融需求无法被充分满足,这就要求我们必须改变单一的商业性金融经营模式。因此,将合作性和政策性金融机构与商业性金融机构相结合并发挥好各自的优势是解决农村融资问题的最佳选择。我国农村金融组织体系上是合作性金融机构、政策性金融机构及商业性金融机构并存的模式。多种金融机构形成了一个分工协作互相配合的农村金融体系,能够较好地满足农业和农村发展的资金需求。

(一)合理定位商业性农村金融供给主体

对于我国当前的农村金融体系构建来说,功能异化是一个显著问题,正因为存在这个问题,导致我国的农村金融体系难以充分发挥其在支持"三农"发展方面的作用,同时还在一定程度上加剧了农村金融资金供给不足的问题恶化。虽然我国加大了对农村金融的建设,但是仍然有一大部分的农村存款并没有用于"三农"建设。因此,中国农村金融改革需要参照国有企业"体制外"改革思路,对农村金融发展实行新老划断,在现有以农村信用社为主导的供给体系外,加快培育多元化的新型农村金融供给主体,构建起以新型农村金融机构为主的多层次、多主体、综合化的新型农村金融供给中介体系。

1.正确定位农村金融机构

目前我国农户仍然没有超脱于经济理性,也没有被传统和文化所束缚,农村和农业经济发展,面临的困境以及当前农村金融制度的无力,主要是源于传统农业生产、缓慢的资本积累和现代金融机制的某些非同步性。我们必须探讨中国农户的金融需求究竟是否"有效"这一重要课题。如果单纯从当前正规金融机构所使用的通用信贷技术来看,以传统农区为代表有金融需求的大量普通农户(尤其是贫困农户),往往会因为无法满足金融机构的抵押担保条件而被拒之门外。然而,问题的关键在于,不能简单地将"无抵押和无担保"等同于没有信用(能力)。实际上,通过对低端农贷市场进行问卷调研表明,大量潜在的农户信贷需求不仅是真实的,而且是有效的,这意味着当前关于"大量农户的信贷需求是无效需求"的判断忽略了很大一部分潜在的农户信贷有效需求。随着我国各个领域的不断发展,我国县域产业结构正发生着深刻变革,县域经济发挥越来越重要的作用,在国民经济中的地位不断提升。农村金融机构加快业务经营战略转型进一步强化为"三农"服务的市场定位和责任,充分利用在县域的资金、网络和专业等方面的优势,加大产品和服务创新力度,力争成为县域优质金融服务的提供者和新型金融产品的设计者和推广者,更好地为"三农"和县域经济服务。农村金融机构要做大做强县域业务,充分发挥县域商业金融的主渠道作用,围绕"三农"发展产业化、城镇化、工业化趋势,按照突出重点、分类指导的原则创新产品和服务方式,完善信贷政策和制度并强化基础管理,推进农业信贷业务健康快速发展。

2.发展农村新型合作金融组织,增加农村金融多层次供给

近年来,我国大力发展农村经济,在此过程中显现出地域性、差异性和多层次性等显著特点,在这样的发展背景下,必然出现农村金融需求多样化的问题。不同地区以满足农村金融需求为己任的农村金融组织也就应该具有不同的功能。因此,从功能视角出发,要有利于"三农",农村金融组织就应该多样化。[①] 根据中国农村经济和金融的特点以及现有农村金融结构存在的问题,优化农村金融组织结构的路径在于金融机构的多样化。而实现农村金融机构多样化的途径在于开放农村金融市场,建立多种金融机构并存、功能互补、协调运转的机制,打破和消除垄断格局,真正形成基于竞争的农村金融业组织结构。多种金融机构并存才能促进市场竞争和提高金融市场效率,才能更好地满足多样化的农村金融需求。因此,发展农村微型金融、创新金融服务模式和产品类型已经成为当务之急。

加强农村金融体系建设和完善,充分发挥农村金融机构的作用,就要求我们进一步发挥农村微型金融机构在农村经济建设中的作用,要结合农村企业和农户分散、小型等特征,推进经济农村金融机构和体系的建设。相适应,农村微型金融机构将在农村发挥重要的作用。发展农村微型金融、创新金融服务模式主要从以下几个方面入手。第一,开放农村金融市场,降低微型金融的进入门槛与适度调整和放宽农村地区银行业金融机构准入政策,降低准入门槛与强化监管约束,加大政策支持以促进农村地区形成投资多元、类型多样、覆盖全面、治理灵活、服务高效的银行业金融服务体系,更好地改进和加强农村金融服务功能。第二,开放农村金融市场、营造完善的农村金融环境有利于遏制农村金融资

---

① 何广文.中国农村金融转型与金融机构多元化[J].中国农村观察,2004(02):12—20.

金的大量外流,还有利于形成多种形式金融组织良性竞争的局面、有利于有效动员农民储蓄和民间资金、有利于有序地引导农村闲散资金流向农村生产领域,对民间信用的合法化和规范化有着非常重要的意义。银监会应在降低新型农村金融设立门槛并总结成功试点案例经验的基础上,允许其多渠道筹集资金,经营包括吸收存款在内的业务,并考虑放松其经营的区域限制,以实现跨县域经营;实行有差别的监管政策。

(二)调整优化农村政策性金融机构职能

金融抑制理论和农村信贷补贴理论是我们建设政策性金融的理论基础和依据,按照这些理论提出的观点,农民虽然缺乏储蓄能力,但仍然存在一定金融需求,同时农业的特殊性又使得商业金融机构不愿涉足。因此,政府应该介入农村金融体系、设立政策性金融机构来满足相应的农村金融需求,从而促进农村金融发展。要强化农业发展银行的政策性金融功能,调整农业发展银行的业务范围,统一管理农村政策性业务,可使其承担农村信贷担保业务,为农户和农村产业借贷提供担保;探索其承担政策性农业保险的方式,扩展农村金融的混业化经营,降低改革的制度成本;使政策性金融成为农村金融供给体系的必要补充。

我们设立和发展政策性金融机构时,应该将重点放在中西部等地区以及发展较为落后的地区上,以此更好地对这些地区的经济发展提供有效支持。农村信贷补贴理论的前提是农村居民特别是贫困阶层没有储蓄能力,因此,在这些地方发展政策性金融机构最为合适。农村面临的是资金不足问题,而且由于农业的产业特性,它也不可能成为以盈利为目标的商业银行的客户对象。农业发展银行的业务主要集中在粮食收购贷款上,但是随着粮食产品流通体制的发展和市场化的必然趋势,农业发展银行收购贷款封闭运行的内涵以及收购资金封闭供应与管理方式将发生相应变化,农业发展银行的业务范围将进一步缩减。鉴于此种局面,农业发展银行如果坚持其协调政策实施的职能,就应该更多地倾向于农村金融体系相对落后的农村地区,使其作为农村金融机构的主要支持对象,突出其政策性金融机构的主导作用以引导更多的资金投向农业产业;尝试进一步扩大农业发展银行的资金来源,探索农业发展银行再寻求合作伙伴建立农村基金、农业基金等。

此外,我们需要进一步拓宽农业发展银行的职能和业务范围,还需要充分发挥农业政策性金融机构代行政府职能的作用。第一,要正确认识并明确定位农业发展银行,应该将农业发展银行定位在"以支持农业增产、农民增收、农业发展为己任,保证国民经济持续、稳定运行"的金融机构;第二,要进行融资渠道和融资方式的创新,逐步减少对中央银行和财政的依赖,增加直接融资占比,逐步拓宽融资渠道、增加农业发展银行资金来源;第三,要坚持"保本"经营的底线目标,要建立和完善贷款的风险管理机制,如严格审查贷款项目、确保在实现政策调控目标的同时也保证自身资金的安全性;第四,要从单纯的"粮食银行"转变为支持农业开发、农村基础设施建设、农业结构调整、农产品进出口的综合型政策性银行;第五,要允许农业发展银行开展信贷以外的咨询、项目融资、企业并购、债务重组、承销债券和风险投资等多样化金融业务,以增强其市场应变能力,实现合理的盈利水平,保证其持续性发展。

(三)规范农村民间金融,补充农村金融供给

加强农村金融供给体系的合理合法性是一个关键性问题,这就要求我们必须加强对农村民间金融组织体系的监管和立法,以此为农村民间借贷行为实现规范化、合法化提供支持。农村民间金融组织处于欠发育、不发达状态,农民从民间金融组织中借款的比重非常低,这种状况与民间金融秩序较为混乱有关。首先要充分肯定农村民间金融的作用,确立农村民间金融的合法地位。《中共中央国务院关于 2009 年促进农业稳定发展农民持续征收的若干意见》中指出,要"加快发展多种形式新型农村金融组织和

以服务农民为主的地区性中小银行",其中最亟待发展的就是民间金融组织。国家要对农村民间金融的合法地位和功能给予明确的界定,积极稳步地发展各种农村民间金融组织。对农村民间金融要加强监管,保证其运行规范化。尽管目前民间金融组织在广大的农村地区还不普及,但是伴随着农业经济的发展和农村民间金融从业门槛的降低,农村民间金融组织必然会逐步发展和繁荣起来。建设农村民间金融组织,一方面要充分发挥其利率市场化的优势,以此对银行导向利率不足进行有效补充,另一方面要加强监管,杜绝高利贷的出现和防范违法犯罪现象。国家应该通过恰当手段对农村民间金融组织进行正确引导,让他们依法办事、诚信经营、树立风险意识。逐步建立民间金融监测系统,对农村民间借贷的资金来源、资金投向、利率变动情况等进行定期监测,特别对利率水平、违约纠纷等问题重点关注,及时做出风险预警和提示。

二、培育和创新农村金融市场体系

(一)完善金融资源向农村转移的市场机制

中国邮政储蓄银行于 2007 年 3 月正式成立,其是我国农村金融服务体系的重要组成部分。中国邮政储蓄银行拥有超过 3.6 万个的营业网点,并且其中很大一部分营业网点分布在县及县以下的农村地区,特别是在一些边远农村地区,邮政储蓄已成为当地唯一的金融服务机构,发挥了重要的拾遗补阙作用。由于受到金融管理体制和银行经营管理体制的制约,邮储资金未能足额有效地返回农村使用和支持"三农"发展。对于中国农业银行和中国邮政储蓄银行,政府应通过主导的金融政策和制度创新以及金融机构自身的业务创新进一步加强其在支农领域的商业化改革,坚持以效益为导向自主寻求在农村的职能定位,而不能以牺牲发展的可持续性、依靠行政力量强制开展涉农业务;中国农业银行和中国邮政储蓄银行在农村重点服务领域应按照比较优势原则向农村地区的规模企业、基础设施和现代农业产业集群集中。就我国当前农村金融发展现状来说,中国邮政储蓄银行存款余额主要来自于农村地区,但是通过邮政储蓄渠道返乡的资金并不多,在邮政储蓄自主运用资金中所占比例并不高,也就表明在这方面明显出现了不合理的情况。在面向农村地区居民开展零售和中间业务方面,邮储银行则拥有覆盖城乡的网络优势和庞大丰富的客户信息优势,也可以充分发挥其网络分销功能去代理商业银行和其他金融机构的相关业务;可以通过不断地业务创新和差异化商业服务模式覆盖农村各层次的金融服务需求。

近年来,我国农村利率市场化不断推进,农村的利率定价获得更大的自主权,存款利率不断提升,存贷利差也将随之有所缩小。农村金融机构要适应利率市场化进程,完善利率覆盖风险机制有助于引导金融供给主体的资金回流农村。利率市场化一方面能够提高农村资金资源的配置和使用效率,切实增强农村金融机构提供农村金融服务的融资能力;另一方面还可加快农村金融机构产品、管理和技术创新、提高运营效率,推进农村金融市场的发展。此外,灵活的利率政策能有效动员农村地区的金融资源,显著提高农村金融机构筹资能力、调动农村居民进行货币积累的积极性、提高农民贷款的可获得性。利率市场化是"双刃剑",利率市场化要求农村金融机构对信贷预期风险进行合理定价,要综合判断金融机构的经营业绩,关注由于信息不对称所导致的道德风险问题。农村金融机构必须进一步加快业务转型升级步伐以规避利率风险、实现资产与负债的合理匹配,不断丰富业务品种。

(二)以金融功能观为依据,定位农村金融市场体系

实际上,我们可以将金融资源划分为基础性核心金融资源、实体性中间金融资源和整体功能性高层金融资源三个层次。金融机构是作为金融功能的实际基础而存在的,金融功能是金融机构的延伸和拓展。农村金融机构是农村金融市场功能实现的重要载体,农村金融功能能否实现取决于各类基础性和实体性农村金融资源相互作用的结果,但金融机构目标和金融功能目标不协调可能导致预设的功能偏离。从实体农村金融机构建设向农村金融市场整体功能目标推进,需要完善的农村金融市场体系约束农村金融机构的信贷行为,以解决金融市场垄断条件下的二元目标冲突和政府失灵。金融机构目标和功能目标不一致还可能会造成农村金融市场功能具有内在不稳定性,而农村金融市场垄断更加剧了机构目标和功能目标的背离。我国农村金融改革应该遵循以农村金融主体的需求为导向来确立我国农村金融市场的功能,稳步推进农村金融市场开放以构建多层次竞争性的农村金融市场。提升我国农村金融市场功能的重要保证就是要因地制宜地制定区域性农村金融市场开放政策:对于经济较为发达的农村地区来说,通常会通过引入商业性和外资金融机构的方式,有效地提升其县域金融产品和金融服务的质量;对于经济发达程度较低的农村地区来说,通常需要在一定程度上降低金融准入门槛,将增加农村金融产品和金融服务的数量作为其工作重点。

(三)加强对农村资本市场与保险市场的支持和培育

根据我国当前农村金融的发展来看,有必要加强多元化农村金融发展机制的构建,这就要求我们必须采取恰当的措施扶持和培育农村的资本市场和保险市场。选择性地支持农业上市公司、帮助涉农企业拓宽自己的融资途径可以减少它们对农业银行和农信社的信贷依赖。通过在多层次资本市场的直接融资既可以实现涉农企业经营规模的扩大,又可以促进涉农企业的技术创新与长期投资。从国际经验来看,农村保险市场能否成功主要取决于政府的财政支持力度和支持方式。由于二元经济的长期积累,我国农民的购买力和投保能力相对有限,因此农民难以承担商业性保险公司覆盖农村市场的成本,这就要求政府不仅要提高农民投保费用的补贴比例,还要通过税收优惠、商业费用补贴手段引导和帮助保险公司在农村地区开展业务。通过政府的财政支持和政策扶植实现涉农保险机构与银行部门业务的有效对接,充分发挥协同效应促进农村经济的发展。

(四)进一步完善农村金融市场的基础设施

促进农村金融健康发展,一个重要前提是为其构建良好的政策环境,而加强基础设施建设就是其中一个重要组成部分。农村金融基础设施既包括直接与金融交易相关联的法律规则、信息系统、制度体系和监管体系,也包括影响金融交易成本和便利性的通信网络和交通系统等。从大多数发展中国家的现状来看,农村金融基础设施不仅总体上是落后的,而且远远滞后于城市金融基础设施的发展速度。农村金融基础设施落后的表现:金融法律和金融规则的缺失增加了借贷等合同制定和执行成本、降低了借贷合同制定和执行效率;土地等综合产权不明晰、不完整导致借贷抵押担保品的流转难题普遍存在;农村金融监管不仅在监督和促进既有金融机构方面是无力的,而且明显滞后于各种新型金融机构的发展速度;此外,农村发展问题和政治因素之间始终存在紧密联系,农村市场信用的发展也存在重重困难,这就导致我国农村贷款仍然存在较为严重的信用问题,在偿还方面必须进一步完善。

(五)弱化地方政府对农村金融机构的过度干预

当前,我国农村金融建设中仍然存在地方政府过度干涉的问题,而这就很可能导致农村金融机构信贷决策出现"错配"现象,严重影响农村金融机构的健康发展。在地方政府保护主义的干预下,农村金融机构的信贷资源"错配"的突出表现是农村金融机构信贷资源配置将向地方政府主导型项目倾斜。当可贷资金规模很大或者地方保护主义加强时,农村金融机构的信贷资源"错配"现象将更加严重:即使"三农"项目的收益率大于地方政府主导型项目的收益率,在地方政府保护主义的干预下,农村金融机构的信贷资源配置也将向地方政府主导型项目倾斜。外部金融监管在遏制地方政府的保护主义行为方面具有积极作用,它一方面能纠正地方保护主义所导致的信贷资源过于向地方政府主导型项目倾斜的"错配"现象;另一方面能有效增加国家意欲扶持的"三农"项目的信贷供给。

第二节 构建新型农村金融机构

一、新型农村金融机构的产生背景

(一)新型农村金融机构产生的政策支持

近年来,我国大力推进农村建设,针对这项工作在农村金融市场方面做出了重大调整和拓展,并根据建设要求和进程先后出台了《中共中央国务院关于推进社会主义新农村建设的若干意见》《关于调整放宽农村地区银行业金融机构准入政策更好支持社会主义新农村建设的若干意见》《农村资金互助社组建审批工作指引》《农村资金互助社管理暂行规定》《村镇银行管理暂行规定》《贷款公司管理暂行规定》等法律文件,鼓励相关村镇银行、小额度贷款公司、农村的资金互助社等新型农村金融机构发展。这样的调整能够为农村金融活动提供更广阔的渠道,同时对这几类新型机构分别做出了关于机构性质、市场定位、业务范围、存贷利率、内部管理等非常具体的规定。

(二)新型农村金融机构产生的现实基础

随着中华人民共和国成立,改革开放不断推进,我国农村金融建设获得了巨大发展和进步,但是不得不承认,我国农村金融发展的道路是漫长而曲折的。在农村金融的发展中我们经历过多次改革,我国农村金融市场朝着越来越开放的方向明确地前进,但是,就目前而言,仍存在着诸多的问题和隐患。

在农村金融建设的诸多困难和问题中,银行机构在农村的"大撤退"现象是最令人担忧的问题之一。在我国广大的农村地区,银行的覆盖率本就严重不足,而由于种种原因,从1999年开始,四大国有商业银行纷纷大量裁撤农村的办公网点,甚至撤销了许多县一级分支机构或者其放款权,农村金融基本上与银行业务脱钩。其导致的严重后果是本就"贫血"的农村金融体系更加枯竭,农村经济的发展更加举步维艰,这种状况与中央号召的新农村建设明显背道而驰。

1. 农村金融业务水平提高缺乏内在动力

一直以来,我国农村的金融机构主要是农村信用社和邮政储蓄银行,市场分割和垄断问题很突出。在商业银行大举从农村撤出后,农村金融市场几乎全部被信用社所占领。在没有新型金融机构参与竞争的情况下,信用社就缺少提高业务和改革进取的外部动因,也就达不到更好、更有效地服务农村经济建设的目的。

2. 农村信贷市场供需不平衡

改革开放以后,我国农村生产力大幅提高,经济也有了质的飞跃,各类经济活动都需要信贷资金的支持。据国家在2010年的调研数据显示,到2020年,新农村建设需要的新增资金规模为15万亿元至20万亿元,可以说,我国农村对资金的需求量是巨大的。然而,各家商业银行不断地撤销在农村的营业网点,缩减对农村经济活动的放款规模,只吸储,不贷款,这种对农村经济的"抽血"行为使得我国的新农村建设面临着资金供需严重不平衡、经济发展缺乏活力的被动局面。

3. 农村金融受到严重抑制

许多专家学者通过研究提出,在我国的农村金融活动中,政府的干预性太强,严重影响了农村金融自身的配置功能和运行效率,使得我国农村金融的发展不够活跃,二元性突出,农村经济也就难以繁荣。

二、新型农村金融机构的作用

(一)促进了农村金融市场竞争

随着新型农村金融机构的产生和发展,原有的农村金融机构经受了巨大冲击,在越来越激烈的竞争环境中,原有的农村机构不得不对其产品和服务进行完善和升级,主动进行业务创新和手续精简,对农民和中小企业的金融需求有了更大力度的支持。在这样的发展背景下,绝大部分客户认为村镇银行比其他银行服务更方便、更快捷,其中超过半数的客户认为村镇银行具有很高的服务效率。

随着新型农村金融机构的出现,现有的市场垄断被打破,如果原有农村金融机构不提高服务、改良产品,那么就会在激烈的市场竞争中失去立足之地,也就是说,不能提供优质服务的机构将被淘汰出局。例如,自从四川省的仪陇县仪陇惠民村镇银行和贷款公司成立之后,当地的所有农村信用社就马上开始适应新的形势,并且及时采取相关的措施来提高自身的服务水平:积极主动地开展市场相关需求的调查,并在几个月内就完成了多达 24.5 万农户总计 29 亿元的统一授信工作;提高了农户的授信额度上限,一般的农户的授信额度由原先的 1 万元快速地提高到了 3 万元,特别是对于那些信用高的农户最高的授信已达到了 8 万元;与此同时,积极努力地简化整个贷款的审批程序,全力建立并健全个人信贷服务中心,加大步伐实行称为"一站式"的个人信贷服务;加大创新性服务的品种数目和抵押担保的方式,印制相关的宣传资料 5 万多份,开始积极主动地走进社区和企业开展宣传工作。使得该联社的存贷规模每年能够净增多达 6 亿多元,一举由 2005 年时的省四级农村信用联社快速地发展成为了南充市第一个达到了省等级一级标准的农村信用联社金融机构。[①]

（二）增加了农村资金供给

村镇银行的一个重要功能是将自然人和企业法人的资金集中在一起，利用这部分资金支持农村信贷，而通常村镇银行会通过传统的吸收存款方式进行资金集中。贷款公司则以自己的名义从商业银行批发贷款，然后再通过零售的方式提供给农户和农村中小企业，一定程度上将城市的部分过剩流动性资金引导到更需要资金的农村。农村资金互助社以当地农民及中小企业自愿互助的形式结成一个个小的资金联盟，将农村的资金有效地截留在内部，服务于农民自己的贷款需求。小额贷款公司吸纳股东缴纳的资本金、接受捐赠的资金以及不超过两个银行类金融机构的融入资金，然后将这些资金向农民和农村中小企业提供贷款，有效地扩大了农村信贷资金的来源。

（三）方便了农村金融活动的开展

商业银行等大型金融机构由于各种限制无法完全覆盖农村区域，而这就为新型农村机构的设立提供了条件，它们通常会选择大型金融机构营业网点覆盖率较低的地域发展，这就使大型金融机构和新型农村金融机构相互补充，大大提高了农村地区金融机构的覆盖率，基本扭转了前期严重的"零银行机构乡镇"大量存在的局面，很大程度上提高了农村居民和中小企业贷款的便利性。

（四）丰富了农村金融品种

相较于大型农村金融机构，新型农村金融机构更灵活，可以更好地适应当地农民和中小企业数量小、频率高、周期短、即时性等信贷特点，以此为基础更积极有效地开展业务创新，

---

① 张文远.农村金融[M].北京:北京工业大学出版社,2014,第134页.

研发推出了多样化、差异化的金融产品和服务，有效地满足了不同客户对资金的需求，为复杂多元的农村经济建设提供了全面的助力。

三、新型农村金融机构面临的问题

（一）准入门槛低，抗风险能力差

银监会于 2007 年 10 月，决定扩大调整放宽农村地区银行业金融机构准入政策。将试点省份从 6 个省（区）扩大到全部 31 个省市区。由于准入门槛较低，导致新型农村金融机构的抗风险能力相较于大型金融机构较为薄弱。一是低准入门槛将吸引众多投资者，一些长期从事民间借贷和发放高利贷的人也会积极寻找机会，容易产生"逆向选择"。二是新型农村金融机构的贷款方式以信用贷款为主，风险系数较大，同时还要应对突发性自然灾害、动物瘟疫等不可抗力导致的农户违约风险，然而其自身注册资本实力明显低于一般商业银行标准，自身承担风险的能力较弱。三是服务范围狭窄，组织结构简单，风险识别和风险管理水平不高，控制风险能力较弱。

（二）缺乏健全的法律体系

随着我国不断加强金融建设，金融领域的法律法规也不断完善，但是在农村金融方面的法律还有所欠缺。当前我国对新型农村金融机构还处于探索阶段，没有形成一套完整的法律框架来界定其法律地位，而完善的法律保障是农村金融机构健康良好发展的前提。因此必须加强立法，比如以法律的形式明确农村金融机构的服务对象，依法加大对社会信用的管理力度，对一切不守信用的行为和人员依法追究其法律责任，使新型农村金融机构更好地服务于社会。

（三）资金来源不足且单一

推动新型农村金融机构的建设和发展，一个重要基础就是拥有充足资金，而当前我国在该方面存在资金来源不足的问题，这要求我们必须及时寻找正确有效的解决途径。无论是村镇银行、小额贷款公司还是农村资金互助社，资金来源都是开拓贷款业务的基础。然而由于规模小、网点单一等因素，新型金融机构规模无法扩大，持续性得不到保障。加之市场需求旺盛，而新型农村金融机构存在无钱可贷的现象更加明显。主要原因：一是受限于"农村资金互助社不得向非社员吸收存款"的制度安排。对于贷款公司，"只贷不存"造成了资金约束严重。二是居民普遍认为新型农村金融机构的规模小且又是新鲜事物，信誉度不如"国"字号的银行放心，受传统观念的影响，广大居民对这些小型的新型金融机构感到陌生，认同感不高。许多居民表示不清楚这些新型金融机构的性质，不敢在这些银行存款；一些居民认为很多外国大银行都在金融危机和国内形势的影响下相继倒闭，质疑新型农村金融机构的可靠性，无法给予其充分信任。

（四）缺乏完备的配套政策

农村金融发展相较于城市信贷存在一定滞后，这就导致其信贷担保机制无法与城市相比，农村信贷担保机制仍然存在很多问题，如信贷担保机构实力有限，多为规模较小、资本金少、风险化解能力和代偿能力很低、潜在风险较大的机构，担保的社会服务也有待完善等。另外，农业保险体系不健全，主要表现在：缺乏相关法律的保障、缺乏财政政策的支持、缺乏农业再保险机制和巨灾风险转移机制。

（五）机构成分复杂，政府监管力度有限

新型农村金融机构的主要服务范围集中在乡镇和农村地区，而我国基层银监机构主要集中于距离乡镇较远的中心城市，

设在县城的监管办事处工作人员大多只有三人左右,有的地区甚至已将监管办事处撤销,各监管岗位人员编制有限,很多人员身兼数职,无法组织足够的监管力量对新增机构进行有效监管,同时由于新型农村金融机构多数为一级法人,且机构类型各有不同,因而对新型农村金融机构开展现场监管和实地调查困难重重。

四、新型农村金融机构提升效率的途径

(一)改善新型农村金融机构生态环境

为新型农村金融机构提供良好的生态环境具有重要意义,而想要实现这点就少不了政府的支持,政府必须投入充足的人力、物力和财力,来更好地建设健全新型农村金融机构服务体系,要形成多方合力,共同营造一个良好的金融生态环境。

第一,加强农村诚信体系建设,改善农村信用环境。要积极开展创建信用县、信用乡(镇)村的活动,推动农村各类企业和个人征信体系建设,进一步改善农村信用环境。第二,加快解决农村金融法律法规缺位问题,抓紧推进农村金融市场的法制建设,优化新型农村金融机构经营的法律环境。第三,严厉打击逃废金融债务行为,维护新型农村金融机构的合法权益。第四,转变农业增长方式,提高农业综合生产能力,促进新型农村金融机构生态环境好转,以此增强对农村资金的吸纳能力。第五,建立一个高效稳定的农村金融市场稳定协调机制,及时解决农村金融体系改革过程中遇到的问题,防范和化解金融风险,促进农村金融体制改革顺利进行。

(二)开展全方位的监管

加强农村金融建设的一项重要工作就是对新型农村金融机构进行全方位的监管,金融监管部门应引导新型农村金融机构建

立起完善的法人治理结构和银行组织体系,建立健全内控制度和风险管理机制,帮助新型农村金融机构提高风险防范能力。

1. 建立健全信息披露制度

应该加强新型农村金融机构的信息披露,建立健全相应的制度。例如,可以选择公布一些主要的经济信息,如主要的客户名单、经营指标等,可以由监管机构定期对新型农村金融机构进行评价,然后对外公布评价结果,从而提供给公众准确的信息

2. 建立健全准入制度

对于新型农村金融机构董事和高级管理人员的任职要进行严格的审查。为了让公众放心地对申请者的资信、品行进行评议,还应该开办相应的新型农村金融机构举报制度。

3. 建立健全运营监管制度

由于新型农村金融机构的经营具有高风险性,抵抗风险的能力也相对薄弱,因此谨慎的运营机制是非常必要的。例如,资本充足率标准应该高于其他类型的银行业金融机构,贷款分类标准和流动性比率应该更高,以保障其运营更加安全。

(三)完善服务配套政策

我们需要以农村金融机构服务需求的特点为基础,建立健全合作性金融、政策性金融和商业性金融"三位一体"的金融支农服务体系,从而更充分地满足金融服务需求,提供全方位、多层面、产业化、多元化的金融服务。

推动农村金融发展,必须加强农业信贷建设,这就要求我们必须建立健全农村信贷制度,以此为新型农村金融机构服务创新发展带来更广阔的空间。加快新型农村金融机构信贷主要可以从以下几个方面来进行。第一,不断提高支农再贷款使用效率。支农再贷款对新型农村金融机构增强支农资金实力、引导农村信

贷资金投向、扩大农户贷款、缓解农民贷款难问题都发挥了重要的作用。第二,扩大新型农村金融机构贷款利率浮动幅度区间。贷款利率浮动幅度的扩大,有利于新型农村金融机构根据借款人的风险和效益状况等因素区别定价,进一步加大对"三农"的信贷支持力度。第三,进一步完善扶贫贴息贷款的运作模式。结合国际上扶贫帮困的经验,在总结经验的基础上新增试点地,这无疑为提高农业贷款效率起到促进的作用。

(四)拓宽资金来源渠道

首先,新型农村金融机构应该充分利用各种媒体渠道进行自我介绍和宣传,保证社会公众对其有一个基本认识,了解其基本情况和相关业务,在此基础上,鼓励群众和中小企业将闲置资金存到新型农村金融机构。其次,可以在各地设立合理的分支,把新型农村金融机构的覆盖范围扩大,更有利地吸收资金。再次,新型农村金融机构可以通过其他途径增加融资渠道。最后,鼓励大型商业银行参股新型农村金融机构。可以通过政策驱动,由大型商业银行共同出资,吸取其他社会资金加入的方式构建新型农村金融机构;也可以抓住政策性银行改革转型的良好契机,在支农背景下形成多元参股新型农村金融机构的合作关系。

(五)提高科技投入,推动新型农村金融机构的创新

创新是推动新型农村金融机构持续发展的重要力量,因此,新型农村金融机构应该加大在创新方面的投入,积极挖掘现有设备的潜力,尽可能提高其使用效率,并积极与国有大中型金融机构进行交流合作,拓展服务的范围和内涵;借助电子化及网络等高科技手段,进一步开发服务项目,增加服务功能,提高科技含量和服务质量;创新网上银行业务,形成自身的独特优势和品牌效应,提高自身竞争能力;完善创新电子转账、支付等业务内容;提高汇兑、结算等业务的服务效率,巩固已有的市场份额。

（六）坚持满足农户资金需求，推动产品和服务创新

1.拓展金融服务途径

新型农村金融机构应该探索多种担保、抵押方式，帮助种植养殖大户、专业农户、经济合作组织解决其资金需求问题，如经济林木抵押、土地使用权抵押、保单受益权抵押等，并在成本可算、风险可控的前提下，逐步推出与自身管理相适应、与"三农"和微小企业融资需求相匹配的金融产品和服务，包括保险、代理、担保、个人理财、信息咨询、银行卡等，填补农村地区金融服务空白，同时提升自己的盈利能力，增强自身竞争力。

2.提高金融产品创新能力

新型农村金融机构可以主动和政府合作，扩大金融服务对象，针对农户的需要，研发适合他们的金融产品；也可以加强与商业银行的业务合作，扩大金融供给规模。部分农民有理财的需要，新型农村金融机构可以借鉴城市银行的理财经验，设计适合农民的理财产品。

第三节　创新农村金融产品和服务

一、农村金融产品创新

（一）农村金融产品创新的必要性

改革开放以来，我国农村金融不断发展，从整体上来说这个发展过程主要经过了四个重要时期，即恢复期、调整期、发展期和深化期，在经历了农村金融的不断发展和变革后，我国农村金融

机构的发展取得了巨大的进步。农村金融改革积累了很多有益经验,但也存在很多不足之处,其中农村金融产品缺位、不丰富就严重牵绊了农村金融改革的步伐。目前,农村金融产品主要集中在储蓄存款业务、贷款业务和汇款业务,产品少,服务方式单一,金融服务的效率和质量已经不能够适应农村经济现代化的要求和农民多元化的金融服务要求。随着中国国门的不断开放,面对外资银行强大的竞争压力,中国银行业特别是商业银行除了进行金融体制改革,真正建立起现代金融企业制度以外,当务之急就是要进行金融产品创新,寻找新的利润增长点,延伸商业银行自身的服务功能。农村金融机构应该针对农村经济发展和农户金融需求的特点,加大金融产品的创新力度,丰富农村金融产品。在政策允许范围和风险控制能力以内开发多样化、系列性金融产品,适应农村多元化的金融服务需求。农村金融产品创新的必要性可以归纳为以下三点。

1. 提高农村金融市场有效性的需要

首先,随着我国金融市场的不断发展和创新,金融产品也为了适应人们不断丰富的需求而创新和发展,在这样的背景下,会有大量参与者受到吸引进入市场,交易量不断扩大,竞争加剧,这样金融市场就日趋成熟,市场的有效性不断增加,从而降低了金融市场的交易成本。其次,大量新型金融工具的出现,使金融市场所能提供的金融商品种类繁多,投资者选择性增大。面对各具特色的众多金融商品,各类投资者很容易实现使他们自己满意的效率组合。同时,金融产品创新通过提供大量的新型金融工具的融资方式、交易技术,增强了剔除个别风险的能力。投资者不仅能进行多元化的资产组合,还能够及时调整其组合,通过分散或转移的方法,把个别风险降到较小程度。

2. 培植新的利润增长点,防范化解金融风险的需要

首先,随着农村金融产品的不断创新,会出现大量新技术、新

服务、新工具、新交易,极大地提升了金融机构积聚资金的能力,更充分地发挥出农村金融机构的信用创造功能,使金融机构拥有的资金流量和资产存量急速增长,提高了金融机构经营活动的规模报酬,降低成本,金融机构的盈利能力增强。其次,金融机构可以通过向不同偏好的客户提供不同风险程度的金融产品,将本身所承担的风险降到最低限度,有效地转移风险,同时大量可供选择的金融工具使得金融机构可以根据自己的需要进行资产负债管理和风险管理,为规避风险提供了可能。

3.传统农业向现代农业转化的迫切需要

随着我国经济社会发展,产业结构调整,我国农村经济发展呈现出多元化发展格局,与之相应的农村金融发展必然做出相应调整和改变。种植业特色化、养殖业规模化、农产品加工深度化也受此变化的影响,农户、涉农企业的资金需求呈现出主体多样化、用途多样化、数额增大、投资周期变长等特点。同时,普通农村居民的消费性需求和教育需求不断增加,部分已经富裕的农户的理财要求日益突出。因此,客观经济条件的发展要求农村金融机构从服务"三农"的角度出发,进行业务创新。在信贷与理财产品方面从品种、利率、期限等多方面予以创新,以适应新时代的变化,为农村经济的多样化、多层次性提供专业化、差别化、多元化的金融服务。

(二)农村金融产品创新的路径

1.完善农村信用体系,创新良好的信用环境

推动农村金融产品创新的一个基础条件是为其提供良好的农村信用环境,只有为农村金融发展提供安全的信用环境,才能使金融产品的创新成为可能。信用体系越健全,金融机构产品开发的约束条件就越少,开发的领域越广,贷款主体应用也会更多更灵活。因此,要以农村信用体系建设为切入点,创建良好的农

村信用环境,使信贷双方建立互信机制,形成相互促进、共同发展的良性循环,吸引更多信贷资金投向农村。

第一,加快建立中介信息反馈体系,制定合适的高标准的会计、审计信息披露标准,鼓励扶持律师事务所、会计师事务所等专业化中介机构的发展,借助中介机构的力量完善农村信用体系。对信用好的企业及农户提供更高的信贷额度、更好的服务质量,通过对信用不同的客户实行差异化服务,树立榜样的"示范效应",从而提高整个农村金融市场的信用水平。第二,加快农村企业及个人信用信息系统建设,抓住农村社会信用建设的薄弱环节,全面推进创建信用镇、村活动,以推广小额信用贷款为手段,提高农民社会信用意识,规范农村信用秩序。

2.完善配套政策支持,健全农村金融服务体系

(1)完善配套政策支持

我们应该为农村金融产品创新构建良好的金融创新环境,发挥财政性资金的杠杆作用,由财政出资设立专项资金作为创新试点机构一定比例的风险补偿、费用补贴和增量奖励,对农村金融创新支农力度大的机构执行较低的营业税和所得税率。同时,完善农村金融法规制度,加快金融机构支农责任的立法工作,依靠法律强制力切实保障契约履行和金融市场有序运行。

(2)健全农村金融服务体系

为了促进农村金融产品创新,应该引入竞争机制,构建健康良好的竞争环境,形成服务"三农"的创新合力。建立以农村信用社等合作金融为基础,政策性金融与商业性金融业务适度交叉,农村村镇银行、贷款公司、农村资金互助社、小额贷款公司等四类新型机构为补充的多层次、广覆盖、可持续的农村金融服务体系,培育竞争性的金融市场,拓宽农村经济融资渠道。同时,深化农村金融体制的市场化改革,加快构建多种所有制和多种经营形式、结构合理、功能完善、高效安全的现代金融体系,加快提高银行业、证券业、保险业竞争力,促进农村金融业持续、健康、安全发展。

3. 掌握客户需求,完善农村金融市场产品线

随着市场发展,客户的需求越来越多元化、个性化,为了更好地满足客户需要,农村金融机构必须掌握不断变化的客户需要,提供多样化的金融产品。实现差异化竞争农村金融机构,首先需要确定目标客户群体,了解他们的需求,再根据客户不同的需求创新金融产品。这要求金融机构必须具备敏锐的观察力,对市场反馈回来的信息,经过适当筛选、取舍,确定新产品的特性。同时,设计产品时要设计相关的格式性文件和产品使用程序,根据不同客户设计不同的合同条款、会计凭证格式、理财计划的要求及传递程序等,使之具有更强的可操作性。同时,农村金融机构应学习商业银行成功经验,探索形成有效抵押品的制度创新,鼓励抵押品的各种替代形式,促进抵押市场的多样化;大力推广农村消费信贷业务,包括农村住房消费信贷、大额信用贷款、生源地助学贷款等;加强金融支付阶段的城乡联通,构建城乡通用的现代化支付结算系统,积极推广信用卡业务,发展个人支票和通存通兑业务;采取多种形式,壮大农村金融机构的资金实力;积极培育农村产权交易市场,进一步拓展农村金融市场的融资渠道,及时掌握客户金融需求,完善农村金融市场产品线,提供多样化、多层次的金融产品。

4. 以农村金融市场为基础发展中间业务

中间业务相较于传统的资产、负债业务具有一定优势,因为其不需要占用金融机构的资产,也不会产生负债,可带来较为稳定的收入,具有较强的服务性。它不仅能够提供多样化的金融服务,适应社会经济生活和经济发展的要求,而且能通过中间业务起到服务客户、稳定客户、促进银行传统资产负债业务发展的作用,更重要的是它成本低、风险小、收益高,能够为金融机构带来巨额的利润,有极其旺盛的生命力和巨大的发展空间,为此农村金融机构应该积极在中间业务的产品上进行创新,寻找新的利

润点。

农村金融机构在创新中间业务产品时,应该大力开展相关领域的咨询业务,农村金融机构可以通过为农户、个体私营企业及经济联合体开展有关资产管理、负债管理、风险管理、投资组合设计、家庭理财和评估等多种咨询业务,掌握农村金融市场需求动态,有针对性地开发新型金融产品,为农村提供全方位的金融服务,最大限度地争取客户,开拓业务,也为农村金融机构开创一个增加中间业务收入的广阔的发展空间。另外,还可以增加代理业务的服务种类和业务范围,积极抢占代理业务市场。也可以开展租赁业务,大力开拓市场,提高自身收入。

5.建立创新制度体系,营造良好的制度环境

健全合理的制度体系是金融产品创新的基础,只有保证金融产品创新具有良好的制度环境,才能保证其可以获得实质性的进展。

(1)要明确落实责任,开展全方位的产品创新活动。金融机构的有关部门应该结合本专业特点,制订本专业的产品创新计划。如个人金融部门,主要负责储蓄种类的研制,不断开发出适应不同储户需要的新储种;信贷部门则应根据市场变化和客户情况,创新贷款方式等。

(2)要建立激励机制,广泛开展征集合理化建议活动。工作在一线的员工,最了解顾客需要什么样的服务。因此,对其提出的合理化建议、有重要参考价值的提议,应给予适当奖励;对提出可行的产品创新方案,应给予重奖。另外,上级社或上级行可以适当放宽基层信贷产品与服务创新权限,但要做到鼓励创新的同时预防创新过度。

(3)金融机构要建立包括信贷管理、风险管理、产品营销和监管服务在内的一整套制度体系,将风险控制在可承受的范围之内。监管部门应结合农村金融服务对象的特殊性,研究制定既符合加强监管、防范风险的要求,又适应农村经济发展不同层面服务对象的金融需求的监管标准和要求。

6.加强人才培养,构建人才队伍

在知识经济时代,人才是社会发展的核心动力,在金融领域同样如此,人才是金融产品创新的关键和基础保障。农村金融机构必须加强对现有金融从业人员的职业培训和职业道德教育,增强其现代金融意识和业务素质,还要创新用人机制,吸引、开发和留住人才,配备一些知识化、年轻化、多技能、懂业务、善管理的复合型人才。可以面向社会选拔人才,招录一些金融专业高层次人才和计算机专业的优秀人员;而现有人员,应该加大培训,选拔一批文化基础较好的人员到专业院校学习深造;还要善于发现人才,使用人才,把懂经营会管理、具有开拓创新精神的人员推向领导岗位;对于紧缺人才,金融机构应该适当地实行收入倾斜政策,以此加强对相关人才的吸引力,例如,对具有高学历的创新型紧缺人才适当给予物质奖励,稳定现有人才队伍,吸引更多高素质人才加入农村金融事业;此外,还应该建立适应农村金融行业的分配机制,按照工作人员的职责、绩效确定薪酬,将绩效考核作为确定个人薪酬高低的核心因素,充分调动员工的积极性,另外对有产品创新建议和方案的人员进行额外的奖励,使员工有能力、有动力为金融产品创新服务。

二、农村金融服务创新

我国农村金融面临着体系不健全、产品不丰富、基础设施缺乏等诸多问题。为更好地服务于"三农",应该从政策、金融工具、服务等方面加强创新,以满足"三农"对金融的需求。

(一)农村金融服务创新的必要性

1.有利于促进农村金融体制改革

为了更好地促进农村经济发展,我国调整放宽农村地区银行业金融机构准入政策,中国农业银行回归农村、政策性银行商业化运作、中国邮政储蓄银行定位农村,乡镇银行、专业贷款组织、信用合作组织、小额信贷组织等金融机构在农村市场相继建立。这些机构要想在农村金融市场竞争中立于不败之地,必须要有良好的金融服务做保障。

2. 有利于促进农村经济的发展

随着改革开放不断推进,农村改革的步伐也不断迈进,农村发展改变了原有的农村经济格局,农业生产组织化程度越来越高,农户基于发展需要对农村、农业发展提出了更多要求,扩大农业生产经营已经不再是农户的唯一需求,随着社会现代化建设,农村产生了消费性需求、教育需求等,并且这些需求还在不断增加和增强。从客观层面来说,农村经济发展具有多层次、多类型、多领域的特征,这就要求我们在培育和发展农村金融机构时必须加强服务手段、服务功能的创新,以此为农村发展提供更全面的金融服务,为农村经济发展搭建良好的农村金融环境。

3. 有利于推进新型城镇化建设

随着城镇化建设的不断推进,农村居民对金融服务的需求越来越多,不论是生产还是生活都与金融服务有着千丝万缕的关系。从农业生产的角度来说,农户需要充足的资金购买生产资料以实现扩大生产、投资办厂等目的,从日常生活的角度来说,农民需要充足的资金购买耐用消费品、盖房等。近年来,我国大力推进农村建设,推进精准扶贫,调整和升级农业产业结构,同时大力推进小城镇加速建设,在这样的背景下,农村房地产、医疗卫生、文化娱乐等产业也得到了迅猛发展,而从实践来看,这些建设工作都少不了农村金融的支持和服务。可以看出,随着农村不断发展,农村金融已经与农户的生产经营、日常生活建立了密切关系,同时,农村金融也是我国推进农村建设、实现乡村振兴的基础。

（二）农村金融服务存在的问题

1.投资渠道单一

当前,我国农村金融机构已经得到了较大发展,但从整体上来看仍然比较保守,投资渠道相对单一,这就导致虽然设立了农村金融机构,但无法充分发挥农村金融机构的作用,同时还在一定程度上影响了农村经济的发展。目前,农村金融机构主要功能是对农业生产进行投资,例如,向农民放贷,帮助其购买种子、化肥等农资,投资渠道十分单一。我国农村近年来的发展速度较快,很多农村企业、农村生产合作组如雨后春笋般成立,他们拥有热门项目、先进的生产技术以及广阔的市场,发展前景很可观。但是他们往往在建立之初缺少资金,作为服务于农村的金融机构要对他们进行帮助,同时也扩大自己的投资渠道。农村金融机构应该放开经营思路,除了传统的投资方式外,积极开发新的投资项目。

2.融资渠道单一

我国农村发展相较于城市发展比较滞后,这同样也体现在农村金融发展方面,由于发展条件受限,农村金融机构的融资渠道相对单一,这对于农村金融的进一步发展造成了严重不良影响。发展农村金融产业,一个重要的问题就是有效地扩展农村金融机构的投资渠道。长期以来,我国经济存在发展不均衡的情况,其中城乡经济发展不均衡是一项具体表现,在这样的背景下,大量资金和项目都集聚在城市地区,而这又进一步加大了城乡发展不均衡的程度,为了缩小城乡差距,促进农村发展,必须引导资金和项目流向农村。当前,农村经济不断发展,农村居民对物质生活的要求也不断提高,这就为我国农村金融发展提供了条件,但农村金融机构缺少资金,这就需要扩展融资渠道以更顺畅地获得发展所需资金。就我国当前的农村金融机构资金来源来说,吸收存款、贷款利息、办理中间业务手续费等是其获得资金的主要渠道，虽然也有一些农村信用社成员投资，但这不足以满足农村金融机构发展产生的越来越多的融资需要。农村金融机构无法像其他金融机构那样，通过债券融资、风险投资以及基金投资等方式融资，这种单一的融资渠道很大程度上限制了农村金融机构的发展，也延缓了农村的建设和发展。

3.服务网点不足

近年来我国加大了对农村金融的扶持，促使农村金融得到了较快发展，大力培育和发展村镇银行、小额贷款公司等新型农村金融机构。但我国农村金融网点分布不均匀，甚至一些与"三农"直接联系的乡镇一级都没有设立相应的金融网点，同时，新型金融机构虽然得到了一定发展但仍处于试点和探索阶段，从整体市场来说这些金融机构并不能形成较强的竞争，也就无法通过竞争推动创新和进一步发展。

4.服务效率低下

虽然我国农村金融机构在建设方面近年来有了一定发展，产品和服务的种类越来越多，质量也在稳步提升，但仍然存在服务效率低下的问题。就我国农村金融机构服务的现状来看，从业人员的专业能力、职业素养、服务态度、工作效率等均存在不足，同时，农村金融机构的服务项目也较少，无法满足越来越丰富的农村金融需求。农村金融机构的服务水平与其发展存在直接联系，同时服务水平会影响客户及投资者的信心，较低的服务水平会延缓农村金融机构的发展。随着市场经济发展，各行各业都面临着激烈的市场竞争，因此先要提高自身竞争力，不仅要提升技术水平，提升服务水平也是一个重要方面。很大一部分农村金融机构的员工知识水平较低，缺乏专业知识，并且员工年龄普遍偏大在一定程度上影响了工作效率，同时员工素质不高，对待客户的服务态度欠佳，鉴于此，农村金融机构想要实现进一步发展就必须重视人才的选拔和培养,建立健全人才选拔机制,开展定期和非定期的业务培训,制定科学合理的绩效考核方法。

(三)农村金融服务创新的途径

1. 改善农村信用环境

在市场经济中,金融既是资金又是信用媒介,实现农村金融的良性发展,对金融风险进行有效管控,一个重要前提就是构建良好的农村信用环境,这是降低农村金融交易成本的重要内容,同时也是开展农村金融服务创新的基础环境。因此,改善农村金融生态环境势在必行。

实际上,当前农村的农户联保贷款可以看作是一个微小农村信用市场环境的缩影。当一个农民违约,这种行为就很可能对其他农村的合法权益造成损害,但农村的乡土市场空间相对受限,有条件实现信息的充分流通,以此为基础,可以建立起一个对违约失信进行市场惩罚的机制。这种机制一方面使其他农民不再和失信农民打交道,另一方面金融机构不再会为这类农民提供任何形式的信用担保,违约失信农民未来将面临很大损失。因此,在农村建立公共信用信息平台,平台上充实各类农村经济主体的信用数据并随时发布,就能有效地构建"优胜劣汰"的农村信用市场环境。此外,还必须提供真实、完整、准确的财务状况、经营状况和信用状况信息。而要做到这一点,农村信用中介组织的作用尤为突出。

2. 加强对农村金融服务创新的政策支持

虽然我国农村金融机构已经将服务创新作为一项重要工作,但从当前的发展实际来看,这种探索仍处于起步阶段,这就要求政府为其提供良好的政策支持,也就是说政府应该采取相应的财政政策、货币政策提供支持,并采取适当的监管政策配合,以此使农村金融服务创新可以有一个良好的外部环境。在财政政策方面,应减免提供创新型金融服务的金融机构的营业税、城镇建设维护税及相关附加费用,降低金融机构的经营成本,建立新型涉农贷款激励制度,对金融机构新型涉农贷款进行适当奖励,但实行这一政策必须对农村小额贷款进行严格界定,防止资金回流到城市并套取税收优惠。另外,应适当降低涉农金融机构所得税税率或返还所得税。建立由省级财政统筹的涉农金融机构所得税专用账户,集中使用,专项用于核销新型金融产品亏损和问题贷款。进一步对涉农金融机构的金融服务的利率、费率进行补贴,把财政补贴通过涉农金融机构传递给农民,保证农民是最终受益者,而涉农金融机构仍体现其自身的商业性。在货币政策方面,对涉农金融机构的支持可增加其可用资金数量,缓解农村的资金供求矛盾。既要利用存款准备金率等效力很强的货币政策工具,又要根据具体情况和各机构的流动性状况,综合采取再贷款支持、再贴现支持、涉农优惠利率及监管部门窗口指导等多种政策工具对涉农信贷给予必要支持。此外,随着金融服务不断创新,农村金融的风险管控已经成为一个重要问题,其对农村金融的可持续发展具有直接影响。因此,在这样的背景下,必须加强对农村金融的监管,以此为农村金融发展和农村金融服务创新提供良好的监管环境。

3.明确创新为"三农"服务的理念

农村金融机构想要实现发展、获取利润,就必须为客户提供他们需要的特定金融服务,因此,农村金融机构首先要做的就是转变传统服务理念,真正树立客户至上、因客而变、真诚服务的理念,尽可能高质量地提供满足客户金融需求的服务,只有这样才能赢得客户。

(1)以客户为中心创新服务

在新的市场环境下,转变金融服务理念尤为关键,农村金融机构必须树立"以客户为中心,以市场为导向"的创新服务理念,变被动服务为主动服务,主动贴近市场、走近客户,认真调查分析客户特别是农村客户对金融服务的需求、意见,不断改进服务,创新金融产品,不断提升金融服务质量,以此提高优质客户忠诚度,增加竞争力。

（2）重视服务质量管理

农村信用社服务一直都以农民作为其主要服务对象,对金融服务水平普遍要求不高,但是随着近年来农村发展,农民进城数量不断增加,农村金融机构也逐渐向城市化靠拢,这就要求农村金融机构必须将提高服务质量,加强服务质量管理作为一项不得不重视的工作。服务质量是取信于客户的基础,因此农村信用社应当着手提升服务质量管理,推进客户满意度管理,加强员工教育,树立员工"客户至上"的先进服务意识,塑造农村信用社服务品牌。同时要采取品质化管理手段,严格控制服务流程,持续改进金融服务项目,并加强以预防差错、风险为主的控制,有效提高金融服务质量。

（3）加强县域差别化服务

不同地区的经济发展情况不同,县域金融市场需求、客户层次等方面均存在一定差异,因此,农村金融服务创新必须将市场细分作为一项重要工作,以此为基础为不同地区的客户提供差别化金融服务,以更好地满足客户需要。一般国内银行的市场细分集中在两方面:一是对客户分层,比如贵宾客户、普通客户;二是对客户分群体,比如公务员群体、学生群体等。而农村信用社进行市场细分工作时需注意县域差别化,比如进行客户分层时,在山区经济欠发达地区算是高端客户,到了沿海发达地区只能算作普通客户。

第六章　智慧农业

习近平总书记在党的十九大报告中提出,我们要大力实施乡村振兴战略。2018年政府工作报告中也明确指出,在农业领域我们要科学制定规划,健全城乡融合发展体制机制,依靠改革创新壮大乡村发展新动能。提高农业科技水平,推进农业机械化全程全面发展,深入推进"互联网＋农业"。① 可以看出,大力发展智慧农业已经迎来了最佳时机。

第一节　农业数字化与信息化

一、农业信息化和农业数字化的关系

随着科学技术不断发展,农业也逐渐向数字化、信息化的方向发展,虽然数字化和信息化都是现代农业发展的重要标志,但二者并不是相同的概念,农业信息化和数字农业既有区别,又相互联系。农业信息化是农业与现代信息技术的融合,是信息技术在农业领域广泛应用和全面渗透的过程。农业信息化包括农产品流通信息化、农业产业经营管理的信息化、农业科学技术信息化、农业生产管理的信息化。主要特征有以下几个方面。

---

① 政府工作报告——2018年3月5日在第十三届全国人民代表大会第一次会议上[EB/OL]. http://www.gov.cn/xinwen/2018－03－22/content_5276608.htm.

（一）高效性

农业产业相较于其他产业具有市场风险和自然风险并存的特征，这就导致农业生产经营需要及时把握各种信息，这是降低风险的重要前提。农业信息化的主要目的之一就是将农业信息进行收集、加工并向下传递，引导农民认识信息资源重要性，树立信息观念，及时了解农业信息，以便尽可能按照完备、准确的信息来对生产经营活动进行相应安排。农业信息化，不仅有利于将最新科技成果及时、准确、合理地运用于现代农业生产，使土地的生产力有大幅度提高，还有利于进一步加快农业产业结构优化升级，加快传统农业与信息技术相结合，有利于降低成本，提高综合效益。另外，农业信息化可以在农业产前、产中和产后的全过程中为农民及时提供便捷的信息咨询与技术指导，实现合理节约用水、无害化处理、健康饲养、科学用药、配方施肥，引导农业生产由粗放型向精细型、集约型转变。农业信息化还可以对农村环境进行实时监测，有利于农村环境保护。

（二）社会公益性

我国人口众多，其中很大一部分为农村人口，组织结构相对松散，由于我国幅员辽阔，区域分布并不均衡，这就导致农村农业信息化的成本相较于其他社会发展信息化需要更多成本。虽然改革开放以来，我国农业和农村有了较快发展，但是农业弱质产业的特性和城乡二元结构的存在决定了农村经济落后、农民收入偏低和农业增效困难的情况。农民既没有技术能力，也没有足够的经济实力来推进农村农业信息化建设。我国"三农"发展具有特殊性和重要性，农民支付能力的缺乏以及农村社会信息化建设成本高等问题，在一定程度上决定农村农业信息化建设只能由政府采取公共投入的方式进行，即作为公益性事业，向农村社会成员以公共产品的形式免费或半免费提供，只有这样，才能够推进农村农业信息化建设。

（三）内容复杂性

我国国土面积大，地理环境具有多样性，不同地区适宜不同农作物的生长，这就导致不同地区的农产品种类、生产规模等均存在较大差异，并且不同农产品的生长规律也并不相同，地方地形、气候等资源因素和自然因素多种多样，并且农产品的加工、制造、销售和消费等经济活动因不同的农产品而不同。另外，我国农村农业管理部门多，涉及面比较广。目前涉农信息资源主要分散在各类农业院校、农业科学研究机构以及民政、农林渔牧、商务、环境保护、气象、劳动与社会保障等政府部门中，如何整合这些资源，在技术和机制上来说毫无疑问是一项复杂的工程。同时，也缺少一个运行机制和组织系统对分散在广大农村中的信息资源进行整合，这些因素都决定了农业信息资源内容多、数据量大并且具有较强复杂性的特征。

（四）动态性

随着科学技术不断发展，我国不断推进农村农业信息化建设，这是一个持续进行的动态发展过程。现代信息技术的发展日新月异，农村农业信息化建设也在新技术的推动下不断向前发展，从电视、广播、电话到有线和无线网络，从互联网技术到物联网、云计算等，我国农村农业信息化建设在探索中不断前进。正是由于信息化建设具有动态性，因此我们必须坚持动态发展的观念，明确每一阶段的特点和任务及其要解决的主要问题，对症下药，采取不同的方法，实现在动态中不断调整，继而实现信息化建设的不断发展。

（五）发展长期性

对于我国当前的农业和农村建设来说，农村农业信息化是一项重要内容，并且这也是推进现代农业发展的一项长期历史任务。按照我国当前的发展规划，从现在到 2020 年是全面建成小康社会的关键时期,到中华人民共和国成立一百周年的时候基本实现现代化,可见,农业现代化和社会主义新农村建设需要几十年的艰苦努力。从另一个角度来讲,即使基本实现了现代化,从信息化自身看,它也是一个需要充分利用信息资源不断实现信息技术创新,促进经济发展方式的转变,实现信息有效共享与交流,推动工业农业社会向信息社会转变的长远历史进程。另外,基层农业服务人员和农民是农业信息化的主要服务者和应用者,这是一个思想守旧、数量大、文化素质较低、新鲜事物接受速度较慢的人群,这也使得农业信息化在推进的过程中,必然经受很大阻力,需要长期的适应发展。

(六)差异性

我国自始以来就是农业大国,这就决定了农业发展对我国整体发展的重要性,农业信息化不仅对农业经济具有重要作用,对国民经济也发挥着重要作用。但当前,农业信息化建设的需求与我国实际情况有一定差距。第一,农村人才流失,这就导致农业信息化人才严重短缺。大量的农村劳动力随着我国新农村建设向城镇转移,并且农村基础环境建设不到位,很难吸引优秀专业技术人才来农村工作,这都是导致农村的农业信息化人才急剧缺乏的原因。第二,各地区间的差距较为明显。东部沿海地区经济发展水平较高,农业生产经营者信息需求强烈,信息意识高,他们对农业信息的投入也越来越多;而中西部地区与东部地区与以上地区相比差距较大,经济发展相对滞后,农业生产经营者对农业信息的需求欲望不够强烈,信息意识水平较低。第三,农业信息传递要求高与农业基础设施落后之间的矛盾突出。现代化的农业信息的传播需要快捷方便的现代化通信设备,而现在大部分农村地区的基础设施落后,与发展农业信息化的现实要求差距较大。

数字农业实际上是实现了农业与计算机辅助设计和工业可控生产的有机结合,在农业生产的各个环节渗透信息技术,随着现代农业发展,数字农业已经成为农业发展的重要部分。依据实现功能、操作对象的尺度大小的不同,数字农业表现出一定的层次性,主要内容包括对农业不同行业(种植业、水产业、畜牧业、林业等)、不同要素(技术要素、生物要素、环境要素、社会经济要素)、不同部门(服务、生产、教育、科研、流通、行政等)、不同水平(分子、细胞、器官、个体、群体、社会水平)、不同过程(经济过程、环境过程、生物过程)的数字化设计、表达、管理和控制。数字农业具有如下几个特点。

1.数据多样性

数字农业涉及大量数据信息,不同生产环节涉及不同数据信息,这些数据信息具有多维、多源、大量和时效性强的特点。一般来说,我们可以通过实地调研、管理部门、气象部门、测绘数据等途径获得数据信息。不仅数据来源不同,数据格式也多种多样,包括文本数据、图形数据、音频数据、视频数据以及遥感影像等。对于这种海量、多维数据,特别是时态数据的组织与管理,仅仅依靠现有的数据库管理软件是很难有效实现的,因此需要研究新一代的时态数据库管理系统,进而形成相应的时态空间信息系统。并且要求这种时态空间信息系统不仅可以形象地显示时空和多维数据分析后的结果,还可以有效地存储空间数据。

2.及时性

数字农业将信息技术与农业相结合,通过计算机辅助决策技术和网络技术促进农业发展。数字农业可以通过收集关于作物产量、水分条件、地貌、地形、土壤等方面的数据信息构建数据库,对土壤肥力因素、农作物的生长情况、土地利用现状、病虫害和灾情分布等进行实时监测、模拟分析、网络传输和动态存储,达到对农业生产过程的实时调控。进而可以指导农民对各种变化情况及时准确地实地采取相应措施,降低农业生产的风险。

3.自动化和智能化

数字农业借助计算机技术,自动化和智能化是其基本特征,这主要表现在农业机械操作的自动化和智能化上。通过智能化、自动化的农业机械进行农业作业,可以轻松做到空间精确、时间精确、数量精确、质量精确以及预测精确。

通过以上分析我们看出,农业数字化和农业信息化之间既存在一定联系又存在一定区别。随着信息技术的不断发展,农业信息化是农业整体的发展方向,农业信息化要求在农业的各个领域(科研、管理、流通、生产、教育等)都要实现信息化;而数字农业是在农业信息化的基础上,更加强调数字化特征。数字农业是农业信息化的核心内容,同时也是农业信息化的必由之路。农业信息化和数字农业的共同点是以信息技术为支撑,以信息资源为基础,全面应用信息技术,促进生产力和经济快速发展。数字农业的研究对农业信息化的建设起到大力推动作用,同时农业信息化的发展也会为数字农业奠定更加坚实的基础,两者密切相关,不可分割。

二、现代农业信息化发展趋势

(一)信息化成为现代农业发展的制高点

在当前的知识经济时代,科学技术是推动产业发展的核心力量,是推动人类社会持续发展的重要能源。从全球农业生产发展进程可以看出,每一次科技和工具上的重大突破,都将农业推上一个新的台阶,推向一个新的历史时期。

信息技术在21世纪得到了飞跃式发展,这在我国的农业生产经营中也有所体现,尤其是随着农业现代化发展的不断推进,信息化技术在农业生产经营中逐渐得到了广泛应用。农业信息化在农业生产经营管理、农业信息获取及处理、农业专家系统、农业系统模拟、农业决策支持系统、农业计算机网络等方面都极大地提高了我国农业生产科技水平和经营效益,进一步加快了农业现代化发展进程。目前,农业信息化的应用和发展主要呈现出以下特征。

1.农业信息网络化迅猛发展

据估计全国互联网上的农业信息网站超过5万家。农业信息网络化的发展,使广大农业生产者能够广泛获取各种先进的农业科技信息,选择和学习最适用的先进农业技术,了解市场行情、政策信息、及时进行农业生产经营决策,有效地减少农业经营风险,获取最佳的经济效益。

2."数字农业"成为农业信息化的具体体现形式

随着大数据技术的发展,该技术越来越多地应用在各个领域,农业大数据就是大数据的理念、技术和方法在农业领域的具体应用与实践。我国已进入传统农业向现代农业加快转变的关键时期,突破资源和环境两道"紧箍咒"制约,破解成本"地板"和价格"天花板"双重挤压,提升我国农业国际竞争力等都需要农业大数据服务作为重要支撑。

3.农业信息化向农业全产业链扩散

随着农业信息化的发展,信息技术的应用不再局限于农业系统中的某一有限的区域、某一生产技术环节或某一独立的经营管理行为。它的应用已扩展到农业系统中的农业生产、经营管理、农产品销售以及生态环境等整个农业产业链的各环节和各领域。

当前,网络信息技术在农业领域的应用越来越普及,现代农业的发展离不开对信息化技术的应用,现代农业与信息技术的有机融合为农业生产的各个领域带来了新的活力,以物联网、大数据、云计算、移动互联、人工智能等为主要特征的信息技术和科技手段与我国农业、农村与农民深入跨界融合,为我国由传统农业向现代化农业实现转型升级不断积蓄力量。

(二)信息技术助推农业全产业链改造和升级

从农业全产业链的角度来看,信息技术有效地推动了现代农业全产业链的不断升级,现代农业对信息技术的应用带动了我国农业生产智能化、经营网络化、管理数据化和服务在线化水平的不断提升。

1.农业大数据积极实践

随着现代信息技术发展,大数据技术成为广泛应用于各个领域的现代化技术。具体来说,大数据是指海量数据的集合,是国家的基础性战略资源,大数据已发展为发现新知识、创造新价值、提升新能力的新一代信息技术和服务业态。农业大数据作为大数据的重要实践,正在加速我国农业农村服务体系的革新。基于农业大数据技术对农业各主要生产领域在生产过程中采集的大量数据进行分析处理,可以提供"精准化"的农资配方、"智慧化"的管理决策和设施控制,达到农业增产、农民增收的目的;基于农村大数据技术的电子政务系统管理,可以提升政府办事效能,提高政务工作效率和公共服务水平;基于农业农村海量数据监测统计和关联分析,实现对当前农业形势的科学判断以及对未来形势的科学预判,为科学决策提供支撑,成为我国农业监测预警工作的主攻方向。目前,农业大数据在我国已具备了从概念到应用落地的条件,迎来了飞速发展的黄金机遇期。

2.电子商务迅猛发展

在"互联网＋"时代,电子商务迎来了飞速发展。电子商务是以网络信息技术为手段,从事商品交换业务的商务活动,是传统商业与网络信息技术的有机结合。电子商务与农产品经营深入融合,突破时间和空间上的限制,正在转变我国农产品的经营方式,农业电子商务依托互联网已经成为推动我国农业农村经济发展的新引擎。一是电子商务加速了农产品经营网络化,解决农产品"卖难"的问题,增加农产品销售数量,并倒逼农业生产标准化、规模化,提高农产品供给的质量效益,提高了农民的收入水平;二是电子商务促进了农业"小生产"与"大市场"的有效对接,从一定程度上改变了以往农产品产销信息不对称的局面,农民可以主动调整农业生产结构,规避生产风险,提升了农业生产的效率;三是电子商务拓展了农产品分销渠道,解决农产品销路不畅的窘境,提高了农民生产农产品的积极性。

3.物联网技术有机融合

物联网技术是信息技术发展到一定程度的产物,也是实现智能化的基础,随着物联网技术与农业生产的有机融合,使农业自动化控制、智能化管理等成为可能,很大程度上提高了我国农业生产效率。物联网技术基于信息感知设备和数据采集系统获取作物生长的各种环境因子信息(感知层),结合无线和有线网络等完成信息的传送与共享(传输层),将信息保存到信息服务平台(平台层),基于模型分析,通过计算机技术与自动化控制技术实现对作物生长的精准调控以及病虫害防治(应用层),降低农业资源和劳动力成本,提高农业生产效率。近年来,随着芯片、传感器等硬件价格的不断下降,通信网络、云计算和智能处理技术的革新和进步,物联网迎来了快速发展期。据统计,2017年全球物联网设备数量达到84亿,比2016年的64亿增长31‰,2020年物联网设备数量将达到204亿。① 物联网未来在农业生产领域将发挥越来越重要的作用。

(三)精准农业促进农业生产过程高效管理

信息技术在现代农业发展中起到了越来越重要的作用,在农

---

① 2018年物联网行业现状分析 中国物联网产业发展取得长足进步[EB/OL]. https://www.qianzhan.com/analyst/detail/220/180323-d108e508.html.

业生产的过程中,依靠网络信息技术基本上实现了精准农业,精准化是现代农业发展的重要特征和趋势。精准农业是按照田间每一操作单元的环境条件和作物产量的时空差异性,精细准确地调整各种农艺措施,最大限度地优化水、肥、农药等投入的数量和时机,以期获得最高产量和最大经济效益,同时保护农业生态环境,保护土地等农业自然资源。

可以看出,现代农业生产与信息技术具有密不可分的联系,信息技术在现代农业生产中发挥着不可取代的重要作用。在产前阶段,通过传感器、卫星通信等感应导航技术,可以实现对农机作业的精准控制,提高农机作业效率;在产中阶段,通过精准变量施肥、打药控制技术,可以实现肥料的精确投放,提高肥料利用效率;在产后阶段,利用采摘机器人,可以实现对设施园艺作物果实的采摘,降低工人劳动强度和生产费用。

(四)信息化成为破解农业发展瓶颈的重要途径

改革开放以来,我国在各个领域获得了飞跃式发展,农业领域同样得到了长足发展,我国农业发展速度得到了快速提升,但不可否认的是,我国农业生产整体水平仍然处于传统农业生产阶段,当前最主要的任务是推动我国农业的现代化发展。人口的增长、资源的短缺以及环境污染的日趋加重,严重制约着我国农业的可持续发展,因此我国迫切需要转变农业发展方式,加快农业结构调整,而农业农村信息化建设成为破解以上难题的重要途径。

1.人口增长和资源约束,要求我国提高农业生产能力

改变传统的生产方式,迫切需要突破产业发展的技术瓶颈,而信息技术在这方面将大有可为。目前我国农业信息化建设在数据库、信息网络、精细农业以及农业多媒体技术等领域都取得了一定突破,这些技术成为我国农业提质增效,破解我国农业发展瓶颈的新引擎。

2.农业生产影响因素多,要求我国提高信息收集和处理能力

我国农业属弱势产业,受自然因素、经济因素、市场因素、人为因素影响较大,对信息的需求程度要高于其他行业。开发农产品供需分析系统、市场价格预测系统和农业生产决策系统等,可辅助农业生产者合理安排相关生产,减少生产盲目性,最大限度地规避来自各个方面的风险。

3.基础知识和技术支撑受限,农民信息能力较差

由于信息技术在农村地区普及较晚,导致我国农民信息资源利用的意识和积极性不足,缺乏有效利用信息技术的知识和能力,农业信息传播效率不高。信息进村入户工程,通过开展农业公益服务、便民服务、电子商务服务、培训体验等服务途径,提高农民现代信息技术应用水平,正在成为破解农村信息化"最后一公里"问题的重点农业工程。截至 2016 年 10 月,我国已在 26 个省(自治区、直辖市)的 116 个县试点建成运营 2.4 万个益农信息社,[①]为农民打通了信息获取通道,探索出了一系列切实可行的农业农村信息化商业运行模式。

第二节　智慧农业环境构建

一、营造良好智慧农业环境的重要性及现状

(一)生产信息化环境是提升农业生产智能化水平的基础

农业是国民经济的基础部门,直接关系一个国家最基本的民

---

① 陈艺娇.农民得实惠、企业有钱赚、政府得民心 信息进村助力"三农"新跨越[J].农家参谋,2016(12):6—7.

生问题。因此,农业的发展程度对于国家发展来说具有重要意义,而农业的信息化、智慧化程度可以从某种角度反映农业的发展情况。物联网技术在农业生产和科研中的引入与应用,将是现代农业依托现代信息化技术应用迈出的一大步。物联网技术与农业结合可以改变粗放的农业经营管理方式,提高动植物疫情、疫病防控能力,确保农产品质量安全,保障现代农业可持续的发展方向。

近年来,我国大力推进物联网的发展,国家物联网应用示范工程智能农业项目和农业物联网区域试验工程建设已经成为我国重要的建设工作,是我国在建设农业信息化道路上的重要探索之一,已经取得重要阶段性成效。我国已经在黑龙江、江苏、内蒙古、新疆、北京等多地相继开展了国家农业物联网应用示范工程,同时在天津、上海、安徽等地开展了农业物联网区域试验工程。

物联网的发展和应用为各个领域实现智能化提供了可能,在农业方面也是如此,农业通过对物联网设备的应用很大程度上提升了自身的智能化水平。在大田种植方面,大田种植物联网在"四情"监测、水稻智能催芽、农机精准作业等方面实现大面积应用,大幅提升生产设备装备的数字化、智能化水平,加快推广节本增效信息化应用技术,提高农业投入品利用率,改善生态环境,提高产出品产量和品质。在畜禽养殖方面,畜禽养殖物联网在畜禽体征监测、科学繁育、精准饲喂、疫病预警等方面被广泛应用。如我国建设的"物联牧场"工程,实现了畜禽养殖的身份智能识别、体征智能监测、环境智能监控、饲喂护理智能决策。在水产养殖方面,水产养殖物联网在水体监控、精准投喂、鱼病预警、远程诊断等方面大规模应用。如将物联网设备用于养殖水质实时监控、工厂化养殖监测、水产品质量安全追溯、养殖专家在线指导等方面,实现养殖全产业链的监控和重点养殖区养殖生产的智能化管理,有效提高水产养殖生产效率,促进水产养殖业转型升级。在设施园艺方面,设施园艺物联网在环境监控、生理监测、水肥一体化、病虫害预测预警等方面实现智能化水平明显提升。

此外,我国还不断加强农业公共服务平台的建设,积极运用物联网技术,大大提高了平台的标准化,为农业物联网技术应用、集成创新、仿真测试、主体服务提供了良好的硬件设施和软件环境。先后接入了北京市农林科学院设施云公共服务平台、中国农业大学水产物联网平台、天津奶牛养殖物联网应用平台、黑龙江农垦精准农业物联网应用平台、江苏水产养殖物联网应用平台、安徽小麦"四情"物联网监测平台、山东设施蔬菜物联网应用平台等国内领先的农业物联网应用服务系统。

(二)经营网络化环境是发展农产品电子商务的基础

农业是国民经济的基础部门,是关乎民生的基础性行业,其具有地域性强、季节性强、产品的标准化程度低等特点,并且由于其具有这些特点导致其具有较高的自然风险和市场风险。电子商务是通过电子数据传输技术开展的商务活动,能够消除传统商务活动中信息传递与交流的时空障碍。农业电子商务把线下交易流程完全搬到网上,将有效推动农业产业化的步伐,促进农村经济发展,最终实现传统农业交易方式的转变。

随着网络信息技术的发展,我国电子商务迅猛发展,在农业与电子商务有机融合后,农业电子商务成为我国电子商务领域中最具潜力的产业形态之一,而农业电子商务的发展也在很大程度上推动了我国农业现代化和产业化发展。农业电子商务异军突起,农产品电子商务保持高速增长,电商平台不断增加,农产品电商模式呈现多样化发展,正在形成跨区域电商平台与本地电商平台共同发展、东中西部竞相进发、农产品进城与工业品下乡双向流通的发展格局。统计数据显示,2016 年农产品网络零售交易额超过 2 200 亿元,比 2013 年增长 3 倍以上,农产品电商交易平台已超过 4 000 家。自 2010 年至今,阿里平台农产品销售额的年均增速为 112%,农产品销售额在 2010 年达 37 亿元,在 2013 年淘宝网生鲜产品(包括水产、肉类和水果)的增速高达 195%,居所有品类排名首位。2013 年全国生鲜电商交易规模 130 亿元,同比增长 221％。我国农产品电商发展势头迅猛。[①]

农产品的质量安全是一个社会公众极为重视的问题,尤其是随着人们对健康的关注越来越强,这更促使农产品的质量安全成为不可忽视的重要问题。基于此,我国已经初步构建了农产品质量安全追溯体系,有效支撑了农产品电子商务健康、快速发展。在技术层面,二维码技术作为农产品"身份证"开始投入应用,移动终端的扫码引擎结合移动互联网、WiFi 应用环境,配合平台数据库、云计算等形成数字防伪系统,让农产品质量安全信息追溯有了技术保证。在主客体层面,追溯体系开始用于质量安全管理、产销管理、渠道推广和品牌经营,基地直供、基地加工、基地营销式企业追溯体系覆盖的农产品正在逐步增加。在标准制订层面,《农产品质量安全追溯操作规程通则》《食品可追溯性通用规范》《食品追溯信息编码与标识规范》等标准以及多项行业标准,为规范追溯体系建设创造了基础性的条件。从监管服务层面来看,除了建立群众举报、投诉渠道外,政府主管部门还专门搭建并向用户开放了 12312 产品追溯管理服务平台、成立了国家 OID 注册中心和 OID 公共服务平台,以及 i-OID 农业追溯公共服务平台等。农产品追溯体系建设不断完善,最终实现农副产品从农田到餐桌的全过程可追溯,保障"舌尖上的安全"。

此外,农业的发展形式越来越多样,不断涌现出新的农业电子商务平台和模式,这在很大程度上丰富了我国电商发展的模式和理论;农产品网上期货交易稳步发展,批发市场电子交易逐步推广,促进了大宗商品交易市场电子商务发展;新型农业经营主体信息化应用的广度和深度不断拓展,大大提升了我国农业产业化经营水平。

(三)信息化管理、服务和基础支撑能力不断加强

大数据技术与农业的有机融合有效地推动了农业农村管理

---

① 唐珂."互联网＋"现代农业的中国实践[M].北京:中国农业大学出版社,2017,第 12 页.

的效率提高,对于农业现代化建设来说具有重要的作用和意义,并且农业大数据已经逐渐成为支撑和服务我国农业现代化发展的重要基础性资源。

农业管理信息化不断深化,初步实现了农业管理过程的规范化、自动化和智能化。首先,金农工程建设成效显著,建成运行 33 个行业应用系统、国家农业数据中心及 32 个省级农业数据中心、延伸到部分地市县的视频会议系统等。[①] 信息系统已覆盖农业行业统计监测、监管评估、信息管理、预警防控、指挥调度、行政执法、行政办公等七类重要业务。部省之间、行业之间业务协同能力明显增强。其次,农业部行政审批事项全部实现网上办理,信息化对种子、农药、兽药等农资市场监管能力的支撑作用日益强化。再次,建成了中国渔政管理指挥系统和海洋渔船安全通信保障系统,有效促进了渔船管理流程的规范化和"船、港、人"管理的精准化。最后,农业数据采集、分析、发布、服务的在线化水平不断提升,市场监测预警的及时性、准确性明显提高,创立中国农业展望制度,持续发布《中国农业展望报告》,影响力不断增强。

通过积极利用各种信息化技术,我国农业服务信息化程度和水平不断提高,农业信息服务体系、平台和机构也在此过程中得到不断完善。从以下几个方面就可以看出我国在该方面取得的成绩。首先,"三农"信息服务的组织体系和工作体系不断完善,初步形成政府统筹、部门协作、社会参与的多元化、市场化推进格局,实现了由单一生产向综合全面、由泛化复杂向精准便捷、由固定网络向移动互联的转变。其次,12316"三农"综合信息服务中央平台投入运行,形成了部省协同服务网络,服务范围覆盖到全国,年均受理咨询电话逾 2 000 万人次。第三,启动实施信息进村入户试点,试点范围覆盖到 26 个省份的 116 个县[②],实施信息进

---

① 唐珂."互联网+"现代农业的中国实践[M].北京:中国农业大学出版社,2017,第 13 页.

② 农业部关于印发《"十三五"全国农业农村信息化发展规划》的通知[EB/OL]. http://www.cac.gov.cn/2016-09/02/c_1119498697.htm.

村入户工作,整省推进,公益服务、便民服务、电子商务和培训体验已经进到村、落到户,信息惠农的广度和深度不断拓展。

农业基础支撑能力明显增强,持续支撑我国农业农村信息化建设。一是部省地市县五级贯通的农业网站群基本建成,行政村通宽带比例达到95%,农村家庭宽带接入能力基本达到4兆比特每秒(Mbps)①,农村网民规模为2.11亿,占整体网民的26.3%②,农村互联网普及率不断提高。二是农业信息化科研体系初步形成,建成了农业部农业信息技术综合性重点实验室、专业性重点实验室和科学观测实验站,大批科研院所、高等院校、IT企业相继建立了涉农信息技术研发机构,研发推出了一批核心关键技术产品,科技创新能力明显增强。三是农业监测预警团队和信息员队伍初具规模,以政府引导、市场主体的市场化、可持续运营机制初步建立。农业信息化标准体系建设有序推进,启动了一批国家、行业标准制修订项目,初步构建了农业信息化评价指标体系。成立了农业信息化标准化技术委员会,认定了106家全国农业农村信息化示范基地。

二、构建良好智慧农业环境的途径

(一)加强人才培养,提供智力支撑

推动农业现代化建设,加快智慧农业发展,最基础也是最核心的力量就是人才,因此,我们必须加强人才的培养,为智慧农业发展提供良好的人才环境,为农业发展输送具有较强现代信息能力和现代农业和市场营销能力的复合型服务人才。一是实施农村电子商务百万英才计划。对农民、合作社和政府人员等进行技

---

① 农业部关于印发《"十三五"全国农业农村信息化发展规划》的通知[EB/OL]. http://www.cac.gov.cn/2016-09/02/c_1119498697.htm.

② 第42次中国互联网络发展状况统计报告[EB/OL]. http://www.cbdio.com/image/site2/20180821/f4285315404f1ce5de3e03.pdf.

能培训,增强农民使用智能手机的能力,积极利用移动互联网拓宽电子商务渠道,提升为农民提供信息服务的能力。有条件的地区可以建立专业的电子商务人才培训基地和师资队伍,努力培养一批既懂理论又懂业务、会经营网店、能带头致富的复合型人才。二是加强高端人才引进。通过人才引进政策和待遇落实机制,吸引专家学者、高校毕业生等网络信息人才投身"互联网+"现代农业,形成一批应用领军人才和创新团队。

同时,我们应该建设并完善储备梯次人才体系,以此为智慧农业发展提供足够的人才储备。这就要求我们做到以下几点。一是完善农业农村信息化科研创新体系,壮大农业信息技术学科群建设,科学布局一批重点实验室,依托国家"千人计划""长江学者奖励计划""全国农业科研人才计划"等人才项目,加快引进信息化领军人才。加快培育领军人才和创新团队,加强农业信息技术人才培养储备。二是建立完善科研成果、知识产权归属和利益分配机制,制定人才、技术和资源及税收等方面的支持政策,提高科研人员特别是主要贡献人员在科技成果转化中的收益比例。三是实施网络扶智工程。充分应用信息技术推动远程教育,加强对县、乡、村各级工作人员的职业教育和技能培训。支持"三支一扶"人员等基层服务项目参加人员和返乡大学生开展网络创业创新,提高贫困地区群众就业创业能力。

(二)培育信息经济,推动产业协同

1.推进信息经济全面发展

信息时代,推动智慧农业发展必须充分利用信息技术,这就要求我们大力发展信息经济。第一,面向农业物联网、大数据、电子商务与新一代信息技术创新,探索形成一批示范效应强、带动效益好的国家级农业信息经济示范区;第二,发展分享经济,加快乡村旅游、特色民宿与大城市消费人群的精准衔接,加大农机农具的共享使用,加快水利基础设施的共建共享;第三,加快"互联网＋"农业电子商务,大力发展农村电商进一步扩大电子商务发展空间。力争到 2020 年,初步建成统一开放、竞争有序、诚信守法、安全可靠、绿色环保的农村电子商务市场体系,农村电子商务与农村一二三产业深度融合,在推动农民创业就业、开拓农村消费市场、带动农村扶贫开发等方面取得明显成效。

2. 推动产业协同创新

推动农业现代化建设和智慧农业发展,需要加强农业与其他产业的一协同创新,以此实现农业的产业链延伸,并推动农业更好地实现智能化。第一,构建产学研用协同创新集群,创新链整合协同、产业链协调互动和价值链高效衔接,打通技术创新成果应用转化通道;第二,推进线上线下融合发展行动,推动商业数据在农业产供销全流程的打通、共享,支持数据化、柔性化的生产方式,探索建立生产自动化、管理信息化、流程数据化和电子商务四层联动、线上线下融合的农业生产价格模式;第三,完善城乡电子商务服务体系,加大政府推动力度,引导电子商务龙头企业与本地企业合作,充分利用县乡村三级资源,积极培育多种类型、多种功能的县域电子商务服务,形成县域电子商务服务带动城乡协调发展的局面;第四,开展"电商扶贫"专项行动,支持贫困地区依托电子商务对接大市场,发展特色产业、特色旅游,助力精准扶贫、精准脱贫。

(三)加强顶层设计,强化组织领导

1. 构建良好的顶层设计结构

全面贯彻农业农村经济工作新理念,主动适应把握引领经济新常态的大逻辑,紧紧围绕推进农业供给侧结构性改革这一主线,进一步完善"互联网＋"现代农业的顶层设计、细化政策措施。遵循农业农村信息化发展规律,增强工作推进的系统性整体性,统筹各级农业部门,统筹农业各行业各领域,统筹发挥市场和政

府作用,统筹农业农村信息化的发展与安全,立足当前、着眼长远,上下联动、各方协同,因地制宜、先易后难,确保农业农村信息化全面协调可持续发展。

2.构建良好的组织领导体系

推动农业协调发展必须加强组织领导,要制定严格的制度,为智慧农业发展提供良好的组织领导环境。建立"互联网＋"现代农业行动实施部际联席会议制度,统筹协调解决重大问题,切实推动行动的贯彻落实。联席会议设办公室,负责具体工作的组织推进。建立跨领域、跨行业的"互联网＋"现代农业行动专家咨询委员会,为政府决策提供重要支撑。瞄准农业农村经济发展的薄弱环节和突出制约,把现代信息技术贯穿于农业现代化建设的全过程,充分发挥互联网在繁荣农村经济和助推脱贫攻坚中的作用,加快缩小城乡数字鸿沟,促进农民收入持续增长。

3.重视实践探索,加强经验总结

与智慧农业发展相关的各个地区和部门应该做到主动作为,要进一步完善相应的服务,对智慧农业健康发展予以正确引导,并且用动态发展的眼光看待智慧农业发展环境,在实践中大胆探索创新,相互借鉴"互联网＋"融合应用成功经验,促进"互联网＋"新业态、新经济发展。有关部门要加强统筹规划,提高服务和管理能力。各地区要结合实际,研究制定适合本地的"互联网＋"行动落实方案,因地制宜,合理定位,科学组织实施,杜绝盲目建设和重复投资,务实有序推进"互联网＋"现代农业行动,推动智慧农业发展。

(四)加快技术创新,推进产业融合

1.加强信息技术与农业产业的融合发展

首先,从农业生产的角度来说,应该加强现代信息技术与农

业生产的深度融合,这主要是指物联网、大数据、空间信息、智能装备等现代信息技术与种植业、畜牧业、渔业、农产品加工业的全面深度融合和应用,构建信息技术装备配置标准化体系,提升农业生产精准化、智能化水平;其次,促进农业农村一二三产业融合发展,重构农业农村经济产业链、供应链、价值链,发展六次产业;最后,建立新型农业信息综合服务产业,大力发展生产性和生活性信息服务,加快推进农业农村信息服务普及和服务产业发展壮大。

2. 推进自主先进的技术生态体系建设

发展智慧农业的重要基础是运用各种先进技术,因此我们必须构建良好的基础生态体系,为其发展提供良好的技术环境。第一,要按照农业发展的实际需要列出核心技术发展的详细清单和规划,实施一批重大项目,加快科技创新成果向现实生产力转化,形成梯次接续的系统布局;第二,围绕智慧农业,推进智能传感器、卫星导航、遥感、空间地理信息等技术的开发应用,在传感器研发上,瞄准生物质传感器,研发战略性先导技术和产品,研发高精度、低功耗、高可靠性的智能硬件、新型传感器;第三,围绕农业监测预警,加强农业信息实时感知、智能分析和展望发布技术研究,时刻研判产业形势,洞察国内外农产品市场变化,提升中国农业竞争力和话语权;第四,构建完整的农业信息核心技术与产品体系,打造"互联网+"现代农业生态系统。围绕"三农"需求加快云计算与大数据、新一代信息网络、智能终端及智能硬件三大领域的技术研发和应用,提升体系化创新能力。

(五)完善基础设施,夯实发展根基

首先,发展智慧农业需要推动"宽带中国"战略实施,加强信息基础设施建设,建成高速、移动、安全、泛在的新一代信息基础设施。根据实际情况,明确发展目标。力争到 2020 年,98% 的行政村实现光纤通达,有条件的地区提供 100 Mbps 以上接入服务

能力,半数以上农村家庭用户带宽实现 50 Mbps 以上灵活选择；4G 网络覆盖城乡,网络提速降费取得显著成效。通过推进宽带乡村建设,力争中西部农村家庭宽带普及率达到 40%。

其次,加强对先进网络信息技术的应用,推动以移动互联网、云计算、大数据、物联网为代表的新一代互联网基础设施的建设。以应用为导向,推动"互联网＋"基础设施由信息通信网络建设向装备的智能化倾斜,加快实现农田基本建设、现代种业工程、畜禽水产工厂化养殖、农产品贮藏加工等设施的信息化。构建基于互联网的农业科技成果转化应用新通道,实现跨区域、跨领域的农业技术协同创新和成果转化。

最后,推动智慧农业平台建设,主要包括农村电子商务综合管理平台、公共信息服务平台、商务商业信息服务平台等,充分利用互联网等现代技术,提高农业生产经营的智能化水平。把实体店与电商有机结合,使实体经济与互联网产生叠加效应。加快完善农村物流体系,加强交通运输、商贸流通、农业、供销、邮政等部门和单位及电商、快递企业对相关农村物流服务网络和设施的共享衔接。加快实施信息进村入户工程,搭建信息进村入户,这条覆盖三农的信息高速公路,把 60 万个行政村连起来,把农业部门政务、农业企业、合作社衔接起来,吸引电商、运营商等民营企业加入进来,为农民提供信息服务、便民服务、电子商务,实现农民、村级站、政府、企业多赢。

第三节 智慧农业经营和服务管理

一、智慧农业经营管理

(一)新型农业经营主体服务平台

改革开放以来,我国农业发展环境发生了天翻地覆的变化,城镇化进程推进、农村劳动力减少、劳动力成本上升，同时政府还制定了国家土地流转政策，这些转变促进我国农业从土地高度分散、家庭个人作业方式为主、产业化程度低的发展模式，逐渐向集约化的规模农业进行转变。由此，新型农业经营主体（合作社、种植大户等）将成为未来现代农业发展的中坚力量。

国务院印发的《关于积极推进"互联网＋"行动的指导意见》中也将构建新型农业生产经营体系放在首位，指出："鼓励互联网企业建立农业服务平台，支撑专业大户、家庭农场、农民合作社、农业产业化龙头企业等新型农业生产经营主体，加强产销衔接，实现农业生产由生产导向向消费导向转变。"

推进农业现代化发展要求我们构建新型农业生产经营体系，也就是说必须根据农业发展要求创新农业生产经营机制，以此为基础，探索出一条生产技术先进、适度规模经营、市场竞争力强、生态环境良好的新型农业现代化道路。农业的转型升级必须依靠科技创新驱动，转变农业发展方式，要把现代社会中各种先进适用的生产要素引进和注入农业，从过度依赖资源向依靠科技人才、劳动者素质等转变。培育新型农业生产经营体系，首先，重点是支持和培育种养殖大户、农民专业合作社、家庭农场、农业企业等新型生产经营与产业主体，它们是未来农业生产的主要承担者，是实现农业现代化的主力；其次，要依靠科技来发展农业，把物联网作为现代农业发展的重要渠道、平台和方向，加大研发、推广与应用力度；最后，应该充分考虑生态环境可持续发展这一重要问题，推动农业现代化建设，发展智慧农业，必须协调并兼顾农业高产高效与资源生态永续利用，以有效解决资源环境约束为导向，大力发展资源节约型和环境友好型农业。通过构建新型农业生产经营体系，必然会为现代农业发展与农业现代化的实现插上翅膀，让百姓富与生态美在发展现代农业中得以有机统一。

现代农业相较于传统农业对新型农业经营主体提出了更高的要求，传统农业中，农业生产个体户通常只重视农产品的种植，但现代农业则要求他们必须将农业生产的全产业链(采购、生产、流通等)诸多环节进行整合。在新型农业经营主体整体实力较弱的前提下,如何培育新型主体,依靠新兴的力量帮助农业新型主体发展壮大是一个亟待解决的问题。互联网的本质是分享、互动、虚拟、服务,充分发挥互联网的优势,通过互联网技术与外部资源的对接,将打开整体服务于新型农业经营主体的局面。以互联网为依托,构建新型农业经营主体服务平台,将为农民带来更多便利的服务,充分地让新型农业经营主体、农资厂商、农技推广人员等都参与其中,共同实现其价值。

(二)农村土地流转公共服务平台

发展现代农业要求我们加强土地流转,开展适度规模经营,这是智慧农业经营管理的一项重要内容。土地流转服务体系是新型农业经营体系的重要组成部分,是农村土地流转规范、有序、高效进行的基本保障。建立健全农村土地流转服务体系,需要做到以下几方面。

1.建立政策咨询机制

由于土地的特殊性质,农村土地流转具有很强的政策性,其与农民的生产生活具有直接关系,因此必须秉承科学决策、民主决策的基本原则。为此,需要建立政策咨询机制,更好发挥政策咨询在土地流转中的作用。

(1)构建政策咨询体系

建立土地流转专家咨询机构,开展多元化、社会化的土地流转政策研究;实现政策咨询制度化,以制度保证土地流转决策的专业性、独立性;完善配套政策和制度,形成一个以政策主系统为核心,以信息、咨询和监督子系统为支撑的土地流转政策咨询体系。

(2)注重顶层设计与尊重群众首创相结合

土地流转改革和政策制定需要顶层设计,也不能脱离群众的实践探索和创造。要善于从土地流转实践中总结提炼有特色、有价值的新做法、新经验，实现政策的顶层设计与群众首创的有机结合。此外，农村土地流转涉及农民就业、社会保障、教育、卫生以及城乡统筹发展等方方面面的政策，需要用系统观点认识土地流转，跳出土地看流转，广泛征集和采纳合理建议，确保土地流转决策的科学性。

2. 健全信息交流机制

想要保证土地流转质量高、效率高，就必须建立健全信息交流机制，但我国当前在这方面做得并不完善。当前，我国农民土地流转信息渠道不畅，导致土地转出、转入双方没有充足的选择空间，土地流转范围小、成本高，质量也不尽如人意。政府部门应加强土地流转信息机制建设，适应农村发展要求，着眼于满足农民需要，积极为农民土地流转提供信息服务与指导；适应信息化社会要求，完善土地流转信息收集、处理、存储及传递方式，提高信息化、电子化水平。各地应建立区域土地流转信息服务中心，建立由县级土地流转综合服务中心、乡镇土地流转服务中心和村级土地流转服务站组成的县、乡、村三级土地流转市场服务体系。在此基础上，逐步建立覆盖全国的包括土地流转信息平台、网络通信平台和决策支持平台在内的土地流转信息管理系统。

3. 完善价格评估机制

建立健全农村土地流转市场，必须建立并完善价格评估机制，因为土地流转价格评估是实现土地收益在国家、村集体、流出方、流入方和管理者之间合理、公平分配的关键。因此，必须完善土地流转价格评估机制。

一是构建科学的农地等级体系。农村土地存在等级、肥力、位置等的差异，不仅存在绝对地租，也存在级差地租。应建立流转土地信息库，对流转土地评级定等，制定包括土地级差收入、区域差异、基础设施条件等因素在内的基准价格。二是制定完善流转土地估价指标体系。建立切合各地实际、具有较高精度的流转土地价格评估方法和最低保护价制度,确保流转土地估价有章可循。三是建立完善流转土地资产评估机构,引入第三方土地评估机构和评估人员对流转交易价格进行评估。四是建立健全土地流转评估价格信息收集、处理与公开发布制度。信息公开、透明是市场机制发挥作用的前提。应建立包括流转土地基准价格、评估价格和交易价格等信息在内的流转土地价格信息登记册,反映流转价格变动态势,并通过电子信息网络及时公开发布。五是建立全国统一的流转土地价格动态监测体系,完善土地价格评估机制。

自从我国制定并开始实施土地流转制度,各地也相继实施农地流转试点,在政策支持下我国成立了农村产权交易所,构建农村土地入市平台,建立县、乡、村三级土地流转管理服务机构,发展多种形式的土地流转中介服务组织,搭建县乡村三级宽带网络信息平台,及时准确公开土地流转信息,加强对流转信息的收集、整理、归档和保管,及时为广大农户提供土地流转政策咨询、土地登记、信息发布、合同制定、纠纷仲裁、法律援助等服务。

(三)农业信息监测平台

1.农业灾害预警

农业生产存在较大的自然风险,受到农业灾害的威胁,因此进行科学有效的农业灾害预警具有重要意义。具体来说,农业灾害主要包含三种,即农业气象灾害、农业生物灾害以及农业环境灾害,农业灾害是灾害系统中最大的部门灾害。农业灾害的破坏作用是水、旱、风、虫、雹、霜、雪、病、火、侵蚀、污染等灾害侵害农用动植物、干扰农业生产正常进行、造成农业灾情,也就是灾害载体与承灾体相互作用的过程。有些灾害的发生过程较长,如水土流失、土壤沙漠化等,称为缓发性灾害,大多数灾害则发生迅速,称为突发性灾害,如洪水、冰雹等。

农业生产与农业灾害有直接联系,一旦发生农业灾害就很可能会对农业生产造成沉重打击,甚至对社会产生一定负面效应。首先,农业灾害会直接对农户的生产生活造成危害。其次,农业灾害导致与农业生产相关的工业、商业、金融等社会经济部门受到影响。资金被抽调、转移到农业领域用于抗灾、救灾,扶持生产或用于灾后援助,解决灾区人民生活问题,导致其他部门的生产计划受到影响,不能如期执行;在建或计划建设项目被推迟,延期或搁置;社会经济处于停滞甚至衰退萧条的状态等,最终影响到国家政权的稳定。综上所述,可以看出对农业灾害进行预警对于增强人们对农业灾害的认识,进一步提前制定相应的减灾决策以及防御措施,保障社会效益具有重要意义。

2. 农产品市场波动预测

农业是国民经济的基础部门,农产品市场价格与民生息息相关,同时还关系着社会稳定。因为,维持稳定的农产品市场价格具有重要意义,这就要求我们必须加强农产品市场波动监测预警。农产品市场价格受多种复杂因素的影响,因此波动加剧、风险凸显,预测难度大。在我国当前市场主体尚不成熟、市场体系尚不健全、法制环境尚不完善等现状下,农业生产经营者由于难以对市场供求和价格变化做出准确预期,时常要面临和承担价格波动所带来的市场风险;农业行政管理部门也常常因缺少有效的市场价格走势的预判信息,难以采取有预见性的事前调控措施;消费者由于缺少权威信息的及时引导,在市场价格频繁波动中极易产生恐慌心理,从而加速价格波动的恶性循环。因此,建设农产品市场波动预测体系对促进农业生产稳定、农民增收和农产品市场有效供给具有重要意义。

3. 农业生产经营科学决策

智慧农业的发展为农业生产经营的科学决策创造了可能性。科学决策就是指决策者为了实现某种特定的目标,运用各种有效的科学理论和方法,对主观条件进行系统科学的分析,从而做出正确决策。科学决策的根本是实事求是,决策的依据要实在,决策的方案要实际,决策的结果要实惠。

近年来,我国大力发展农业,农业生产水平得到显著提高,目前我国农业已经基本摒弃了传统的简单再生产,农民从事农业生产经营的目标已经发生转变,从原有的自给自足式的农业生产经营逐渐转向对实现自身利益最大化的追求。为此农民必须要考虑自身种养殖条件、自身经济水平、所种植农产品的产量、农产品价格、相关政策等会对其收益造成的影响。但农民自身很难全面分析上述相关信息,并制定相应的农业生产经营决策。农业信息监测预警体系采用科学的分析方法对影响农民收入的相关信息进行分析,为农民提供最优的农业生产经营决策。合理的农业生产经营决策不仅有利于提高农民的个人收入,同时对于社会资源的有效配置、保障国家粮食安全均具有重要意义。

二、农村综合信息智能服务

(一)农业生产信息智能服务

农业生产经营活动涉及很多信息,利用先进科学技术可以实现对这些信息的收集和处理,提高农业生产经营的效率。具体来说,农业政策、农产品市场、农业科技、农业保险等方面的信息都是与农业生产经营息息相关的信息,这些信息呈现出自上而下单向信息流的特点,是农民进行生产决策的重要依据,农民通过获取此类信息,可有效地定位于市场,把握市场价格变化,对这类信息的利用将直接影响农民的种养殖结构及其收入。

1.农业政策

农业生产经营与农业政策之间存在密切联系,农业政策就是指那些国家为加强农业发展对农业实施的一系列措施,不同的农业政策对农业生产产生不同影响。当前,我国相继出台了一系列惠农政策,如种粮直补政策、农资综合补贴政策、良种补贴政策、农机购置补贴政策、农产品目标价格政策等共计 50 多项,但农民能够真正详细了解的并不多。政策的扶持与引导作为发展农业生产的保证,确保农民及时准确地获取中央政策的精神,了解相关政策方针,做到政情的上传下达,实现有关惠农政策的落实到位具有重要意义。

2. 农业保险

农业面临的风险较大,其生产经营同时受到自然风险、市场风险和技术风险的威胁,这就决定了农业保险对农业生产经营的重要意义。农业保险作为专为农业生产者在从事种植业、林业、畜牧业和渔业生产过程中,由于遭受自然灾害、意外事故疫病、疾病等保险事故所造成的经济损失提供保障的一种保险,对于保障农民收入,改善农业生产条件以及农业现代化建设具有重要意义。很多农民目光短浅,只看到保险需要缴钱,没有看到保险给他们带来的利益。通过提供此类信息服务,农民可以充分了解农业保险的相关信息,看到农业保险带来的效益,使其从中选择适合自己的农业保险种类进行投保,进一步保障其农业收入,同时促进农业保险的健康发展。

3. 农业科技

农业科技信息是影响农业生产的重要信息,农民急需了解和掌握这些信息,掌握农业科技是农民脱贫致富的关键。首先,需得到各种投资少、见效快、易掌握、好操作的实用农业科学技术方面的信息。即使是已经摆脱贫困的农民,要想在有限的土地上获得高效益,做到节本增效、优质高产,走上小康之路,仍然离不开实用技术信息的持续供给。其次,农民需要能够对当地地情进行分析的农业科技。尽管农民在生产过程中积累了大量的经验,但是随着农药、化肥等化学投入品的使用,当地的地情发生了一系列变化。通过分析地情,找出最适宜的种植品种,对提高土地利用率以及农民收入具有重要意义。最后,农民还需要高产、优质、高效经济作物和市场畅销的畜禽养殖新品种方面的信息,以及能解决关键问题、提高产品附加值的高新技术信息。越来越激烈的市场竞争让农民意识到,了解和掌握市场才是实现利益最大化的关键,仅仅是每日守着田头并不能适应当今日新月异的农业市场变化,从事农业生产经营必须瞅准市场空档,巧钻市场冷门,引进新品种,运用新技术,增加产品的科技含量,努力培育出农产品的与众不同之处,做到"人无我有、人有我优、人优我鲜",出奇制胜,推陈出新,只有这样才能获得好的效益。

4.农产品市场

农产品市场信息的流通是增加农民收入、降低农业风险的关键。市场经济使农民有了充分的自主经营权,但也带来盲目经营的问题。因此,农民急需获取可靠可用的农产品市场信息,以便有效地定位于市场,把握市场价格变化,进而合理地安排种养殖结构,及时地调整生产。对这类信息的利用将直接影响到农民的收入、生活水平等诸多方面。

(二)智慧农产品物流服务

1.农产品物流的特点

农产品物流与传统工业品物流相比具有自身独有的特征,这主要是由农产品自身的特征决定的。第一,由于农产品具有易腐、寿命短、保鲜困难等特征,决定了农产品物流必须有较快的速度。第二,农产品单位价值较小,数量和品种又较多,物流成本相对较高。第三,农产品品质具有差异性,对产品分类技术标准有不同要求。因而,农产品物流一般都存在对农产品进行初步分拣、加工和包装等环节。第四,农产品实物损耗多,价格波动幅度大,对物流储存设施有比较高的要求。

2. 农产品现代物流的作用

发展农产品现代物流是发展现代农业的重要内容,通过农产品现代物流可以有效降低农业生产和农产品流通过程中的物流成本,提高农产品流通速度,减少农产品在运输过程中的损耗,降低和杜绝农产品公共安全事件的出现,稳定增加农民收入,有效调控农产品市场价格,保障城市居民"菜篮子""米袋子"需求得到满足。目前发展农产品现代物流的重要举措是创新农产品物流的运行模式,进一步加强现代农产品物流的信息体系建设,推进产销衔接,减少流通环节,降低流通成本。

随着信息时代的到来,借助互联网搭建的智慧物流信息平台对人们的生活产生了巨大影响,其对农产品的流通也产生了深刻影响,改变了农产品的传统流通模式。各农产品生产企业着陆物流信息平台,强化农产品资源整合,从而降低物流流通成本及农产品损耗。这样有助于从源头上帮助消费者在自家菜篮子工程上省钱,让农产品生产者省时省力,从而让和谐美好的未来到来。

3. 农产品现代物流的应用

智慧成为现代化的一个标签,智慧物流与各个行业有机融合,随着物流行业信息化不断加快,传统物流业开始转变理念,智慧物流成为现代物流的代名词,智慧物流为各行业的快速发展起到带动和铺垫作用而发力。农业生产经营与智慧物流的有机结合,同时推动了现代农业和现代物流的发展,可以说,当前已经形成了有利于农产品现代物流发展的大环境。

例如,山东移动打造"蔬菜之乡"智慧物流网就是对农产品现代物流的实践。山东寿光是著名的"蔬菜之乡",是全国最大的蔬菜供应基地。为更好地保障蔬菜流通、提高运输效率、降低运输成本、完善蔬菜供求信息体系,山东移动与寿光市交通运输局合作共建寿光市交通指挥中心,搭建了山东省内县级市最大的交通物流公共信息平台"寿光市交通物流公共信息平台"。目前,指挥中心通过该平台已初步实现了对寿光全市范围内车辆的监管,令交通物流管理更加"智慧"。

寿光市交通指挥中心为寿光市农产品运输高效运行提供支持,其是由寿光物流网、CTI多媒体呼叫中心、GPS卫星定位系统组成的,同时,山东移动还为交通物流公共信息平台提供了包括互联网专线、语音专线、车务通及"移动400"等技术支撑。指挥中心通过该平台能够把寿光市的多家物流企业、700多家配货站、300多辆出租车、200多辆城乡公交车、10 000多辆货运车整合到平台上,为车辆提供定位、监控、调度等多种服务。

同时,寿光市设立的交通物流公共信息平台"车务通"可以对车辆运行情况进行即时监控,可以随时了解车辆的运行轨迹、运行速度、乘员情况、所在位置等,可以根据车辆位置信息对车辆进行灵活调度,同时还有失物查找、超速报警、车辆遇险报案等功能,大大提高了车辆的运行效率和安全性。平台的"移动400"24小时服务热线电话还可随时受理叫车、咨询、求助和物流配送等业务。

此外,信息平台还会及时更新寿光农产品物流园的农产品信息,包括农产品价格、货源等,农产品加工企业、运输企业、配货站在平台上免费发布信息,通过该平台,寿光市的农产品产销组织化程度得到了进一步提高。

第七章　绿色农业

习近平总书记指出，推进农业绿色发展是农业发展观的一场深刻革命。在实施乡村振兴战略中，必须一以贯之地坚持绿色发展，做到思想上自觉，态度上坚决，政策上鲜明，行动上坚守，这是决定能否成功走出一条中国特色社会主义乡村振兴道路的关键。

第一节　绿色农业发展的重要意义

一、绿色发展理念的内涵

绿色发展理念是习近平总书记提出的生态发展理念，内容涉及绿色环境、绿色经济、绿色生活等各个方面，我们发展绿色农业应该遵循绿色发展理念，让绿色发展理念贯穿于整个社会经济发展的过程中。

（一）绿色社会发展观

我们常常用绿色表示自然，绿色可以表现出勃勃生机，可以象征稳定安宁，因此我们将绿色作为现代社会文明的标志，将其作为人类社会的美好发展愿景。绿色不仅包含自然生态意义上的环境，还应涵盖人类生存生活所依存的人文社会及经济环境。中央高度重视"两型社会"建设，2007年12月，国务院批准武汉城市圈和湖南长株潭城市群为"全国资源节约型和环境友好型社会"建设综合配套改革试验区。2013 年 7 月,习近平总书记到武汉"市民之家"考察"两型社会"展览,指出:"两型社会"建设意义重大,是发展的内在要求;我们不能照搬发达国家现代化模式,因为地球没有足够的资源支撑;必须走自己的道路,对人类有所贡献。①《国家新型城镇化规划(2014—2020 年)》提出,我们必须进一步加快推进绿色城市建设,在城市建设和发展的过程中有机融入绿色发展理念,要引导人们在生产生活实践中做到绿色生产、绿色生活和绿色消费。《国家"十三五"规划纲要》明确提出,加快建设资源节约型、环境友好型社会。这意味着,"十三五"期间的城镇化发展要着力推进绿色发展、循环发展、低碳发展,节约集约利用土地、水、能源等资源,强化环境保护和生态修复,减少对自然的干扰和损害,推动形成绿色低碳的生产生活方式、城市建设运营模式和社会发展方式。绿色社会成为一种极具时代特征的历史阶段,辐射渗入到经济社会的不同范畴和各个领域,引领着21 世纪的时代潮流。

(二)绿色经济发展观

绿色发展理念要求经济发展也要体现绿色,也就是强调我们应该推进节约、循环和可持续经济的发展,实际上,绿色经济发展理念是基于可持续发展思想形成的社会发展理念,该理念适应现代社会的发展要求,目的是有效提高人类福利、实现社会公平。实现"绿色发展"需要"绿色经济"为其提供重要的物质基础,这主要包含两个内容。第一,实现经济的环保。这是指在绿色发展理念下,发展经济要以环保为前提,任何经济行为都要严格遵守环保要求,不可以以破坏自然环境为代价发展经济,要发展有利于环境良好、生态健康的现代经济。第二,实现环保的经济。这是指要在环境保护活动中实现经济发展,发展环保事业,使其成为经济发展的全新增长点,实现"从绿掘金"。习近平总书记曾在

---

① 不能照搬发达国家现代化模式[N].新京报,2013—07—23.

2005年就提出过发展绿色经济的观点,他指出要充分发挥生态环境优势,将其转化为生态农业、生态工业、生态旅游等生态经济的优势,也就是要实现绿水青山到金山银山的转变。推动绿色经济发展,必须贯彻"绿水青山就是金山银山"的绿色发展理念,在经济发展中必须坚持节约优先、保护优先、自然恢复,要大力发展新型环保经济,将绿色发展、循环发展、低碳发展作为基本途径。

习近平总书记根据我国发展实际和发展诉求提出了绿水青山就是金山银山的重要思想,其中绿水青山就是指生态环境,金山银山则是指经济发展,该理念有机地将生态环境与经济发展联系在一起,将它们的关系比作"两座山"之间的关系。按照习近平总书记的观点,人们对"绿水青山就是金山银山"理念的认识经历了三个阶段,即"替代论""兼顾论""统一论"。在第一个阶段,人类社会主要是以绿水青山作为代价获取金山银山。在这个时期,人们还没有形成生态环境观念,资源环境开发程度也相对较低,为了满足人类生活需要,实现人类社会发展,对于资源开发存在十分强烈的愿望,当时的主客观条件决定了当时的经济发展模式,也就是以牺牲自然生态环境为代价实现经济发展,这是基于当时的客观条件和人类认识的结果。在第二个阶段,人们既要金山银山也要绿水青山。由于之前的粗放式经济发展方式,导致经济增长的同时环境问题逐渐凸显,人们开始意识到生态环境的重要性,意识到在发展经济的同时应该保护生态环境,也就是逐渐觉醒了环境保护的意识。在第三个阶段,人们开始意识到绿水青山就是金山银山。随着人类社会不断发展,人们开始用现代目光看待经济发展与生态环境,人们意识到我们可以将绿水青山转化为金山银山,可以将生态优势转变为经济优势,实现经济发展与生态环境的和谐统一、相互促进、良性循环,可以说,这是从更高的境界看待和处理经济发展与自然环境之间的关系。习近平总书记提出的"两山论"通俗易懂,使人们可以从简单的语言中体会深刻的生态经济思想,这种经济发展理念具有十分丰富的内涵。

它指出了良好的生态环境是经济发展的自然前提,强调保护生态环境在经济发展中的重要性,强调环境的承载力是有一定界限的,只有实现人类社会与自然环境的和谐统一,才能促进经济的快速、稳定、可持续发展。这种发展理念要求我们不可以依靠靠山吃山的方式一味地消耗自然资源,但是也不能完全不开发自然资源,而是应该以充分尊重自然为前提,通过适度开发自然资源实现经济发展,并在经济发展的过程中加强对自然的尊重和保护,要同时实现经济发展和环境保护,只有这样才是真正意义上的实现绿水青山到金山银山的转化。

(三)绿色环境发展观

绿色环境发展观是绿色发展观的基础内容之一,我们提倡绿色环境发展就是要给予自然环境和地球生物充分的保护,不可以过度汲取和开发自然资源,而是通过合理利用自然资源的方式与自然环境之间建立良好关系,促进人类活动与自然环境的平衡和协调,以实现自然环境与人类社会的共同永续发展。习近平总书记指出:生态环境没有替代品,用之不觉,失之难存。要树立大局观、长远观、整体观,坚持节约资源和保护环境的基本国策,像保护眼睛一样保护生态环境,像对待生命一样对待生态环境,推动形成绿色发展方式和生活方式,协同推进人民富裕、国家强盛、美丽中国。2015 年 1 月 20 日,习近平总书记在云南考察工作时指出:"新农村建设一定要走符合农村实际的路子,遵循乡村自身发展规律,充分体现农村特点,注意乡土味道,保留乡村风貌,留得住青山绿水,记得住乡愁。经济要发展,但不能以破坏生态环境为代价。生态环境保护是一个长期任务,要久久为功。一定要把洱海保护好,让'苍山不墨千秋画,洱海无弦万古琴'的自然美景永驻人间。"[①]2015 年 5 月 25 日,习近平总书记在浙江舟山农家乐小院考察调研时表示:"这里是一个天然大氧吧,是'美丽经济',

---

① 习近平在云南考察时强调 坚决打好扶贫开发攻坚战,加快民族地区经济社会发展[N].人民日报,2015-01-22.

印证了绿水青山就是金山银山的道理。"[①]2016年1月5日,习近平总书记在重庆召开的推动长江经济带发展座谈会上指出,在当前和之后较长一段时期内,必须充分重视长江生态环境的修复工作,将其放在压倒性位置上,对于长江生态环境必须做到共抓大保护,不搞大开发。

二、绿色低碳循环农业发展情况

(一)绿色低碳循环农业的提出

绿色农业是一个大的发展方向,具体来说,我们现在所说的绿色农业发展是指绿色低碳循环农业的发展,这是符合当前我国发展实际的农业发展模式。随着农业发展,绿色农业、低碳农业、循环农业成为替代石油农业的现代农业模式。虽然它们在定义、内容方面存在很多差异,但在本质上是一致的,主要表现在以下方面。

首先,农业生产的目的都是替代石油农业,克服石油农业带来的高耗能、高污染、高成本等一系列弊端。其次,农业生产过程都力求合理利用农业资源,多利用、少排放,有效保护生态环境,农业发展与自然界和谐相处,促进人类社会的可持续发展。最后,农业生产体系都主张使用有机肥料,不使用或少使用农业化学物质(农药、化肥、激素等),防止对生态环境的污染和农产品的污染,保障农产品的质量安全。

从以上分析可以看出,绿色农业、低碳农业、循环农业在本质上存在一定的共同点,基于此,我们可以将三者有机融合,从而提出绿色低碳循环农业,这样更能全面、系统、准确、科学地反映其内涵特征。可以说,绿色低碳循环农业本身就是一个可持续农业系统有机整体,是更深层次的现代可持续农业系统。

---

① 习近平国内考察,凸显治国理政新思路[N].人民日报(海外版),2016-01-14.

（二）绿色低碳循环农业的发展理念

绿色低碳循环农业是随着农业发展而形成的新概念，推动绿色低碳循环农业的发展需要相应的理论支持和技术支持，同时还需要积极探索积累经验。我们应在总结绿色农业、低碳农业、循环农业发展经验与教训的基础上，积极探索发展绿色低碳循环农业的道路。实际上发展绿色低碳循环农业就是实现农业的绿色发展、低碳发展、循环发展。绿色发展是自然的象征，是农业发展与大自然和谐协调，它涵盖了节约、低碳、循环、生态保护；低碳发展要求农业在低排放的基础上实现发展，发展低碳农业的主要途径为节约能源、提高效能、增加森林碳汇和农业碳汇，通过这些途径实现降低能耗强度和碳强度的目的，发展低碳农业实际上是为了实现农业的可持续发展，解决由于碳排放引起的气候变暖问题；循环发展要求我们提高农业资源利用率，主要途径为变废为宝、化害为利，尽可能不排放或少排放污染物，力争"吃干榨净"，实质是解决资源永续利用和资源消耗引起的环境污染问题。在农业领域，绿色发展、低碳发展、循环发展是相辅相成的，它们互为促进、相互协调、公共作用，只有保证农业向绿色、低碳、循环的方向发展，才能实现农业的可持续发展，才能使中国农业发展符合现代农业发展的要求，才能有效促进农业经济的升级转型发展，这种农业发展模式切实体现了农业可持续发展的本质要求和最终目标。由以上分析可以看出，发展绿色低碳循环农业，就是要坚持可持续发展、绿色发展、低碳发展、循环发展，以高新技术为支撑，遵循经济效益、社会效益、生态效益相统一的原则，农业资源高效循环利用，农业生产能耗低，废物排放量少或为零，生产清洁化，消费绿色化，为人类提供绿色、有机、无公害的安全农副产品或食品，保障人民安全、幸福、健康，促进社会和谐发展。

三、绿色低碳循环农业发展的意义

绿色低碳循环农业是基于现代农业发展需要和绿色发展观

形成的新型农业模式,这种农业发展模式更新了人们对农业发展的认识,改变了人类农业实践活动。这种实践目标是人的生产、社会生产、环境生产的协调统一,是精神文明、物质文明、生态文明的协调推进,是经济效益、社会效益、生态效益的协调发展,是政治、经济、文化、生态、自然的协调互动。这种实践是人类农业发展史上的一场革命,它要求农业劳动者的素质和观念的提高;要求优化农业产业结构、产业布局、产业政策和产业运行方式,实现农业发展区域化、专业化、集约化、绿色化、低碳化、循环化;要求科学化、规范化、标准化的现代管理方式。发展绿色低碳循环农业的意义主要表现在以下几个方面。

(一)发展绿色低碳循环农业是实现农业现代化的基础与核心

绿色低碳循环农业符合现代农业发展要求,是农业发展理念和模式的创新,其对于推进农业现代化具有重要意义。《中共中央国务院关于积极发展现代农业扎实推进社会主义新农村建设的若干意见》(中央 2007 年 1 号文件)指出:"发展现代农业是社会主义新农村建设的首要任务,是以科学发展观统领农村工作的必然要求。推进现代农业建设,顺应我国经济发展的客观趋势,符合当今世界农业发展的一般规律,是促进农民增加收入的基本途径,是提高农业综合生产能力的重要举措,是建设社会主义新农村的产业基础。要用现代物质条件装备农业,用现代科学技术改造农业,用现代产业体系提升农业,用现代经营形式推进农业,用现代发展理念引领农业,用培养新型农民发展农业,提高农业水利化、机械化和信息化水平,提高土地产出率、资源利用率和农业劳动生产率,提高农业素质、效益和竞争力。实现农业现代化的过程,实际上就是对传统农业进行科学改造、发展农村生产力的过程,就是促进传统农业增长方式转变的过程,实现农业现代化是为了实现农业的又好又快发展。必须把建设现代农业作为贯穿新农村建设和现代化全过程的一项长期艰巨任务,切实抓紧抓好。"中共中央国务院 1 号文件为中国农业现代化指明了方向,是现代农业发展的纲领性文件。中国农业继续发展必须向现代农业发展,而现代农业则要求农业发展的各个环节都要实现绿色低碳循环,这也是现代农业的核心。第一,要提高农产品的产量和质量,保证农产品的安全、绿色和营养,要为农业生产构建良好的农业生态环境,促使农业发展满足人们对生活质量和身体健康的要求。第二,发展现代农业就要实现农业生产过程的绿色低碳循环,可以看出,绿色低碳循环农业是适应现代农业发展要求的新模式,是促进农业现代化实现的战略举措。

从字面意义上来说,发展绿色低碳循环农业就需要实现农业发展的绿色化、低碳化、循环化,并且只有同时实现这三点才是真正的绿色低碳循环农业。绿色化就是实现农业生产全过程的绿色,这是指从最初的田头种植到最终被搬上餐桌都要保证绿色有机,保证农产品的安全健康;低碳化就是要求农业生产全过程都要以节约生产资料为原则,提高投入产出比,减少或不排放污染物,经营环节也要遵守这一基本原则,实现农业的低碳经营和低碳发展,实现农业发展与生态文明发展的有机结合;循环化就是实现农业生产各个环节的绿色循环,在农产品生产、消费、回收等各个阶段实现绿色循环,尽可能做到农业生产经营的综合利用和变废为宝。总之,发展绿色低碳循环农业对实现中国现代农业及农业现代化具有重要的现实意义和深远的战略意义。

（二）发展绿色低碳循环农业是提高农产品质量和突破国际贸易壁垒的关键

随着发达国家生态意识的不断提高,各国对农产品的生态标准要求越来越高,以环境安全和食品安全为主导的绿色壁垒在国际贸易中越来越明显。发展绿色低碳循环农业有利于提高农产品质量和突破国际贸易壁垒,从而提高农业的经济效益和农民的收入。

（三）绿色低碳循环农业是实现人类社会与自然环境和谐共处的关键

现代农业对生态与环境及资源的依赖性越来越强。有限的土地资源、水资源、生物资源,越来越严重的自然灾害,以及遭到人类社会破坏的生态环境等,都对农业生产形成了一定制约,农业想要实现快速、稳定、可持续发展,就必须实现与自然环境的和谐统一。因此,有必要发展绿色低碳循环农业,这符合农业发展的现实要求,同时也是现代农业的基础特征,只有发展绿色低碳循环农业,才能有效降低能源消耗、减轻或避免生态破坏和环境污染;只有发展绿色低碳循环农业,才能促使农业内部的物质和能量更好地实现相互交换,充分发挥物质和能量的作用,有效改善农业生产条件与环境;只有发展绿色低碳循环农业,才能较大程度上降低资源环境承受的压力,才能实现资源节约、生态保护的目标,并且以此为基础可以提高农产品的安全性,更好地满足人们对农产品的要求,实现人类社会与自然环境的和谐共处,促使农业可持续发展。

(四)发展绿色低碳循环农业是提高人们生活质量和健康水平的关键

农业是国民经济基础部门,农业是人们生存和发展的基础,而随着人类社会的不断进步,人们对农产品的要求也越来越高,绿色、有机、无公害成为现代农产品需要具备的特征,而想要生产出这样的农产品就必须大力推动绿色低碳循环农业的发展。只有切实有效地推进绿色低碳循环农业的发展,才可以生产出符合市场需要的农产品,才能满足人们对农业生产的社会需求。此外,绿色、有机、无公害的农产品也是现代社会发展和人们健康生活的基础,随着工业化发展,农业生态环境遭到了严重破坏,在严重的农业污染环境中,食品安全事件时有发生,食品安全问题也逐渐成为一个人们共同关注的重要问题。因此,不论是农业发展方面,还是社会需求方面,都要求我们发展绿色低碳循环农业,这是保障食品安全的重要途径。食品安全直接关系到人们的健康水平和生活质量。从以上分析可以看出,为了适应现代社会发展,有必要切实有效地推进绿色低碳循环农业发展。

（五）发展绿色低碳循环农业是实现农业可持续发展的关键

绿色低碳循环农业是全球可持续发展的重要组成部分，是社会、经济、生态发展的必然要求，农业实现可持续发展必然要发展绿色低碳循环农业。用系统论观点看，绿色低碳循环农业是一个系统，是可持续发展系统的一个子系统或是重要组成要素，没有绿色低碳循环农业发展也就没有全面的系统的可持续发展。

第二节　绿色农业制度保障

一、绿色农业发展的激励制度

（一）财政补贴制度

为了促进绿色农业发展，政府通过财政手段为绿色农业经济发展提供有效补贴，财政补贴是当前大多数国家都会采取的农业保护制度，尤其是发达国家习惯通过财政补贴制度保护和发展农业生态环境。对农业生态经济的大量补贴保证了农业经营者收入水平的稳步提高，促进了农业的持续稳定发展，同时，农产品出口影响和控制国际农产品市场价格，成为干预他国政治、经济、生活的一种重要手段。WTO《农业协议》与多哈回合谈判框架协议规定，农业补贴可以划分为三类。

第一，"绿箱"政策。这是比较常用的一种财政补贴制度，其主要内容包括政府一般性服务、与生产不挂钩的收入补贴、粮食安全储备补贴、农业生产者退休或转业补贴、自然灾害救济补贴、农业环保补贴、农业资源储备补贴和地区援助补贴等。这些补贴对农产品价格和贸易的影响比较小，任何国家都可免除削减义务。第二，"黄箱"政策。其主要内容包括对特定农产品提供的价格支持与对非特定农产品提供的价格支持。在中国,前者主要指对小麦、玉米、稻谷和棉花的价格支持,后者主要涉及农业税制度以及农业投入品价格补贴政策。这些补贴会对农产品价格和贸易产生显著扭曲,因此需要做出削减和约束承诺。依照规定,中国"黄箱"补贴数额应在年度农业生产总值的8.5%以内。第三,"蓝箱"和"新蓝箱"政策。这种财政补贴制度是世界贸易组织允许一国给农民的直接补贴"不对生产进行要求",但是对补贴数额有具体规定,也就是数额应该控制在该国年度农业生产总值的5%以内。[①]

发展绿色农业经济,政府通常都会发放相应的财政补贴,该部分财政补贴是财政支农政策的重要组成部分。当前,我国主要的农业财政补贴包括粮食直补、良种和农机补贴、农资综合直接补贴等,实践证明,这些惠农政策起到了促进粮食增产和农民增收的效果。但是现行的农业财政补贴政策仍存在一些问题,如补贴的资金总量不足、补贴范围小、补贴结构不尽合理、资金分散降低激励效果等。我们应该进一步完善农业财政补贴政策和制度,以便更充分地发挥出农业财政补贴在推动绿色农业发展中起到的导向和支持作用。

1.扩大农业财政补贴政策扶持范围

在原有分项补贴的基础上,不断建立和完善诸如禁牧休牧生态补偿机制、农业灾害保险制度、农业农村资源循环利用和环境保护的补贴政策、农业生态经济发展项目小额贷款财政贴息政策等。

2.向农业高新技术推广倾斜

采取多种形式扶持农业高科技的创新,如设立农业高新技术产业风险基金,采取贴息的方式引导金融部门或企业投资农业高

---

① 李传建,何伦志.农业多功能性与我国的农业补贴[J].农业经济,2007(5):21—22.

新技术；建立全国农业高新技术信息网并提供信息咨询服务；以股本投入的方式为农业科技企业提供资本金支持；加大对农业产业化龙头企业的直接科研资助等。

3. 改进补贴方式，提高补贴效率

这是指要进一步扩大农民直接补贴的规模和范围，使直补的"特惠制"向"普惠制"推进。在直补方式上，既可考虑不与农业产量挂钩的直接收入补贴方式，也可考虑与农业产量挂钩的直接补贴方式，还可以考虑选择某些对农业增效和农民增收作用明显的生产环节进行补贴，如机耕机收补贴、推广旱作农业节水灌溉技术补贴等。

4. 完善补贴结构，增加直补资金量

调整农产品生产领域补贴与流通领域补贴比例，降低农产品流通环节的间接补贴，提高补贴透明度，不断增加直补资金量。

（二）生态补偿制度

农业生态补偿在绿色农业发展中发挥着重要作用，这是一种针对农业生态产品和生态服务支付补偿费用的制度安排。为了促进农业绿色发展，政府会通过向农业经营者支付生态保护、生态修复、生态发展的直接成本和机会成本的方式，鼓励他们发展绿色农业，采用低消耗、低污染的农业生产方式，实现农业的绿色化、低碳化生产经营，从而建立农业发展与自然环境之间的和谐关系，改善农业生态环境、增强农业生态服务功能、提高农业综合效益，从而实现农业经济、社会效益和生态效益的共同实现、和谐统一。政府应该进一步加强农业生态经济的生态补偿制度建设与完善，明确生态补偿的具体主体和具体对象，制定科学合理的补偿标准，采取恰当的补偿方式，选择适合的补偿途径，并以此为基础构建完整的补偿网络体系。

保证农业生态经济的健康发展是推动绿色农业发展的基础，

是实现农业现代化、农业可持续发展的基础。农业生态化发展要求我们在推动农业发展时采取农产品标准化、绿色化生产手段。推行清洁生产,实施"从土地到餐桌"的全程质量控制,在整个生产经营过程中严格限制或禁止使用化学合成物及其他有毒有害的农业生产投入品,尽可能使用可再生、可自然降解和可以回收再利用的原材料,这样既可以保护自然环境,还可以保障人们的身体健康,在这个生产过程中,显现出典型的正外部性特征。推动农业生态经济发展,可以保证为人们提供安全的农产品,可以保证生态和资源的安全,同时,还可以有效提高农业综合效益;以农产品的数量安全和质量安全为基础前提,为社会成员提供健康安全、营养丰富的农产品,其提供的农产品和生态功能服务具备公共产品的一般属性。因为农业具有多功能性,这就决定了农业生态经济必然具有十分多样的生态服务价值,一般来说,农业生态经济会通过调节气候、水土保持、涵养水源、维护生物多样性等途径发挥生物服务功能,这些生态服务可能是有形的也可能是无形的,总体来说,农业生态经济的生态服务价值主要体现在生态保护、生态修复和生态发展等方面。

1. 农业生态保护补偿

农业生态保护补偿是构建农业生态补偿制度的初级阶段,该阶段旨在遏止对自然环境的破坏并保护农业生态环境。各级政府采取恰当的手段激励农户转变传统的农业生产方式,引导他们积极开展生态型农业生产,通过退耕休耕、禁伐限伐、禁牧限牧等方式,实现农业种植结构调整、畜牧养殖模式转变、农业耕作方式改进等目标,通过正确的引导,促使农户停止对农业生态环境的破坏,从农业生态环境破坏转向农业生态环境保护。农户因为环保转产而不得不限制的原有农机设备等费用,农户为了开展可持续农业生产而产生的农资、工具等费用,农户因为环保转产而承受的直接经济损失等都在补偿范围内,农户可以根据实际情况获得相应补偿。主要的补偿方式包括资金补偿、技术补偿、政策补偿和实物补偿等,一般情况采取资金补偿的大多为一次性补偿。

2.农业生态修复补偿

农业生态修复补偿是农业生态补偿制度的中级阶段,该阶段最主要的任务是对农业生态环境进行科学治理和有效修复。通过激励生态型农业生产者积极治理农业环境污染、持续修复农业生态环境,通过大力发展绿色、循环、低碳农业模式,推行农业清洁生产和标准化生产,采取控制化肥农药施用量、使用安全农业投入品、实施水生态修复等措施,以达到净化水质、改良土壤、调节气候的目的。补偿内容的重点为化肥农药减施补偿项目、畜禽类粪便无害化处理及资源化利用补偿项目、水源地及湿地修复补偿项目等。补偿方式应包括国家补偿、区域补偿、产权补偿和生态移民补偿等。补偿标准按农业生态破坏的修复成本计算,主要包括水生态修复成本、土壤改良及耕地复垦成本、农业污染废弃物处置成本等。

3.农业生态发展补偿

农业生态发展补偿是农业生态补偿制度的高级阶段,该阶段主要的任务是发展和创新农业生态系统服务。在该阶段进行生态补偿,主要是为了充分体现农业生态服务价值,同时还可以通过生态补偿的方式激励人们投资农业生态保护,制定并实行生态产品认证制度,进一步完善生态环境资源价值核算体系,培育并不断完善生态产品交易市场,以此为基础,最终全面推行生态服务付费制度。全体农业生态服务受益者都是生态补偿的补偿主体,如政府组织、经济组织及自然人都属于补偿主体,在这样的模式下,除了政府外还有其他主体会购买农业生态服务。在该阶段,主要的补偿内容包括农产品价值补偿、农业生态环境功能价值补偿、农业文化旅游综合服务价值补偿。一般情况下,会通过生态产品公共补贴、生态资源限额转让交易等方式给予生态补偿。以农业生态受益者的获利为标准计算补偿金额。

（三）金融支持制度

按照制度经济学的观点，实行金融制度可以有效地节约交易费用，同时还可以提高资源配置的效率，金融制度的产生和变迁不是随意而为的，也不是按照某种意志与外来模式人为安排的，它并不仅仅是一种有形的框架，而是一系列相互关联的演进过程的结晶。目前，随着我国农村不断发展，农村地区对金融服务的需求越来越多，迫使农村金融向多样化和专业化的方向发展，但就我国当前的农村金融体系来说，农村金融支持与金融服务无法满足农村发展的现实要求，甚至出现了农村金融排斥现象。在诸多造成农村金融排斥的原因之中，缺乏完善的农村金融制度是最重要、最根源的原因之一。人们通常认为造成农村金融缺失的主要原因是农村经济发展水平和市场化程度较低，但是从理论层面来说，不合理的制度安排、不健全的政策引导等都是造成农村金融排斥的重要原因。因此可以说，制度不健全是造成中国农村金融扶持缺失的一个重要原因。基于此，中央连续多年在"一号文件"中强调要加强农村金融体制的改革和创新，强调要以农村金融需求为基础，以建设社会主义新农村和"美丽乡村"的要求为原则，建立健全农村金融机制，以此有效地弥补政府和市场在农村金融方面的失效、失灵情况，以此正确引导社会资金流向农村，根据农村金融的特征，建立健全农村金融体系，保证农村金融体系功能健全、结构合理、产权明晰、机制完善、监管有力、具有可持续发展能力，不断加强农村金融服务的改善和创新，促进农业经济和农村经济的健康、稳定、可持续发展，以此更好地满足农业发展和农村发展提出的实际需要，推动绿色农业发展，实现农业发展与自然资源的和谐统一。

信贷资金在绿色农业发展中发挥着举足轻重的作用，它是农业生态经济和农村经济健康稳定持续发展的重要保障，信贷资金可以有效地缓解中国农业生态经济投入波动造成的不稳定状态。但由于金融系统的商业化，农村信贷资金开始大幅减少，制约了农业生态经济和农村经济的可持续发展。现代农业的生态发展离不开大量的资金投入,除了政府财政和农户投入外,信贷资金同样发挥着重要作用。增加信贷资金对农业生态经济发展的投入要从以下几方面着手。

1. 确立农村合作金融组织的主体地位

国家要进一步加大对农村合作金融的扶持,确立其在现代农业生态化发展资金投入中的主体地位,帮助其理顺管理体制,为其提供良好的外部环境,帮助其剥离和处置不良资产,从而使农村合作金融组织可以早日实现健康发展。进一步完善小额信贷业务,根据实际情况提高小额贷款的信贷规模,并适当地延长小额贷款的贷款期限,加强信贷产品的升级和创新。同时,农村合作金融组织的发展离不开自身的努力,发展农村合作金融组织必须树立现代化的管理理念,加强内部控制,积极开展产品营销,树立并管理自身品牌,加强服务改良和创新,加强员工培训,以此不断提升自身的综合实力。

2. 加大政策性银行的投入力度

进一步完善中国农业发展银行职能,根据实际需要扩大自身的业务范围,将中国农业银行农业开发贷款、扶贫贴息贷款,国家开发银行农业信贷业务等划为农业发展银行经营,并由中国农业发展银行对支农资金进行统一存管和拨付。目前,我国农业政策性金融资金来源比较少,因此应该适当地发行农业生态经济金融债券,面向农民建立农业生态经济发展基金进行金融筹款,大力发展境外筹资等,同时通过这些手段还可以稳定资金来源。此外,还应该进一步拓宽农业发展银行信贷支农领域,应该将绿色农业建设、农村生态环境保护、农村基础设施建设等项目作为重点扶持对象,加大信贷扶持力度。

3. 加大商业银行的投入力度

一方面通过政策性银行的金融杠杆作用,引导商业银行加大对农业生态经济发展方面的投入；另一方面可通过优质的农业生态经济发展产业化项目吸引商业银行投入，同时国家可规定商业银行向农业投放贷款的最低限额或比例。

（四）价格支持制度

在绿色农业中，价格支持制度主要体现为绿色农产品的价格支持制度。政府可以通过农产品价格支持稳定农产品的价格，以此为农业生产者的生产经营活动提供有效支持，农产品价格支持制度可以有效稳定农业生产和保证农业生产者的收入，主要方式为由政府设立一个由市场供求变动决定的"支持价格"或"保证价格"，保证市场价格健康稳定。农业既是国民经济的基础又是弱质产业，对农业给予相应支持和保护，是新形势下中国实施"以工补农、以城带乡"方针、统筹城乡发展、构建社会主义和谐社会的重要体现，也是切实转变中国农业调控方式的重要内容。当前，中国农业生态经济发展的各项基础仍不牢固，而且面临生态资源约束增强、国际农产品竞争加剧、消费需求增加等多重压力，要面对自然风险和市场风险双重挑战。确保国家粮食与食物安全，促进中国农业生态经济稳定发展、农民持续增收、统筹城乡发展的任务十分艰巨，必须加快建立健全中国农业生态经济产业支持的政策体系。建立健全中国农业生态经济产业支持保护的政策框架体系，应从"支持、保护、调控、促进"等方面着手。"支持"，即进一步增加国内农业生态经济发展支持的总量。"保护"，即通过关税、贸易救济、进出口管理等手段，依据国内外市场环境的变化对中国农业生态经济进行有效保护，还包括在对外贸易谈判中争取更大的政策调控空间。"调控"，即政府针对绿色农产品的进出口进行科学有效的宏观调控。"促进"，即政府采取一定措施以扩大中国的绿色农产品出口，主要采取的措施包括完善贸易条件、支持对外企业发展等。①

---

① 郭建军."十二五"期间我国农业支持和保护政策体系[J].经济研究参考，2010（45）：14—15.

二、绿色农业发展的管理制度

(一)环境管理制度

发展绿色农业最基本的就是要加强环境管理,减少环境污染,因此,环境管理制度对于绿色农业发展起到了重要作用,其主要包括"三同时"环境影响评价制度、污染集中控制制度、排污许可证制度、限期污染治理制度、强制淘汰制度等内容。

"三同时"环境影响评价制度是针对环境污染的有效控制提出的一项环境制度,旨在降低和控制生产经营对环境造成的污染。中国第一次全国环境保护会议审议通过的《关于保护和改善环境的若干规定》中明确规定:"一切新建、扩建和改建的企业,防治污染的项目,必须和主体工程同时设计、同时施工、同时投产,正在建设的企业没有采取防治措施的,必须补上,各级主管部门要会同环境保护和卫生等部门,认真审查设计,做好竣工验收,严格把关。"在"三同时"环境管理制度的基础上进行农业项目环境影响评价,弥补了这一管理制度的不足,体现了"预防为主"的思想治理理念,对保护环境起到了积极的作用,有力地促进了农业生态经济与环境保护的协调发展。

污染集中控制制度旨在对环境污染进行集中统一处理,该制度可以有效地集中人力、物力、财力,有利于更高效地解决某一城市或某一区域的重点污染问题;采用新的农业生态技术,有利于提高环境污染治理效果;有利于提高农业生态经济资源利用率,加强有害废弃物资源化利用;有利于节约防治污染的总投资。治理污染的根本目的应是谋求整体环境质量的改善,而不应是追求单个污染源的处理率和达标率。集中控制和治理污染物,用尽可能小的投入获取尽可能大的生态、经济和社会效益,不仅符合中国国情,也有助于调动社会各方面治理环境污染的积极性。

排污许可证制度是我国根据自身实际情况,借鉴国外经验,制定的一项环境管理制度,旨在降低污染物排放,改善环境质量。该制度的主要职能是,以污染物总量控制为目标,依据目标规定排放单位可排放的污染物品种、排放量及排放去向等。推行排污许可证制度,首先要进行申报登记,通过申报登记摸清各污染源的排放情况,以此作为确定污染物总量的基础。其次,在确定污染物总量的基础上,制定污染物排放总量控制指标,再依据总量控制指标划定出污染物总量削减分配指标。

限期污染治理制度是一种限定治理时间、治理内容、治理效果的强制性环境治理制度,该制度主要是针对那些污染危害严重,群众反映强烈的污染物、污染源、污染区域,通过强制性的"三治理"措施发挥环境治理作用。

强制淘汰制度要在限期污染治理的基础上,按照国家定期公布的禁止生产和淘汰的工艺、设备和产品目录,明令禁止使用,以严格限制或禁止污染产品,促进技术先导型和资源节约型的农产品的生产,进而达到保护农业生态资源与环境的目的。

(二)生产管理制度

近年来,人们越来越重视食品安全,在这样的背景下人们开始关注绿色农产品。绿色农产品相较于普通农产品消耗的农业生产资源更少,排放废弃物更少,并且对人体无害或危害小。一般来说。绿色农产品可分为绿色用品和绿色食品两大类,较高标准的环境质量只有在产权可以界定时才被认为是绿色产品。绿色用品是指在使用过程中不产生或少产生对环境或人体有害的废弃物的产品。其衡量指标为是否可循环使用,是否容易分解,对环境和人的影响度、能耗指标等。由于各国经济发展水平的差异,绿色产品的定量标准有所不同,这将是阻碍世界经济一体化进程的一个重要因素。为此,国际标准化组织(ISO)制定了跨国界的绿色用品 ISO 14000 环境国际系列标准,旨在推动国际贸易的进一步发展。绿色食品一般是指在特定的技术标准下生产和加工出的产品,其特定的技术标准,包括产地环境质量标准、生产过程标准、产品标准、包装标准及其他相关标准。衡量绿色食品的本质要反映清洁、安全、营养、口感等四个方面。

绿色农产品生产制度是针对绿色农产品的生产经营制定的，根据该制度的要求，开展绿色农产品的生产工作必须遵循生态规律，以此保证对农业生态经济资源的可持续开发与保护，并在开发中保持和实现农业生态经济系统的良性循环，在农业生态经济系统良性循环的基础上达到农业生态经济资源的可持续利用。绿色农产品生产与一般的物质生产有着本质的区别。

第一，具有不同的目标追求。开展物质生产以实现社会经济的最快速发展最为目标，因此不太考虑生产资源的有限性与稀缺性；但是绿色农产品生产的目标并不是单纯地实现经济增长，而是需要把经济发展与农业生态环境质量的提高、农业资源的保护与增值联系起来，追求二者的协调发展。第二，采用生产技术的性质不同。物质生产中个人经济利益最大化目标对外部效应的忽视，从根本上导致了其生产技术的短期性、掠夺性；而绿色农产品生产则以农业可持续发展为核心，因而更乐于接受具有长期效益的绿色农业生产技术，其绿色农业生产技术一般具有节约、清洁、无污染等特点。第三，生产产品的属性不同。不论是物质生产还是绿色农产品生产，生产的产品都具有相似的经济效用，但是二者具有不同的使用价值和价值属性。从使用价值上看，绿色农产品不仅具有一般产品的使用价值，即满足人们在物质上的需求这一属性，而且还具有保护、修复和建设农业生态环境上的有用性。从价值上看，绿色农产品比一般产品具有更高的价值，这是因为凝结在绿色农产品中的劳动较一般产品更为高级、更为复杂。由于绿色农产品减少了消费过程中及消费后对环境的污染，即减少了未来污染治理所需投入的劳动，降低了未来社会清洁环境的成本，这也就提高了绿色农产品的价值。

（三）营销管理制度

绿色农业健康发展的一个重要内容就是进行农产品的绿色

营销。具体来说,农产品的绿色营销就是指绿色农产品市场主体为实现社会、经济、生态三者利益的统一,在保护农业生态环境和人类健康的基础上,通过创造及与其他市场主体交换绿色农产品和价值,以满足自身需求和欲望的一种社会管理过程。绿色营销行为既要满足顾客的需求,又要满足社会与生态的需求,还要满足市场主体自身盈利的需求。通过实施农产品绿色营销,以不损害人类自身生存环境及后代需要为条件,以满足消费者和社会安全、健康、无公害为中心,合理应用各类农业生产条件和农业生态资源,进行清洁化、无害化农产品服务的生产与经营活动,从而实现社会顾客、生态环境、市场主体"三赢"的目标。

农产品绿色营销主要具有以下几个特点。第一,具有绿色的营销环节。农业生产技术、农产品包装、农业废弃物处理、农产品营销过程和消费过程要注重保护环境,树立"绿色"形象。第二,营销的农产品是"绿色"的,即农产品应有节约能源、节约资源、健康安全、无污染、无公害的特性。第三,具有绿色的营销环境。要求农业经营具有良好的生态环境和人文环境,树立农业经营的绿色理念和绿色文化思想。第四,具有绿色的营销观念。它以节约农业生态资源、保护农业生态环境为中心,强调整个人类当代和后代的社会效益与生态效益。

建立健全农产品的绿色营销制度,必须充分收集农产品的绿色信息、根据实际情况制订绿色计划、积极合理地开发绿色资源、加强研制绿色产品、制定绿色价格、开辟绿色通道、鼓励绿色消费、弘扬绿色文化、培植绿色标志品牌、完善绿色法规等。农产品的绿色营销是一种新的理论、观念和手段。它要求农业经营主体要在保护农业生态资源环境与人类健康的基础上,实现农业社会、经济、生态三者利益的统一。通过创造、提供与其他市场主体交换农产品的价值,为顾客提供绿色农产品满足其需求,为社会创造生态效益,为自身创造经济效益。当然,农产品的绿色营销制度的建立。需要通过载体才能实现,这种载体理所当然应是农业经营主体所生产的绿色农产品。通过绿色农产品开展绿色营销,不但可以满足顾客日益增长的绿色消费需求,而且还可以创造社会效益和生态效益。此外,农业经营者还可获得较好的经济效益。

第三节 绿色农业经济战略

一、绿色农业产业化发展战略

(一)绿色农业产业化发展的制约因素

1.绿色农业产业化经营环境不够宽松

政府为绿色农业产业化经营龙头企业制定的扶持政策往往落实不到位,上级给龙头企业的扶持资金也往往不能完全到达龙头企业。行政干预、乱摊派、乱收费、乱检查等问题依然存在,特别是对于国有企业和乡镇企业,行政命令指挥、干扰企业发展的问题还比较普遍。很多地方特别是大中城市都对绿色农副产品制定了严格的市场准入条件,而这些条件在执行过程中对外地企业尤其苛刻。如双汇集团实施的"双汇千家连锁专卖项目",在跨地区建店过程中,重复检疫、重复验证、层层设卡等地方保护主义行为屡屡发生,致使有些地方建成的连锁店长时间不能开业。

2.绿色农业产业化发展的资金不足

绿色农业产业化经营龙头企业直接收购农民的农产品,一般需要现金结算,而农产品的季节性很强,收购时间集中,销售时间长,因此,流动资金占用量很大,使许多企业不愿与更多的农户签订合同,直接影响了带动能力。

3.绿色农业产业化总体发展水平不高

首先,有些地方的经济决策层对发展绿色农业产业化经营的重要性认识不足,相关扶持政策不到位。在制定本地绿色农业发展政策、增加投入、指导工作等方面的力度还不够。其次,我国虽是农业大国,但与日本、美国等一些发达国家相比,我国的绿色农业产业化经营的发展水平还不高,规模不大,国家对其重视程度也存在一定差距。

4.绿色农业发展的利益机制不完善

省级重点龙头企业与农户联系比较紧密,探索出了不少利益联结机制的新形式,但大部分中小型龙头企业与农户的利益关系还不够紧密。首先,企业技术人才缺乏,无法给农户提供更多的技术服务;其次,农户没有主动性,缺乏主人翁意识与责任感,产品质量、规格容易出现问题。因此,许多中小型龙头企业与农户仅仅签订了产品购销合同,链条不稳固,绿色农业产业化经营体系也就没有生命力。

5.绿色农业龙头企业实力不强

主要表现在以下几个方面:一是规模小、层次低,如农业大省山东省 2 955 家绿色农业产业化经营龙头企业中,符合国家重点龙头企业标准的不到 100 家。[①] 二是知名绿色农产品品牌少,市场竞争力不强。三是科技创新能力差,在省级龙头企业中,还有相当一部分没有科研开发部门,也缺乏与科研院所、大专院校联结的有效机制。四是辐射带动能力不强,基地面积小,有些龙头企业仅仅带动少数生产大户,大多数农户的积极性与主动性没有发挥出来,龙头企业的实力还需要增强,带动能力还需要提高。

---

① 崔元锋.绿色农业经济发展论[M].北京:人民出版社,2009,第 101 页.

（二）绿色农业产业化发展的对策

1. 建立健全绿色农产品的标准体系

发展绿色农业产业化可以加强对环境的保护，但是想要发挥这个作用必须充分借助市场。因此，想要充分发挥绿色供应链的作用，就要建立健全绿色农产品市场来对企业和个人的经济行为进行规范和约束。建立绿色农产品市场首先就要搞好绿色产品标准体系建设，为此，可以考虑将绿色农产品分为两个等级层次，一级作为达到国际 ISO 14000 环保论证，适应国际市场准入的绿色通道级别；二级作为普及型，基本相当于目前无公害食品，逐步达到绿色食品 A 级水平。要按照世贸组织《卫生与植物卫生措施协议》，迅速设立我国的"绿色贸易壁垒"，建立和完善国内环保贸易法律体制。同时，积极推行 ISO 14000 环境质量管理新体系，引入 ISO 14000 系列国际环境标准，以规范企业等组织行为，达到节省资源、减少环境污染、改善环境质量、促进绿色农产品出口和绿色农业经济持续健康发展的目的。

2. 充分发挥信息化对绿色农业产业化、市场化和现代化的带动作用

实现绿色农业产业化发展最基本的就是转变农业发展理念，要舍弃小农经济的狭隘观念，充分发挥信息化的作用，推动绿色农业向产业化、市场化和现代化的方向发展。发展现代化绿色农业，要充分利用信息技术，以此促进传统产业的改造升级，同时还要建立健全现代化农业技术监测体系。因此，有必要建立适应现代农业发展需要的农产品电子商务体系，利用各种媒体提高农业信息的传递速度和质量，使农业生产者可以通过网络及时了解产品的信息，从而科学地决定产品的生产量；在生产过程中，农户可以利用专家系统合理地控制农作物生产环境的温度、湿度，适时施肥、施药，这样可以有效提高农产品的产量和质量，还可以根据

市场需求调节产品成熟期;在产后阶段,农户可以利用信息平台掌握综合信息,决定产品是直接上市还是深加工,或者可以选择直接储藏等,这样可以实现农产品的及时均衡上市,此后农户还可以通过反馈信息进一步完善产品的生产,升级和完善产业结构、产品结构。为了实现农业现代化发展,应该将信息网络终端接到乡镇村企业及农户,形成以资源为本的信息系统,通过网络信息技术连接专家和农户,使农户可以及时有效地获得农业信息,及时掌握和应用农业科技。

3. 完善绿色农产品物流管理体系,发展绿色创汇产业

农产品物流一直是农业生产经营面临的一个难题,完善农产品物流管理具有重要意义,这就要求我们建设完善农产品市场体系和信息服务设施,也就是应该在农业基地附近建设区域性专业批发市场,完善市场交易、检测检验和信息服务等设施,增强服务功能,扩大辐射范围。根据具体的条件和实际需要,在这些市场设立绿色农产品专门交易区,从而促进产销的衔接,积极组织实施绿色农产品名牌战略,扩大绿色农产品在国内外的知名度,进一步提高其市场占有率;密切关注绿色农产品国际市场的变化,针对国际贸易中的技术壁垒,建立预警机制,以便及时应对;发挥比较优势,根据不同区域的特点,建立诸如劳动密集型或技术密集型的绿色农业产业基地,以质优、价廉、物美的绿色农产品扩大国内外市场份额。在绿色农产品生产、加工、包装和运输过程中推行全程质量控制技术,建立绿色农产品质量监督检验测试体系,建立与国际质量标准接轨的绿色农业质量标准体系。应该进一步改革完善农产品的外贸体制,进一步扩大农产品生产企业进出口经营权,推动农业产业化经营的发展,以此保证农产品出口企业可以从绿色农产品的生产全过程中把握产品质量,将"绿色"理念贯穿农产品生产、加工、包装和销售等各个环节。

4. 加大政府对绿色农业产业化发展的扶持力度

就我国绿色农业发展的实际情况来说,政府应该从以下几个

方面入手提供重点支持。第一,加大绿色农产品的宣传力度,培育绿色农产品市场;第二,加大绿色农业技术的普及力度,提高农民的技术水平;第三,加大绿色农业技术的研究、开发力度,努力开发适用于绿色农业的新技术,如病虫害防治技术、土壤改良技术等;第四,制定绿色农业技术人才的发展规划,大力培养绿色农业专门人才;第五,培育龙头企业,实施产业化经营;第六,多方筹集支农资金,加大资金扶持力度,对绿色农业产业化发展予以税收减免、现金补贴等支持。

二、绿色农业市场化发展战略

(一)绿色农业市场化的制约因素

1.资源紧缺的制约

虽然我国地大物博,但是人口众多,这就导致我国仍然存在资源总体紧缺的问题,这就导致我国农业生产投入和农业经营规模受到了一定限制。从土地资源来看,我国耕地资源的人均占有率低,农业生产微观组织被锁定在细小土地规模和小农经济的低水平上运行。目前,我国人均占有耕地面积尚不到世界平均水平的 40%,全国有 1/3 的省份人均耕地面积还不到 0.067 公顷,其中有 660 个县人均耕地面积还不到 0.033 公顷,大大低于联合国粮农组织确定的人均地承载力 0.053 公顷的"警戒线"。土地资源紧缺而劳动力供给数量过剩导致了我国农业生产呈高度分散化、农户生产规模小的特点。农户经营规模狭小不但严重影响粮食产量,而且降低了农业生产中的规模经济效应,同时,经营规模狭小及土地细碎化还阻碍了现代机械设备和技术的应用,提高了绿色农产品的单位生产成本。另一方面,由于多数农户进行多样化、小规模经营,交易量小,交易频率低,农村通讯等基础实施条件比较落后,农户进行交易所需信息的搜寻和谈判等活动的费用相对较大,因此,农户在市场交换中单位产品的交易成本往往比较高。

2.绿色农产品流通体系不完善的制约

近年来我国大力推动农业农村发展,但我国农村市场依旧存在主体规模小、实力弱的问题,绿色农产品流通业态及经营方式比较陈旧。据调查,目前我国农村市场基础设施严重不足,约有42%的农户自己销售农产品,有45%的农户直接把产品卖给个体商贩,只有2.7%的农户通过订单销售。可见,我国让高度分散的2.5亿多个农户充当市场主体,一直存在着供给方面的过度敏感性和市场信息方面的不对称性,造就了不完备的市场主体。

第一,在生产选择方面存在盲目性,个体农户对市场信息缺乏分析能力,不知道到底通过什么方式进行有效营销;第二,家庭经营上的分散性,农户各自为政的小生产,商品规模小,难以形成规模经济;第三,经营方式上的封闭性,分散农户小而全的生产经营方式,排斥社会化和专业化生产;第四,商品交换上的滞后性,农产品卖难与抢购并存,多数农户生产的大路产品过剩、畅销产品短缺;五是比较利益上的制约性,大多农户一般处于产中的原料产品生产,农民收益低,农业生产发展缺乏后劲。总的看,目前我国绿色农产品流通市场体系是不健全、不完善的。

3.绿色农业弱质性的制约

在市场经济条件下,农业相较于其他部门比较特殊,这是一个专门进行农产品生产的基础部门,但同时农业也是一个弱质产业。农业资源有限,尤其是耕地资源随着工业现代化进程的推进而不断减少且无法再生;农业生态环境日趋恶化,森林覆盖率低,植被稀少,水土流失严重,农业抗御自然灾害的能力减弱。同时,在市场化条件下,农业资源供给还受到市场竞争的制约。由于农业比较效益较低,在资源供给方面显然处于不利地位,农业自身的特点决定了它在市场竞争中的弱质性。如果农业的利益环境得不到改善,农业生产要素就会出现严重的流失,农业发展将受到更为严重的资源约束。因此,农业生产不仅面临着各种不确定的自然风险,而且在市场经济条件下其所包含的各种经济、社会风险也日益增大,农业越来越受到资源和市场的双重约束,农业本身的弱质性也必然影响到绿色农业的市场化进程。

4.城乡二元体制的制约

我国正处于社会主义初级阶段,正处于经济体制转轨的关键时期,农村和城市的二元经济结构是我国经济体制的一个主要特征。人口、就业、社会保障等方面的分割管理办法,使城市与农村形成了不同的身份制度、教育制度、就业制度、金融制度、公共服务制度以及公共财政制度等。同时农民在土地方面的权益没有以法律的形式确定下来,既造成了农民土地使用权缺乏有效的法律保护,又制约了土地使用权的市场转让和交易,导致了土地使用权的流转市场难以发育。这种长期不公平的制度,一方面阻碍了农民向二、三产业转移,将大量劳动力束缚在农业生产领域;另一方面,严重地阻碍了农村要素市场的发展,农业其他生产要素特别是土地资源等要素不断减少,单位劳动力的农业资源占有量减少。我国的城乡二元体制会对农业分工和市场化进程造成不良影响,会阻碍农业生产率的提高,除此以外,这种经济体制会严重阻碍整个社会分工的演进,影响整个社会的经济效率,而这最终就会对社会对农产品的市场需求和农业富余劳动力的吸纳能力造成严重影响,阻碍了农村市场化进程和农村劳动力的流动和转移,这是农民人均收入相对水平和公共服务低下的根本原因,是束缚我国农村生产力发展的最大体制性障碍。近年来,"工业反哺农业、城市支持农村"已经成为各界的共识,各级党委、政府对此也非常重视,采取各种措施,努力改变这种城乡二元经济的格局,以统筹城乡发展,建设社会主义新农村。但城乡二元经济体制影响深远,其变革将是一个长期的过程,在未来一个较长的时间里,仍会是绿色农业市场化的制约因素。

（二）绿色农业市场化发展的对策

我国在绿色农业发展方面投入了大量人力物力，但由于各种因素的限制导致我国绿色农业市场化步伐缓慢，具体来说，绿色农业市场主体不完备，市场体系和市场基础设施难以完全满足市场机制运行的要求。推进绿色农业市场化，要从培育绿色农业市场主体，发展绿色农业生产要素市场，促进绿色农业专业化生产，健全绿色农产品市场流通体系以及加大政府对绿色农业的保护和支持力度等方面着手。下面主要对培育绿色农业市场主体以及促进绿色农业专业化生产进行具体分析。

1. 多管齐下，壮大绿色农业市场主体

（1）壮大绿色农业市场主体

现代农业是在市场经济条件下进行的，农户在这样的发展背景下属于独立自主的主体，因此他们必须对于自己生产什么、为谁生产和怎样生产有绝对的决策权。农户必须依法享有各种生产和交易所必需的权利，特别是清晰的土地产权、就业权和劳动收益权。必须根除政府的强制行为，革除城乡分割制度，给予农民和市民同样的待遇，改变农民处于弱势群体的状态。此外，还应提高广大农民的综合素质，加强对农民的职业技能培训，为提高农民参与市场和社会分工创造条件；积极推进农村教育综合改革，统筹安排基础教育、职业教育和成人教育，进一步完善农村教育体系；积极发展多层次、多形式的农村职业教育。对农民的培训，不仅要包括对农业产业结构调整所需要的农业技术的培训，为农业培养大批专业技术人才，还需要根据农民的意愿进行工业技术、服务技能方面的培训，以促进农业劳动力向非农转移。加大对农民自愿创建农业合作组织的有力支持，在市场经济条件下，市场竞争更为激烈，这就导致分散的农民个体家庭必须与大型农业企业进行竞争，但农户个体经营无力与组织化、社会化程度较高的大企业抗争，农户个体家庭就会在市场竞争中处于不利地位。因此,必须依据市场化要求和经济利益原则,把分散的农民家庭生产经营单位组织起来,组建多种形式的农产品生产、加工、销售合作社,使农户分散的土地、资产、资金和劳动力等生产要素在较大的范围内和较高的层面上有效地组合起来,形成社会化生产的组织形式,从而使分散的农户联合起来有组织地进入市场。

（2）农户成为市场主体的条件

在市场经济条件下,农户是否可以实现利益最大化以及实现的程度与其实际占有的资源数量、资源的利用效率以及资源配置情况等具有直接联系。农户作为完整意义上的农业市场主体而存在,至少应具备以下几个条件:拥有作为市场主体的权利,享有独立决策生产什么、为谁生产、怎样生产的经营权;具备追求利润最大化的能力和物质基础;农户作为一个市场生产单位,需要承担决策、生产、销售等职能,因此,农民要成为市场主体,必须具有各种能力和足够的土地、资金等要素来投资生产,同时也必须要有较强的资金积累能力。

（3）壮大绿色农业市场主体是推进绿色农业市场化的前提

虽然在绿色农业市场环境下,市场主体需要将绿色生产经营作为重要前提,但其本质追求仍然是实现家庭收益最大化,家庭效用最大化并不是绿色市场主体的最主要目标。只有具有完全意义上的市场主体才能对价格变化做出灵敏反应,才会根据价格的变化来调整农产品结构,才会在市场的竞争压力下学会采用新技术,降低成本,优化产品质量,根据市场需要调整生产品种。商品化生产的农户以家庭收益最大化为目标,对市场价格的反应才会是灵敏的,对发展绿色农业的动力才是无限的。半自给性的农户以家庭效用最大化为目标,其生产动力来自家庭人口对农产品的需求、生活条件的改善,不足以促进其调整生产结构、提高劳动生产率。现阶段,大多数农户还是半自给半商品经济的复合体,农户的这种经济性质决定其决策目标是多元的。在生产什么、生产多少和如何生产等基本经济问题方面,首先考虑的便是家庭成员的消费需要,其次才是市场需求。前者关系到自身生存,具有刚性;后者属于发展问题,具有弹性。随着社会发展和时代进步,我国在农业发展方面做出了调整,也就是以农产品需求结构的变化形势作为基础,对农业产业结构进行调整,但是在战略实施的过程中,大多数农户态度比较冷淡,造成这种现象的原因就是这些农户在生产什么的决策中还是保留着刚性的"生存理性"。

2.建立健全社会化服务体系,促进绿色农业专业化生产

(1)绿色农业生产社会化服务是农户参与市场分工的重要条件

单个农户在进行绿色农业的专业化生产时,通常都是建立在良好的社会化服务外部条件的基础之上的,如投入品的购买、生产过程中的技术服务、产品的加工销售等必须能够方便地获得。随着农户商品生产规模的扩大,单个农户已经不再可能独立完成农业生产的全部过程,而必须借助和依靠农户外部的资源与力量,把农业生产的一部分甚至大部分环节交由专业人员、专业组织或专业部门操作。

(2)建立社会化服务体系,促进农户专业化生产

农业社会化服务包含的内容十分丰富,其包括专业经济技术部门、乡村合作经济组织和社会其他方面为农、林、牧、副、渔各业发展所提供的服务。农业社会化服务的内容,是为农民提供产前、产中和产后的全过程综合配套服务。近几年来,农业社会化服务在全国范围内蓬勃兴起,对促进农村经济发展起到了重要作用。农业社会化服务的形式,要以乡村集体或合作经济组织为基础,以专业经济技术部门为依托,以农民自办服务为补充,形成多经济成分、多渠道、多形式和多层次的服务体系。同时,鼓励各地方、各部门在实践中勇于探索和创新,努力建设一个适合不同地区生产力发展水平的、多样化的绿色农业社会化服务体系。

第八章 农业经济与城乡一体化发展

城乡一体化是我国城市化和现代化发展的新阶段。习近平总书记强调,城乡发展不平衡不协调,是我国经济社会发展存在的突出矛盾,是全面建成小康社会、加快推进社会主义现代化必须解决的重大问题。因此,大力推进城乡一体化发展,实施乡村振兴战略是我国经济社会发展的必由之路。

第一节 城乡一体化的内涵

一、城乡一体化的要求

(一)明确城乡一体化的最终目标是实现城乡利益和谐

根据不同地区的发展实际,城乡发展一体化选择的路径并不相同。但是不论选择哪种路径推进城乡一体化发展,其目标都是一致的,即城乡一体化不是城乡形态的一致化,而是要通过政策构架的制定、长效机制的建立,实现城乡共同繁荣、共同发展。而所谓的共同繁荣、共同发展,其核心就是城乡利益和谐。实现城乡利益和谐,不是简单地城市向乡村利益让渡,而是区域工业化、信息化、城镇化和农业现代化同步推进,在城乡经济一体化发展的前提下,实现城乡规划、产业布局、基础设施、公共服务、社会管理、社会保障等六方面的一体化。

（二）明确城乡一体化的实质是城乡公共服务均等化

城乡发展一体化，是要在农村地区建立与城市和城市居民同等的各项公共服务，让农民共享现代化发展成果，包括交通、通信、水电等基础设施，文化教育、医疗卫生等各种社会福利。推进公共资源由过去的向城市倾斜为主，更多转变为向农村倾斜为主。加大对农村的扶持力度，加大公共财政在农村基础设施建设、社会事业发展、粮食安全保障等方面的投入，以补齐"三农"这块短板。特别是要通过全面深化改革，在体制机制上保障工农和城乡平等发展、共享成果的长效性。

（三）明确城乡发展一体化的目的是推进农村发展

我国大力推进城乡发展一体化发展，目的并不是消除农村，而是加强农村建设，使农村居民享受更好的生活。正如2014年8月习近平总书记考察云南大理湾桥镇古生村时强调的，新农村建设一定要走符合农村实际的路子，遵循乡村自身发展规律，充分体现农村特点，注意乡土味道，保留乡村风貌，留得住青山绿水，记得住乡愁。事实上，在推进城乡发展一体化进程中，城镇化和新农村建设是并行不悖的。我国即使城镇化程度达到了70%，也还有四五亿人在农村。农村绝对不能成为荒芜的农村、留守的农村、记忆中的农村。因此，城乡一体化不是要把乡村建设成为与城市同质化的外延部分，而是要实现城市与农村、工业和农业的差异化发展。城乡一体化不是城乡一样化。在公共服务均等的前提下，建设社会主义新农村，实现"三农"与城镇化、工业化协调发展才是城乡发展一体化的本意。通过工业反哺农业，城市带动乡村，实现城乡与工农同步协调发展才是我国城乡发展一体化实践的精髓所在。

（四）明确城乡发展一体化的核心问题是破除城乡二元结构

过去长期存在"以农养工""以乡养城"的经济政策，导致我国普遍存在城乡二元经济结构问题,特别是在城乡社会保障待遇、教育经费分配、医疗资源分配等方面存在较大差距,这已经成为阻碍市场经济发展的重大因素。而且随着代际间的累积,城乡差距还在不断扩大。各地城乡发展一体化模式探索的动因就是"城乡两策"造成的不平等及其对国民经济健康持续发展的严重制约;探索的最终目的就是要破除城乡二元经济结构,以便从根本上缩小城乡经济差距并最终实现工农互促、城乡互动的良性循环。

二、发展城乡一体化的策略

(一)选择恰当模式

推进城乡一体化必须掌握地区特征,针对不同地区的实际情况选择最合适的发展模式,只有这样才能充分发挥地区的比较优势,更好地实现城乡一体化发展目标。如上海充分发挥其郊区经济较强的优势,走"城乡共同发展"的道路;而苏南地区充分发挥其乡镇企业较发达的优势,走"乡镇企业带动发展"的道路。没有最好的模式,只有最适合的模式。因此,在城乡发展一体化中,必须因地制宜、合理选择发展模式。一是不能简单模仿,而要通过充分授权促进体制创新,以经济总量、人口数量、地方财力等作为客观依据,进一步下放经济社会管理权限,特别是涉及城乡建设和管理方面的行政管理权限,完善财政管理体制,赋予其与事权相匹配的财力,增强其自我发展能力。二是要根据美丽乡村建设的区域属性,遵循城乡历史发展规律,以重点项目建设带动生态环境的治理和修复,重点项目包括村庄整治、河网整治、农田园林化、农业生态化等。三是根据各地生产力水平和基层民主氛围,积极发展村集体经济,加强基层民主建设,从而提高农村基层组织的凝聚力和向心力,增强农村政权基础和社会稳定。

（二）加强政府引导

城乡一体化的建设最主要的目的就是调节收入分配格局、调整城乡利益关系、改革城乡二元体制，而这些都需要政府发挥主观能动性的作用。各地的实践也表明，城乡经济社会一体化发展的初期，在市场机制还不完善的时候，不能仅仅依靠民间力量，还必须依靠政府力量推进；而在初步奠定了城乡发展一体化基础和较好的市场经济环境的情况下，则要充分依靠市场机制发挥资源配置作用。因此，政府在不同阶段的职能定位就显得尤为重要。具体来说，政府的作用体现在三个方面：一是合理的统一规划，因为城乡一体化涉及经济社会等各个方面的问题，任何企业和个人都无法独自推动其发展，因此，必须要靠政府来统筹规划，制定合理的发展战略。二是在资金投入方面，因为城乡一体化的建设需要大量的资金用于基础设施、社会保障等社会公共事业的建设，因此必须由政府来完成。三是要维护好市场秩序，正确引导市场，激发民间活力，鼓励和扶持民众创新和创业，从而真正实现城乡一体化的融合。

（三）农民赋权增收

统筹城乡发展，推进城乡一体化，根本上是为了使人民群众享受更好的生活，是为了城镇居民和农村居民共享改革发展成果。因此，城乡发展一体化应当以人为本，提高农民的收入水平和生活水平。为此，各地按照党的十八届三中全会关于积极推进农村集体经济产权制度改革和土地制度改革的部署，积极探索了增加农民财产性收入和激活农民创业要素的新路子。一是积极推进土地确权制度改革，积极保障农民自有物权，赋予农民三权三证（即承包土地的使用权、宅基地的使用权、农民在宅基地上所盖的房屋的房产权，并给三权发证）；完善土地公开流转的市场，通过促进土地承包经营权流转，实现农业的规模化经营；开展农民住房财产权抵押、担保、转让的试点，为增加农民财产性收入开辟新的渠道。二是加快完成农村集体经济产权制度改革,赋予农民对集体资产股份的占有、收益和有偿退出及抵押、担保和继承的权利;大力发展农村合作组织、社区股份合作制,在社会服务、物业管理、为农服务、农业开发等特定领域的作用,更多地分享城市化、工业化和农业现代化所带来的经济利益。总之,推进城乡发展一体化,需要通过推进工业反哺农业、城市支持农村、政府回报农民,着力破除城乡二元结构、缩小城乡差距、提升公共服务均等化水平;需要充分尊重群众意愿,切实维护群众合法权益,解决好拆迁安置、居住环境、就业服务、社会保障、大病医疗保险等农民群众最关心的现实问题,让广大农民共享改革发展成果。

(四)夯实产业和经济基础

以马克思的观点为基础,我们可以将城乡发展划分为三个辩证发展阶段,即城乡依存—城乡分离和对立—城乡融合。不论在哪个发展阶段,社会生产力都起到了至关重要的推动作用,只有生产力发展到一定阶段,拥有了一定的物质基础,才具备城乡一体化建设的条件。城乡一体化建设之所以最先在东部地区展开,上海、浙江、苏州等地的城乡发展一体化之所以取得了很好的效果,就是因为东部是我国经济最发达的地区,拥有城乡一体化建设的物质基础,有其强大的地方财政实力作为保障。即便是西部的成功案例,也都出现在成都和重庆这样的省会城市或直辖市,这些地区同样是西部地区财政资金相对充裕的城市,城市化水平本身比较高,对乡村的经济辐射能力也较强。因此,各地在规划本地区城乡一体化的建设方案时,必须首先考虑本地的经济实力和经济条件,不能简单模仿、盲目发展,而要在提高财政资源使用的效率上下功夫,把资金和资源配置到最需要的地方。

(五)充分发挥规划的先导作用

可以看到,城乡发展一体化是一个复杂的系统工程,这就要求我们必须针对这项复杂工作进行整体规划,如果不注重整体规划就可能导致重复建设、城市化与农业现代化无序运行等问题。所以,推进城乡发展一体化必须首先做到城乡统一规划,这样既可以避免重复建设,保证推进工作井然有序,又可以明确阶段性的任务,保证推进一体化工作逐渐取得成效。通过建立统一规划管理体制,打破诸多规划各自为战、相互分割的格局,特别是要统筹协调好产业规划、城镇规划、土地利用规划和环境保护规划之间的关系。省市一级政府应当作为统一规划的主体,打破以区县为主的规划格局,明确各个区域的功能定位,有效整合城乡资源,立足现有产业发展、基础设施、公共服务等城乡发展基础,把广大农村纳入城市规划范围,把城市的基础设施延伸到农村,社会服务设施配套到农村,严格按照客观规律办事,分类、分步推进一体化。各级城乡规划应做到环环相扣,政府应加强对规划执行情况的监督审查,建立健全违反城乡规划的惩处机制。

从以上分析可以看出,城乡一体化是一个复杂的系统工程,这不是某一领域或方面的工作,而是一项全局性工作;不是短期的阶段性工作,而是长期的历史任务;不是单项性举措,而是涉及区域结构调整,区域发展路径的综合性战略;它的解决方案不在书斋里,而在实践中,来自基层的先行先试、敢闯敢试。各地需要结合自己的实际,在充分借鉴国内外城乡发展一体化经验的基础上,勇于实践,锐意创新,扎实走出一条以工促农、以城带乡、工农互惠、城乡一体的城乡发展一体化之路。

第二节　城乡融合发展

一、城乡融合发展是全面建成小康社会的迫切要求

习近平总书记在党的十九大报告中强调,我国当前正处于全面建成小康社会的决胜期,为了完成到 2020 年全面建成小康社

会的目标我国需要不断努力。小康不小康,关键看老乡。占全国人口41.48%的乡村常住人口收入能否上去,3 046万农村贫困人口能否同步小康,已经成为实现全面小康的最大难题。没有农民的小康,就没有全国人民的小康。城乡发展差距大是当前我国经济发展中的主要矛盾,全面建成小康社会,关键在通过建立城乡一体化发展制度,加快农村发展。正如习近平总书记在中共中央政治局就"健全城乡发展一体化体制机制"开展的第二十二次集体学习时所强调的:"全面建成小康社会,最艰巨最繁重的任务在农村特别是农村贫困地区。我们一定要抓紧工作、加大投入,努力在统筹城乡关系上取得重大突破,特别是要在破解城乡二元结构、推进城乡要素平等交换和公共资源均衡配置上取得重大突破,给农村发展注入新的动力,让广大农民平等参与改革发展进程、共同享受改革发展成果。"

(一)农村是全面建成小康社会的短板

党的十九大强调,中国特色社会主义已经进入新时代,建设小康社会的目标已经完成,也就是说我国已经基本实现了低水平的、不全面的、不平衡的总体小康。就我国目前发展来说,不平衡主要是城乡发展不平衡和区域发展不平衡,而区域不平衡的实质仍是城乡不平衡。党的十六大及时提出了全面建设小康的历史任务,形成了新的翻两番、"三步走"战略,十七大对全面建设小康社会提出了新的更高的要求。十八大作出了全面建成小康社会的新部署,明确要求到2020年全面建成小康社会。十八届五中全会对全面建成小康社会的目标作了新的阐述,主要包括:到2020年国内生产总值和城乡居民人均收入比2010年翻一番,经济保持中高速增长,产业迈向中高端水平,人民生活水平和质量普遍提高,国民素质和社会文明程度显著提高,生态环境质量总体改善,各方面制度更加成熟更加定型,国家治理体系和治理能力现代化取得重大进展等。也就说明,全面建成小康社会将重点放在发展质量上,强调社会的全面协调可持续发展,为广大人民群众创造出一个可以共享改革发展成果的社会。

全面小康的关键在于"全面"，这要求建成小康社会应该是各个领域均实现小康，这包含了经济、政治、文化、社会和生态文明，要求开展"五位一体"的全面建设，从而建成全面协调发展的小康社会；而且要求小康所覆盖的人群、涉及的地域是全面的，是包括城乡、老少边穷地区在内的所有地区，不让任何一个人、一个阶层、一个民族掉队的全面小康。显然，这样"全面"的实质就是共享，强调人人参与、人人尽力、人人享有，使全体人民在共建共享发展中有获得更多幸福感，增强发展动力，增进社会和谐，朝着共同富裕的方向稳步前进。

近年来，我国不断加强对"三农"建设的重视，将其作为我国建设和改革的一项重要工作，不断加大强农惠农富农政策力度，农业基础地位得到显著加强，农村社会事业得到明显改善，统筹城乡发展、城乡关系调整取得重大进展。但是，由于欠账过多、基础薄弱，我国城乡发展不平衡不协调的矛盾依然比较突出，加快推进城乡发展一体化意义更加凸显、要求更加紧迫。

（二）推进城乡融合发展，补齐农村"短板"

近年来，我国大力推进城乡统筹发展战略，这在很大程度上缓解了"三农"问题，大力推动了农村经济的发展，改善了农村居民的生活。但是，城乡二元结构造成的深层次矛盾依然突出。农村经济体制尚不完善，农业生产经营组织化程度低，农产品市场体系、农业社会化服务体系、国家农业支持保护体系不健全，构建城乡经济社会发展一体化体制机制要求紧迫；农业发展方式依然粗放，农业基础设施和技术装备落后，耕地大量减少，人口资源环境约束增强，气候变化影响加剧，自然灾害频发，国际粮食供求矛盾突出，保障国家粮食安全和主要农产品供求平衡压力增大；农村社会事业建设和公共服务水平较低，区域发展和城乡居民收入差距扩大，改变农村落后面貌任务艰巨。总之，农业基础仍然薄弱，最需要加强；农村发展仍然滞后，最需要扶持；农民增收仍然困难,最需要加快解决。特别是在全面建成小康社会的决胜阶段,解决农村"短板"的任务十分艰巨。因此,必须大力推进城乡发展一体化,着力破除城乡二元结构,以便从根本上解决"三农"问题,才可以让城乡居民拥有同等的待遇,才可以实现城乡居民基本权益均等化、城乡公共服务均等化、城乡居民收入均衡化、城乡要素配置合理化,以及城乡产业发展融合。只有这样,才能完成到2020年补齐农村"短板"的任务,才能真正实现全面小康,建成一个高水平的、平衡的、无短板的社会。

总之,农业是国之根本,只有农业实现平稳可持续发展,才能稳定民心、稳定社会,只有推动农村繁荣稳定才能促使国家繁荣稳定,只有实现农民全面小康才能实现全国人民全面小康。着力解决"三农"问题仍然是全党工作的重中之重,推进城乡发展一体化,是全面建成小康社会的迫切要求。党中央适应农村改革发展新形势,顺应亿万农民过上小康美好生活的新期待,正在抓住时机,努力破除长期形成的城乡二元结构,奋力开创以工促农、以城带乡、工农互惠、城乡一体的新型工农城乡关系新局面。

(三)实施乡村振兴战略,促进城乡融合发展

在将乡村作为一个有机整体进行通盘考虑的基础上,我国提出了乡村振兴战略,该发展战略以乡村的产业、生态、文化等资源作为立足点,注重发挥乡村的主动性,致力于激发乡村内在的发展活力,以建立可持续的内生增长机制。这一思路的根本转变,确立了全新的城乡关系,乡村将从过去的被动接收反哺,到今后的主动作为、实现振兴,进而实现城乡融合发展。

推动乡村振兴战略,不仅可以促进农村发展,同时还可以促进城乡进一步融合发展。党的十九大报告明确提出了乡村振兴的总要求:"产业兴旺、生态宜居、乡风文明、治理有效、生活富裕。"这五个方面内容是在建设"社会主义新农村"总要求的基础上提出的更高要求,其内涵也更为丰富和深刻。

推动农村发展，建设社会主义新农村，要求我国农村发展要做到，"生产发展、生活宽裕、乡风文明、村容整洁、管理民主。"乡村振兴战略的总要求则是在总结新农村建设经验的基础上，用"产业兴旺"替代了"生产发展"，用"生态宜居"替换了"村容整洁"，用"治理有效"替代了"管理民主"，用"生活富裕"替代了"生活宽裕"。"生产发展"主要是指发展农业生产；"产业兴旺"则是指农村整个产业体系全面发展，要求农业要"接二连三"，即一、二、三产业要全面融合发展。"村容整洁"更多的是侧重农民的房屋、院落、村路等要干净整齐些；而"生态宜居"要求的更高更多：既要求保持村庄的良好生态环境，又要求农业走绿色发展道路，使整个农村的生态系统进入人与自然和谐共生的良性循环之中。"乡风文明"，要求的是既要弘扬传统的乡贤文化和优良的乡风习俗，又要融进现代的文明理念和生活方式，形成既传统又现代、既质朴又时尚的乡村特有的文化气息。从"管理民主"升级为"治理有效"，要求农村不仅要建立健全村民自治制度，还应该以此为基础加强农村基层基础工作，建立并完善自治、法治、德治相结合的乡村治理体系，以此保证农村社会可以实现平稳、和谐、有序发展。最后，建立在产业兴旺基础上的"生活富裕"比基于生产发展条件下的"生活宽裕"有着更丰富的内涵："生活宽裕"指的是农户收入增多，吃穿有余，生活改善；而"生活富裕"不仅要求吃穿不愁，而且要求在教育、医疗卫生、文化体育、水电路气、养老社保等诸多方面都要有与城市平等的享受。这也是在过去十多年农业发展和新农村建设基础上提出的一个更高的、面向未来的新要求。

由以上分析可以看出，推进乡村振兴战略，一方面可以有效地补齐农村短板，另一方面还可以从根本上解决"三农"问题，可以说这是实现全面建成小康社会和推动农村发展的新部署、新思路。新时代切实贯彻实施乡村振兴战略，将有力地推进城乡协调并进、共同繁荣的融合发展。

二、推动"五化同步",促进城乡融合发展

截至 2017 年年底,全国城镇常住人口 81 347 万人,占总人口比重(常住人口城镇化率)为 58.52%,比上年末提高 1.17 个百分点。户籍人口城镇化率为 42.35%,比上年末提高 1.15 个百分点。[①] 这表明中国已经告别了以乡村型社会为主体的时代,进入以城市型社会为主体的新时代。党的十八大提出,要促进工业化、信息化、城镇化、农业现代化同步发展,推动城乡发展一体化,并将城乡发展一体化作为解决"三农"问题的根本途径。经过五年的"四化同步"推进,取得了显著的成效。党的十九大在总结其发展经验的基础上,进一步提出了"加快推进农业农村现代化"的战略任务。由此,"农业现代化"扩展为"农业农村现代化",随之,"四化同步"也相应地拓展为"五化同步"。这是党中央关于建立全新的工农城乡关系的科学思考,体现了党中央对中国特色社会主义现代化建设规律认识的深化,是解决现代化进程中城市、乡村"两张皮"问题的新的战略部署。

(一)推进信息化和工业化深度融合

加强城乡融合发展,应该促进信息化和工业化深度融合,因为这样可以有效提高企业的核心竞争力,可以促进工业经济发展,同时还可以有有效地开创城乡发展一体化发展新格局。新一代以"互联网＋"为核心内容与驱动力量的信息经济发展所赋予的发展空间和发展格局是十分广阔的,这对加快推进城乡发展一体化具有深远的意义。新一代以"互联网＋"为核心内容与驱动力量的信息经济既能从技术上解决城市乡村的地域分割问题,从而将城市和乡村紧密连接在一起;又能在进一步消除城乡差别方面起到任何传统经济形态无法企及的快速高效的巨大作用。目

---

① 中华人民共和国 2017 年国民经济和社会发展统计公报[EB/OL]. http://www.stats.gov.cn/tjsj/zxfb/201802/t20180228_1585631.html.

前,全国农村电商如雨后春笋般的蓬勃发展,既及时解决了由于信息不对称所造成的优质土特农产品滞销的问题,又有效地降低了经营成本,提高了经济效益,由此而改变了贫困农村、贫穷农民现状的例子比比皆是。因此,推动城乡一体化发展必须适应时代要求,要充分利用互联网等信息时代高新技术,不断提高农民素质、增进农民工的获得感,要有效推动农业现代化建设,加强农村生态建设和管理等,以此为基础推动城乡经济社会融合发展。

(二)推进工业化和城镇化良性互动

工业化和城镇化都是现代经济社会的主要特征,而二者的良性互动则是现代经济社会发展的主要特征,也只有做到工业化和城镇化的良性互动,才能为城乡发展一体化提供更好的经济支撑和空间依托。工业化创造供给,城镇化创造需求。二者的良性互动,既可以扩大消费,消化过剩产能;又可以保证经济增长,吸纳农村剩余劳动力。据统计,我国城镇化水平每提高一个百分点,就有一千万农民转化为城镇居民。

推动户籍人口城镇化,就是要使农村人口变为城镇人口,城镇化是解决这个问题的必由之路。从某种意义上说,城乡发展一体化的关键是人的一体化,核心是农民市民化。所谓的城镇化就是在当地搞小城镇,在当地解决农民的身份转换问题。从国情上看,加强中小城市和小城镇的发展,在资源和土地的约束方面相对宽松,也有利于降低农村人口向城市转移的成本。因而,城镇化的过程,同时也是中国城乡二元体制的一个分拆与重塑的过程。

(三)推动城镇化和农业农村现代化相互协调

推进我国农村发展,加强城乡融合,必须实现城镇化和农业农村现代化的相互协调。推进城乡融合发展,首先需要推动农村经济发展,要推动农业现代化发展。为此需构建现代农业产业体系、生产体系、经营体系,社会化服务体系,以发展多种形式适度规模经营,实现小农户和现代农业发展有机衔接。同时,还要加快城镇化建设,以推进农民市民化、农村城镇化。

在推进城镇化和农业现代化的过程中,还需要推动农村现代化发展。我国是典型的农耕文明国家,农业始终是我国发展的基础,在广大乡村具有深厚的有文化之根和根深蒂固的"乡恋和乡愁"。同时耕地的分布也决定了我国农业现代化必须走多样化、适度规模和有机化的绿色发展道路,这意味着我国城镇化率的峰值为 65%~70%。也就是说,即使我国基本实现了现代化,也将有 4 亿多人口在乡村生产生活。因而在加快推进农业现代化和城镇化的同时,必须大力推进农村现代化,三者是相辅相成的。没有农业现代化,农村现代化和城镇化就会成为无源之水、无本之木,而没有农村现代化和城镇化,农业现代化也会失去空间依托,广大农民向何处去就会成为一个难题。因而,只有城镇化和农业农村现代化的协调推进,才能尽快实现城乡融合发展,这既被世界经济发展的实践所证实,也是我国新时代新发展的必然要求。站在新时代,放眼新征程,中国强,乡村必须强;中国美,乡村必须美;中国现代化,乡村必须现代化。

从以上分析可以看出,工业化、信息化、城镇化和农业农村现代化的同步发展,可以有效推动城乡融合发展,以此为基础可以打开城乡平等发展、良性互动的新格局。

第三节　农村一二三产业融合

一、农村一二三产业融合的模式

(一)农业农村功能拓展型融合模式

这种产业融合模式主要是通过发展休闲农业和乡村旅游等

途径实现的,有效带动农业农村的生活功能和生态功能,这样就可以激活农业农村的环保、文化、体验等内涵,转型提升农业的生产功能,通过创新农业或农产品供给,增强农业适应需求、引导需求、创造需求的能力,拓展农业的增值空间;甚至用经营文化、经营社区的理念,打造乡村旅游景点,培育特色化、个性化、体验化、品牌化或高端化的休闲农业和乡村旅游品牌,促进农业农村创新供给与城镇化新增需求有效对接。近年来,许多地方蓬勃发展的特色小镇和农家乐旅游当属此种模式。如浙江省部分村镇综合开发利用自然生态和田园景观、民俗风情文化、村居民舍甚至农业等特质资源,发展集农业观光、休闲度假、商务会谈、科普教育、健身养心、文化体验于一体的农家乐休闲旅游,形成类似薰衣草主题花园、佛堂开心谷、农业奇幻乐园等旅游产品。许多地方推进"桃树经济"向"桃花经济"的转变,发展"油菜花"等"花海"经济。近年来,北京市大力发展"沟域经济",促进农民增收效果显著,也是这种模式的成功范例。对于那些经济发展缓慢但具有良好生态环境的山区和贫困地区,可以大力发展休闲农业和乡村旅游,通过这种方式可以促进这些地区的生态资源向生态资产转换,以此带动农村经济发展,增加农民收入,有效推进我国精准脱贫战略的实施。

农业农村功能拓展型融合模式的关键在于创新发展理念、提升服务品质,这也是带动农民增收的关键。单靠农民自身推进农业农村功能拓展型融合,往往面临观念保守、理念落后等制约,农户之间竞争有余、合作不足,也会影响区域品牌的打造和效益的提升。工商资本、龙头企业的介入,有利于克服这方面的局限,但防范农民权益边缘化的重要性和紧迫性也会突出起来。根据2016年8月对山东潍坊市的调研结果显示,全市农业农村功能拓展型融合基本呈现三种模式。

第一,依托区域农业主导产业或优势特色产业的规模优势、品牌优势,发展休闲农业,丰富农业的创意、文化、体验等功能;第二,依托依山傍水的自然生态景观或历史文化浓郁的人文景观,推进农业生产、生活、生态功能融合互动发展,发展生态休闲游、民俗风情游、历史文化游、农业景观游等休闲农庄或农家乐旅游;第三,在城市周边或名胜景区,面向市民多样化消费需求,以大型设施农业为基础,以奇、特、新、高(档)农产品生产为主,融合休闲、观光、度假、教育、体验等功能,建设休闲农业园区、农业主题公园或现代农业新业态,形成以农业"玩乐"功能带动"吃喝"功能的农村产业融合模式。

(二)农业产业链向后延伸型融合模式

这种产业融合模式是指以农业为基础,向农业产后环节延伸,从而使农业与二、三产业有效链接的融合模式,一般来说,可以通过向加工、流通、餐饮、旅游等环节延伸实现产业融合的目的,通过这种方式可以带动农产品多次增值和产业链、价值链升级。多表现为专业大户、家庭农场、农民合作社等本土根植型的新型农业经营主体发展农产品本地化加工、流通、餐饮和旅游等,对农民增收和周边农户参与农村产业融合的示范带动作用较为直接,农民主体地位较易得到体现,与此相关的农村产业融合项目往往比较容易"接地气",容易带动农户增强参与农村产业融合发展的能力;但推进农村产业融合的理念创新和实际进展往往较慢,产业链、价值链升级面临的制约因素往往较多。农户发展农产品产地初加工、建设产地直销店和农家乐等乡村旅游也属此类。部分农产品加工企业建设农产品市场、发展农产品物流和流通销售;部分农户和新型农业经营主体推进种养加结合、发展循环经济,引发农业产业链、价值链重组,也属农业产业链向后延伸型融合模式。

(三)服务业引领支撑型融合模式

这种产业融合模式的重点在于服务业的引领,可以通过推进农业分工协作、加强政府购买公共服务等方式,正确引导农业服务外包,推动农业生产性服务业由重点领域、关键环节向覆盖全程、链接高效的农业生产性服务业网络转型;顺应专业大户、家庭农场、农民合作社等新型农业经营主体发展的需求,引导农业生产性服务业由主要面向小规模农户转向更多面向专业化、规模化、集约化的新型农业经营主体转型;引导工商资本投资发展农业生产性服务业,鼓励农资企业、农产品生产和加工企业向农业服务企业甚至农业产业链综合服务商转型,形成农业、农产品加工业与农业生产性服务业融合发展新格局,增强在现代农业产业体系建设和农业产业链运行中的引领支撑作用。农业生产性服务业引领支撑型融合有利于解决"谁来种地""如何种地"等问题,促进农业节本增效升级和降低风险,带动农民增收。一些农村地区会通过大力发展农业会展经济和节庆活动的方式,促进农产品销售,推动品牌营销,以此为基础有效对接农村的农业供给与城市的消费需求,带动农民收入增加,这种产业融合方式也属于服务业引领支撑型融合。

(四)"互联网+农业"或"农业+互联网"型融合模式

实际上,这种产业融合模式也可以归类于服务业引领支撑型融合,但是这种融合模式更加强调互联网在农村一二三产业融合中发挥的作用,因此可以将其作为单独模式进行探讨。依托互联网或信息化技术,建设平台型企业,发展涉农平台型经济;或通过农产品电子商务,形成线上带动线下、线下支撑线上、电子商务带动实体经济的农村一二三产业融合发展模式,拓展农产品或农加工品的市场销售空间,提升农产品或农业投入品的品牌效应和农业产业链的附加值。许多地区在发展高端、品牌、特色农业的过程中,越来越重视这种方式。有些地区还结合优势、特色农产品产业带建设,加强同电子商务等平台合作,形成电子商务平台或"互联网+"带动优势特色农产品基地的发展格局。如安徽省芜湖市依托"三只松鼠"等20余家农业电子商务骨干企业,带动"果仓王国"等新兴农产品电商企业快速发展,推动了农产品线上销售的快速增加。潍坊市是全国农产品电子商务发展的先行者,近年来全市着力加强电子商务企业孵化基地建设，打造"中国农产品电子商务之都"，已形成企业独立投资、建设和发展，企业投资、政府部门配合，小微企业和个人网店等运营模式，通过电商平台建立的农产品销售网店已近万家。

充分发挥互联网在农村产业融合中的作用，发展"互联网＋农业"，可以有效推动农业发展理念、业态和商业模式的创新，可以有效促进农业产业链技术创新及其与信息化的整合集成，发挥互联网对农业延伸产业链、打造供应链、提升价值链的乘数效应；也有利于更好地适应、引导和创造农业中高端需求，拓展农业市场空间，提升其价值增值能力，促进农民增收。但此种模式对参与者的素质要求较高，农产品物流等配套服务体系发展对其效益的影响较大，增强创新能力、规避同质竞争的重要性和紧迫性也日趋突出。采取这种农村产业融合模式带动农民增收，关键在于建立农户与平台型企业或者农产品电商之间的有效利益联结。

（五）集聚集群型融合模式

集聚集群型融合依托农业产业化集群、现代农业园区或农产品加工、流通、服务企业集聚区，以农业产业化龙头企业或农业产业链核心企业为主导，以优势、特色农产品种养（示范）基地（产业带）为支撑，形成农业与农村第二、第三产业高度分工、空间叠合、网络链接、有机融合的发展格局，往往集约化程度高、经济效益好、对区域性农产品原料基地建设和农民群体性增收的辐射带动作用较为显著。如《河南省人民政府关于加快农业产业化集群发展的指导意见》（豫政[2012]25号）要求"加快发展农业产业化集群，以农业优势资源为基础，以若干涉农经营组织为主体，以农业产业化龙头企业为支撑，以相关服务机构为辅助，以加工集聚地为核心，以辐射带动的周边区域为范围，围绕农业相关联产业发展种养、加工和物流，形成上下游协作紧密、产业链相对完整、辐射带动能力较强、综合效益达到一定规模的生产经营群体，实现产、加、销一体化"。通过农村一二三产业集聚集群型融合增加农民收入,关键在于提升产业集群专业化、集中化、网络化、地域化程度。在实践中,一些农村地区大力发展一村一品、一乡(县)一业,一些地区根据自身特征建设特色小镇,这种产业融合也属于集聚集群型融合模式。

(六)农业产业链向前延伸型融合模式

农业产业链向前延伸型融合模式以农产品加工或流通企业为依托,加强标准化农产品原料基地建设;或推进农产品流通企业发展农产品产地加工、农产品标准化种植,借此加强农产品/食品安全治理,强化农产品原料供应的数量、质量保障,增强农产品原料供给的及时性和稳定性。部分超市或大型零售商结合农业产业链向前延伸型融合,培育农产品自有品牌,创新商业模式,发展体验经济,还可以利用其资金和营销网络优势,更好地发现、凝聚、引导甚至激发消费需求,促进农业价值链升级,推动农业发展更好地实现由生产导向向消费导向的转变。通常,农业产业链向前延伸型融合会以外来型的龙头企业或工商资本为依托,这种融合模式有利于创新农村产业融合的理念,这样可以更好地满足消费需求,尤其是可以更好地与中高端市场和特色、细分市场对接,以此为基础可以促进产业链、价值链升级;也有利于对接资本市场、要素市场和产权市场,吸引资金、技术、人才、文化等创新要素参与农村产业融合,加快农村产业融合的进程。但在此模式下,容易形成龙头企业、工商资本主导农村产业融合的格局,导致农民日益丧失对农村产业融合的主导权和利益分享权,陷入农村产业融合利益分配的边缘地位。在此模式下,也容易形成农民对农村产业融合参与能力不适应的问题。因此,强化同农户的利益联结机制,增强龙头企业、工商资本对农民增收的带动能力,鼓励其引导农户在参与农村产业融合的过程中增强参与农村产业融合的能力,都是极其重要的。例如,日本政府鼓励通过农业后向延伸的方式推进农村"六次产业化",在这种融合模式下,可以内生发育出农产品加工、流通业和休闲农业、乡村旅游,可以有效防止工商资本通过前向整合兼并、吞噬农业,防止农民对工商资本形成依附关系。

二、促进农村产业融合的思路与对策

(一)加强成功经验和典型案例的宣传推广

农村产业融合发展是产业发展新格局,与产业各自发展具有显著差别,农村一二三产业融合发展要求三次产业"你中有我、我中有你"。农村一二三产业融合发展有主动和被动之分,被动融合即农村第一、第二、第三产业形式一定交集,如一般的休闲农业和乡村旅游;可以将农村第一、第二、第三产业看作三个鸡蛋,主动融合就是指将三个鸡蛋打碎了、搅匀了,形成"若有若无,水乳交融"的关系,是农村产业融合的高级境界。较之于通常的农业产业化,农村一二三产业融合发展更强调产业跨界融合、要素跨界流动、资源集约配置,更强调高端市场、特色市场的开拓和文化、创意、科技、体验等内涵的渗透,更强调第一、第二、第三产业之间由外部链接关系转为相互渗透、交叉和重组关系,更重视产业之间网络化、集群化、信息化的趋势,更重视城乡互动、以城带乡和要素市场、产权市场的发育,更重视农业工业化、工业服务化、服务产业化、产业信息化和绿色化。因此,农村产业融合不是农业产业化的简单复制,而是农业产业化的升级版和拓展版。要加强对农村产业融合现有试点示范项目和成功经验的总结宣传和推广工作,通过现行经验和典型案例的宣传剖析,引导地方政府和融合主体更好地了解农村产业融合是什么、为什么、要怎么,以便更好地明确推进农村产业融合的目标、辨识推进农村产业融合的重点和有效方式。

相关部门和机构可以选择农村产业融合的典型案例进行宣传,针对典型案例召开解剖会、交流会等,从融合主体和地区两个层面加强对典型经验的宣传、解剖,以及加强对失败教训的总结剖析,提高宣传、培训的针对性和有效性。结合宣传培训,引导融合主体在农村产业融合领域稳打稳扎,"打持久战",避免盲目投资加大经营风险。当前从国家层面支持农村产业融合的试点示范项目主要有国家发改委会同财政部、农业部等部委实施的"百县千乡万村"试点示范工程,财政部和农业部通过的中央财政农村一二三产业融合发展项目支持试点省份建设,农业部农村一二三产业融合发展先导区项目。这些项目的实施,对于促进农村一二三产业融合发展增加农民收入,开始发挥了重要作用。结合我国农村发展和农村产业融合情况,应该以加强统筹协调为基础,对不同类型试点示范项目的支持定位和功能特色进行明确定位,形成支持重点适度错位、分工协作的试点示范体系,有利于增强政策支持的有效性。建议"百县千乡万村"试点示范工程以支持试点为主,突出深化体制机制改革、政策创新和优化农村产业融合空间布局等试点内容;农村一二三产业融合发展先导区项目突出成熟成型经验的总结提升和复制推广;中央财政农村一二三产业融合发展项目支持试点省份建设,突出支持农村产业融合的区域分工协作、利用城市群和区域中心城市对农村产业融合发展的引领带动作用。

(二)加强和创新对农村产业融合的支持

推动农村一二三产业融合,应该加强对产业化、规模化、市场化手段的应用,因为这样才可以充分发挥财政投入对产业融合的支持作用。同时,财政支持应该重点瞄准重点领域和关键环节,通过财政贴息、以奖代补、先建后补和设立产业融合引导基金、投资基金等方式加大支持力度。也可通过政府设立农村产业融合风险补偿基金等方式,鼓励金融机构拓展对农村产业融合领域的中长期贷款,如提高固定资产贷款比重。

1.农村产业融合的跨区域、跨部门合作和产学研用合作

通过跨区域、跨部门合作的方式打造推进农村产业融合的

"联合舰队",充分发挥不同区域、部门对农村产业融合的作用,促进科技等创新要素更好地注入农村产业融合领域,把推进农村产业融合的过程有效转化为培育新产业、新业态、新模式的过程,增强产业发展和农民增收新动能。

2. 农村产业融合领域的商会、行业协会和产业联盟运行

建立并完善政府公共服务向行业协会、产业联盟的优先采购制度,鼓励其在推进农村产业融合的协同创新、加强行业培训方面发挥作用。支持商会、行业协会、产业联盟举办产品展会或以会代展,带动农村产业融合的经营主体强化品牌、市场和营销意识。

3. 与农村产业融合相关的关键性基础设施和服务能力建设

通过加强关键性基础设施和服务能力建设,推动农产品专用原料基地建设,助推农产品加工流通转型升级,支持农村产业融合的营销网络化、信息化、标准化、品牌化和食品安全治理能力建设。如支持农产品展示直销中心或交易中心建设;鼓励经营主体开展品牌合作,联合打造区域层面、产业链层面的公共品牌;鼓励面向新型融合主体开展涉农大数据分析应用能力培训,帮助其优化决策能力。

4. 农村产业融合区域载体和相关平台建设

推动农村一二三产业融合,应该在平台建设上加大财政投入,例如加强面向现代农业示范区、农业产业化示范基地、粮食生产功能区和现代农业产业园、特色农产品优势区、农业产业化集群的公共服务平台和区域公共服务体系建设。如农业公共基础数据库建设、农业资源和要素整合平台建设、农产品质量安全检验检测平台、农村产权交易服务平台、农产品生鲜电商平台建设。这比支持经营主体单打独斗往往更为有效、更加公平。鼓励按照"企业为主、政府支持方式",搭建农业总部经济平台,形成"总部

＂基地＂的农村产业融合新格局,强化服务业对现代农业发展、农业产业化经营的引领和辐射带动效应。结合支持农村产业融合区域载体建设,加大对自创品牌的农产品电子商务、农产品资源就地产业化的支持力度。

(三)深化农村产业融合的体制机制改革

农村产业融合相关部门应该总结现行试点示范经验,以此为基础找准重点,加大对体制机制改革的支持,着力营造有利于农村产业融合发展的产业生态,发挥市场对资源配置的决定性作用和更好地发挥政府作用,同时协调处理好市场作用与政府作用的关系。

1. 推进政策实施机制的创新

加强农村产业融合,创新政策实施机制,有利于解决＂政策好,落实难＂的问题,通过这种方式可以有效促进支持农村产业融合的政策创新更好地落地。如近年来有关部门出台了一系列政策推进设施农用地按农用地管理。2014年国土资源部和农业部下发了《关于进一步支持设施农业健康发展的通知》。国土资源部明确提出相关政策,要求各地单列安排农村建设用地计划指标时,要安排不少于国家下达当地计划指标的5％,用于满足农村产业灵活发展用地需求。国务院还明确从2015年起,由各省市区对新型农业经营主体进行的农产品加工、仓储物流、产地批发市场等建设单独安排用地计划指标,促进相关产业发展。推进这些政策的落实,有利于缓解农村产业融合用地难的问题。此外,要鼓励推进农村产业融合的体制机制改革和政策创新,同支持创新创业、打造特色小镇和推进新型城镇化、建设美丽乡村结合起来,同促进农业绿色发展、培育农业新业态新模式结合起来。

2. 培育农村土地、资本等要素市场和产权流转市场

农村一二三产业融合需要良好的市场环境,因此,有必要加

强农村要素市场和产权流转市场的培育。培育土地市场可与深化农村土地征收、集体经营性建设用地入市和宅基地制度改革结合起来。允许具备一定条件且投资农村产业融合项目的非本集体经济组织成员，购买农村房屋或宅基地，但为规避在农村房地产市场的投资或投机行为，达到一定年限后如需转让，其增值收益应主要留归本集体经济组织；允许通过农村土地整理和村庄整治节约的建设用地，通过入股、出租和转让等方式优先保障农村产业融合用地。对于兴办育秧大棚等关键性农业生产性服务的设施用地，只要未破坏耕作层，可参照农业用地执行。培育农村资本市场，应在尊重资本市场运行规律和统筹城乡发展的前提下进行，谨慎积极地开展，与发展多层次资本市场、培育农村合作金融、培育创新友好型区域金融体系、创新农村金融监管方式等改革试验结合起来，并将其同引导产业投资基金支持农村产业融合结合起来。建议引导国家开发银行、中国农业发展银行和商业性银行加强对农村产业融合的中长期资金支持，逐步提高农村产业融合项目中固定资产贷款的比重。

3.创新农村产业融合的区域合作、部门合作机制

通过加强农村产业融合的区域合作、部门合作机制创新，可以有效引导区域之间由农村产业融合的竞争关系转向竞争—合作关系，推进农村产业融合的部门协同监管机制创新。鼓励农村产业融合与发挥区域中心城市和城市群的引领带动作用结合起来。实践证明，干部的跨部门任职和提拔，有利于带动农村产业融合。

4.探索商会、行业协会、产业联盟等运行机制创新

推进农村产业融合需要加强运行机制创新，通过这种方式可以有效增强产业、行业的可持续发展能力，激发行业性组织在推进行业标准化、品牌化和加强行业治理、公共服务能力建设等方面的作用。鼓励农民合作社、农产品行业协会等合作形式发展，

开展农村合作金融、普惠金融等改革试点。

5.深化相关公共平台和公共服务机构运行机制的改革

农村一二三产业融合发展是一个系统工程,涉及的部门和领域众多,需要相关公共平台和公共服务机构提供有力支持。可以推进支持民营经济发展和创新创业,促进农业产业化集聚集群发展,推进政府购买公共服务的改革和政策创新,强化平台型企业的行业治理。

第四节　乡村振兴与城乡发展

一、实施乡村振兴战略的必要性

(一)实施乡村振兴战略是城乡协调发展政策演进的必然结果

随着中国特色社会主义发展,中国必须推进城乡协调发展,这是社会主义发展的本质要求,而实施振兴战略则是建立在城乡协调发展基础上的新战略。党的十六大以来,中央始终把解决好"三农"问题作为全党工作的重中之重,中央对城乡关系的认识随着实践发展经历了"统筹城乡经济社会发展—统筹城乡发展—城乡经济社会一体化—城乡发展一体化—城乡融合发展"的演进,实施乡村振兴战略是中央推进城乡协调发展的题中之意。2002年11月,党的十六大在制定全面建设小康社会奋斗目标时,针对"城乡二元经济结构还没有改变"的问题,提出了"统筹城乡经济社会发展"的方针。2003年7月,中央把"统筹城乡发展"作为"科学发展观"的重要内容,并将其列为五个统筹之首。2007年10月,党的十七大提出"建立以工促农、以城带乡长效机制,形成城乡经济社会发展一体化新格局"。2012年11月,党的十八大指出

"城乡发展一体化是解决'三农'问题的根本途径"。2013年11月,党的十八届三中全会提出形成以工促农、以城带乡、工农互惠、城乡一体的新型工农城乡关系。2017年10月,习近平总书记在党的十九大上明确提出,要实施乡村振兴战略,要加强城乡融合发展体制机制和政策体系的建立和完善。

党的十九大明确了乡村振兴战略的总体要求,即"产业兴旺、生态宜居、乡风文明、治理有效、生活富裕",这也是我国农村发展的总体目标。2017年12月底召开的中央农村工作会议,进一步明确提出走中国特色社会主义乡村振兴道路,即走城乡融合发展之路、共同富裕之路、质量兴农之路、乡村绿色发展之路、乡村文化兴盛之路、乡村善治之路、中国特色减贫之路,到2050年实现乡村全面振兴。2018年1月2日,中共中央国务院发布了《关于实施乡村振兴战略的意见》,对实施乡村振兴战略做出了全面部署。2018年3月8日,习近平总书记在参加十三届全国人大一次会议山东代表团审议时,着重论述了乡村振兴战略,提出了"五个振兴"思想,进一步明确了乡村振兴的主攻方向和实施路径。2018年5月31日,中共中央政治局召开会议审议《乡村振兴战略规划(2018—2022年)》,进一步细化实施乡村振兴战略的工作重点和政策措施。由此可见,实施乡村振兴战略是对中央城乡协调发展政策的继承和发展,是决胜全面建成小康社会、全面建设社会主义现代化国家的重大历史任务,是新时代做好"三农"工作的总抓手。

(二)实施乡村振兴战略是破解乡村发展困境的必由之路

大力推动乡村发展是城镇化和国民经济发展到一定阶段后的必然结果,只有通过切实有效的政策措施推动农村发展,才能缩小城乡发展差距,实现城乡协调发展。例如,西德政府于1954年提出并实施了乡村更新计划,在几十年的时间里积极推动工业企业向农村地区扩散,使农村拥有了完善的基础设施,农村公共服务供给水平也不断提高。韩国从1970年开始实施"新村运动",推进农业现代化、农村城镇化和农村工业化,加强农村精神文明建设,到 20 世纪末韩国城乡居民的生活条件已差别不大,实现了城乡协调发展。与上述国家乡村振兴形成鲜明对比的是,一些拉美国家在快速城镇化过程中未能解决好农业、农村和农民发展问题,这成为这些国家落入"中等收入陷阱"的重要原因之一。基于其他国家的经验教训,中国要实现"两个一百年"奋斗目标和全体人民共同富裕,必须加快推进农业农村现代化。

2005 年 10 月,党的十六届五中全会提出了"生产发展、生活宽裕、乡风文明、村容整洁、管理民主"的新农村建设总要求,党和政府希望通过实施建设新农村的战略破解快速城镇化进程中的乡村发展困境。新农村建设开展十多年来,尤其是党的十八大以来,农业农村发展取得了历史性成就,但由于长期的历史积累,中国城乡发展不平衡和乡村发展不充分问题依然十分突出,农业农村现代化仍然是制约全面建成小康社会和建设现代化国家的短板。与此同时,城乡居民对农产品的需求由"量"向"质"转变,农业发展的主要矛盾由总量不足转变为结构性矛盾;农村居民除了要提高收入水平,还需要便利的基础设施和健全的公共服务;随着经济社会发展水平的提高,乡村对于城乡居民的文化、休闲、生态等价值日益凸显,因此必须通过加快农业农村发展以满足广大人民日益增长的美好生活需要。在此背景下,中央提出实施乡村振兴战略,实际上是新农村建设的全面升华,是破解乡村发展困境的必由之路。

二、乡村振兴战略的实施

(一)明确乡村全面振兴的标志和实施路径

1. 推动乡村生态发展

生态振兴是乡村振兴的重要支撑。乡村生态振兴的标志,就是要实现农业农村绿色发展,打造山清水秀的田园风光,建设生态宜居的人居环境,让农村更像农村。为此,要按照全面小康的要求和更高的标准,加强农村公共设施建设,全面改善农村人居环境,建设功能完备、服务配套、美丽宜居的新乡村。加强农村生态建设和环境综合治理,尤其要加大农村面源污染、垃圾污水治理力度,推进农村"厕所革命",着力打造天更蓝、水更清、地更绿的美丽家园,让良好生态成为乡村振兴的支撑点。实施化肥、农药使用减量行动计划,采取总量控制与强度控制相结合的办法,推动化肥、农药等使用总量和强度实现持续快速下降,力争到2030 年将化肥、农药使用强度降低到国际警戒线之下。在有条件的地区,要加强农业生态化景观化改造,推进全域美丽乡村建设。

2. 推动乡村文化发展

文化振兴是乡村振兴的精神基础。如果乡村文化衰败,不文明乱象滋生,即使一时产业兴旺,也难以获得持续长久的繁荣。乡村文化振兴的标志,核心是实现乡风文明,农村精神文明和文化建设能够满足人民群众日益增长的精神需求。为此,必须坚持物质文明和精神文明一起抓,以社会主义核心价值观为引领,加强村风民俗和乡村道德建设,倡导科学文明健康的生活方式,传承发展提升农村传统优秀文化,健全农村公共文化服务体系,培育文明乡风、良好家风、淳朴民风,促进农耕文明与现代文明有机结合,实现乡村文化振兴。同时,还要保护好传统村落、民族村寨、传统建筑,用心留住文化记忆,将乡村文化融入乡村规划、景观设计和村庄建设之中,充分体现村庄特色和乡土风情。

3. 推动乡村人才发展

人才振兴是乡村振兴的关键因素。如果没有一批符合需要的乡村人才,实现乡村振兴只能是一句空话。乡村人才振兴的关键,就是要让更多人才愿意来、留得住、干得好、能出彩,人才数量、结构和质量能够满足乡村振兴的需要。为此,要创造有利于各类人才成长、发挥作用的良好环境,要有一个好的制度安排,把现有的农村各类人才稳定好、利用好,充分发挥现有人才的作用。加强农村人才的培养,切实做好农村干部、农民企业家、新型主体和农民的培训,提高农民素质和科学文化水平,建立一支符合乡村振兴需要的干部和专业人才队伍。积极创造条件,鼓励城市企业家、居民、大学生和各类人才下乡创新创业和休闲居住,大力支持"城归"群体和外出农民工回乡创业就业。

4. 推动乡村产业发展

产业振兴是乡村振兴的物质基础。产业兴,则经济兴、农村兴。如果农村缺乏产业支撑,或者产业凋敝,乡村振兴将成为空中楼阁。产业振兴的标志,就是要形成绿色安全、优质高效的现代乡村产业体系,实现产业兴旺,为农民持续增收提供坚实的产业支撑。为此,各地要从本地实际出发,全面激活各类主体,积极引导社会资本参与乡村产业发展,构建各具特色、具有竞争力的现代乡村产业体系。一方面,要实施质量兴农、绿色兴农、品牌兴农战略,培育壮大家庭农场、农民合作社、龙头企业等新型经营主体和服务主体,因地制宜地发展多种形式的适度规模化经营,建立完善现代农业产业体系、生产体系和经营体系,全面推进农业现代化的进程。另一方面,要充分挖掘和拓展农业的多维功能,推动农业产业链条的多维延伸和农村第一、第二、第三产业深度融合,大力发展乡村旅游、文化创意、休闲康养、电商物流等新兴产业,培育壮大一批新产业、新业态、新模式。

(二)构建可持续的农民增收长效机制

1. 优化农民的收入结构

(1)家庭经营净收入。要大力发展多种形式的家庭农场,加快推进农业由增产导向型向提质导向型转变,不断提高农产品质量、效益和竞争力,由此促进农林牧渔业经营净收入稳定增长,并逐步提升第二、第三产业经营净收入,确保农民家庭经营净收入稳定增长。

(2)工资性收入。随着农业规模化经营的推进和乡村第二、第三产业的发展,工资性收入仍将是未来农民增收的最主要来源,关键是要优化其来源结构。要依靠农村产业发展和教育体制完善,以培养职业农民、高技能农机手、高水平农村管理人才等为依托逐渐提高农民人力资本,增加农民来源于农业和农村的工资性收入,并逐步提高其比重,优化工资性收入的来源结构。

(3)转移净收入。目前其占比和贡献率已日益接近"天花板",要进一步完善财政支农政策体系,尤其要建立以绿色生态、高质量发展为导向的农业精准补贴制度,加快推进城乡社会保障制度接轨,大幅缩小城乡居民人均养老金差距,从而进一步增加农民转移性收入,稳定转移净收入对农民增收的贡献率。

(4)财产净收入。要依靠深化农村产权制度改革,全面激活农村各种资源,加快推进农村资源变资产、资金变股金、农民变股民进程,逐步实现农村资源的资产化、资本化、财富化,不断拓宽增加农民财产性收入的渠道,大幅提升财产净收入的占比和贡献率。

2. 多渠道培育新的收入增长点

实施乡村振兴战略,必须实行质量兴农、绿色兴农战略,大力推进现代高效绿色农业发展,全方位推进多层次的城乡产业融合。既要促进城市文化旅游、休闲康养、电商物流等产业向农村延伸,又要推动农业产业链条的多维延伸和农村第一、第二、第三产业的深度融合。这种产业融合既可以在县(市)、乡(镇)、村不同层面展开,也可以在现代农业园、田园综合体甚至家庭农场范围内进行。要依靠多层次的产业融合激发新活力,培育新动能,发展新产业、新模式、新业态,从而为农民增收寻求新的增长点。目前,许多地区不断涌现的以文物古迹、历史人物、重要事件等为依托的乡村旅游项目,以高质量、绿色发展等为特色的休闲采摘农业项目,以财政支持项目为支撑的田园综合体、传统手工艺基地等农村新产业、新业态、新模式，实现了农村第一、第二、第三产业融合发展，为农民收入增长带来了契机，为农村发展增添了活力，为乡村全面振兴提供了新的思路。"互联网＋"、现场体验、模拟观看、虚拟观摩等新事物的出现，为农业农村发展带来了新动能，也为农民带来了新的收入增长点。

参考文献

[1]裘寒.农村电商运营:从策略到实战[M].北京:电子工业出版社,2018.

[2]农业部农村经济研究中心课题组.农业供给侧结构性改革:难点与对策[M].北京:中国农业出版社,2017.

[3]孙中华.深化农村改革研究与探索[M].北京:中国农业出版社,2017.

[4]丁士安.农村电商营销创业全书[M].北京:中华工商联合出版社,2017.

[5]林禄苑.一本书搞懂农村电商[M].北京:化学工业出版社,2017.

[6]郑舒文.农村电商运营实战[M].北京:人民邮电出版社,2017.

[7]唐珂."互联网＋"现代农业的中国实践[M].北京:中国农业大学出版社,2017.

[8]姚金芝.农村电商发展教材读本[M].北京:中国建材工业出版社,2016.

[9]傅新红.农业经济学[M].北京:高等教育出版社,2016.

[10]普金霞.土地承包经营权流转推进路径研究[M].郑州:郑州大学出版社,2016.

[11]姚元福.农民专业合作社创建与经营管理[M].北京:中国农业科学技术出版社,2016.

[12]张建波.中国农村金融供给状况及制度创新[M].北京:经济科学出版社,2016.

[13]刘磊.农村金融改革与发展研究[M].北京:中国财富出

版社,2016.

[14]江洪.数字化农业模式及其发展趋势研究[M].天津:天津大学出版社,2016.

[15]傅泽田.互联网＋现代农业:迈向智慧农业时代[M].北京:电子工业出版社,2016.

[16]刘德海.绿色发展[M].南京:江苏人民出版社,2016.

[17]梁吉义.绿色低碳循环农业[M].北京:中国环境出版社,2016.

[18]李秉龙.农业经济学[M].北京:中国农业大学出版社,2015.

[19]王雅鹏.现代农业经济学[M].北京:中国农业出版社,2015.

[20]陈池波.农业经济学[M].武汉:武汉大学出版社,2015.

[21]严立冬.农业生态经济学[M].武汉:武汉大学出版社,2015.

[22]张文远.农村金融[M].北京:北京工业大学出版社,2014.

[23]谢志忠.农村金融理论与实践[M].北京:北京大学出版社,2014.

[24]蒋和平.中国特色农业现代化建设研究[M].北京:经济科学出版社,2011.

[25]张忠根.农业经济学[M].杭州:浙江大学出版社,2010.

[26]李建军.农村专业合作组织发展[M].北京:中国农业大学出版社,2010.

[27]崔元锋.绿色农业经济发展论[M].北京人民出版社,2009.

[28]李城,王厚俊,李磊.乡村振兴战略中农业地位与农业发展研究[J].河南农业,2018(20):61—62.

[29]常正亮.农村土地资源利用的合理规划[J].农村经济与科技,2018,29(14):15.

[30]安玫.新形势下农业经济管理的现状与发展趋势研究[J].中国市场,2018(25):62—63.

[31]刘华.低碳经济时代转变农业经济发展方式探究[J].经贸实践,2018(16):79.

[32]张占耕.新时代中国特色农业现代化道路[J].区域经济评论,2018(02):102—111.

[33]张贵军.深化农村土地制度改革促进乡村振兴[J].居舍,2018(10):196,185.

[34]李曼.我国农村电子商务发展现状、瓶颈与对策[J].岭南学刊,2018(02):91—95.

[35]陈栋."新常态"下我国农村电子商务发展战略研究[J].商业经济研究,2018(03):140—142.

[36]叶诗凡.互联网背景下的农特微商发展分析[J].北方经济,2018(07):58—61.

[37]赵辉.县域电商平台发展策略研究[J].经济研究参考,2018(12):54—57.

[38]郭洋洋,金环.中国新型农村金融机构发展研究分析[J].时代金融,2018(24):52.

[39]王生录.基于服务三农的农村信用社金融创新路径[J].纳税,2018(26):165,167.

[40]卢丽君.大数据时代下农业信息化研究[J].农业开发与装备,2018(04):57—58.

[41]周斌.我国智慧农业的发展现状、问题及战略对策[J].农业经济,2018(01):6—8.

[42]张文瑞."互联网＋"背景下我国智慧农业发展路径探析[J].农村金融研究,2018(04):72—76.

[43]周宏春.乡村振兴背景下的农业农村绿色发展[J].环境保护,2018(07):16—20.

[44]徐雪高,郑微微.农业绿色发展制度机制创新:浙江实践[J].江苏农业科学,2018,46(16):293—296.

[45]张荣花.加快绿色农业经济发展的思考[J].河北农机，2018(06):23—24.

[46]杨文香.浅议如何发展绿色农业经济[J].农村经济与科技,2018,9(10):154—155.

[47]张红宇,杨凯波.我国家庭农场的功能定位与发展方向[J].农业经济问题,2017,38(10:):4—10.

[48]陈楠,王晓笛.家庭农场发展环境因素及优化对策[J].经济纵横,2017(02):99—103.

[49]张乐,周诗倩.西北少数民族地区农村金融供给体系研究——以甘肃省为例[J].生产力研究,2017(08):46—50.

[50]葛晶.我国智慧农业的管理模式、问题及战略对策[J].生态经济,2017(11):117—121,133.

[51]郭迎春."互联网＋"背景下智慧农业服务体系构建研究[J].经济研究导刊,2017(19):16—17.

[52]孙浩,乔翠霞.农业绿色转型视角下的农业补贴制度问题研究[J].中国发展,2017,17(04):24—28.

[53]黄海荣,张国强,谭园,田甜.农村财政与金融供给机制研究——以重庆市为例[J].改革与战略,2016,32(05):104—107.